Ulrike Boldt

Traumberuf Schauspieler

Ulrike Boldt

Traumberuf Schauspieler

Der Wegweiser zum Erfolg

Henschel

www.henschel-verlag.de
www.seemann-henschel.de

Bibliografische Information der Deutschen Nationalbibliothek
Die Deutsche Nationalbibliothek verzeichnet diese Publikation
in der Deutschen Nationalbibliografie; detaillierte bibliografische Daten
sind im Internet unter http://dnb.d-nb.de abrufbar.

ISBN 978-3-89487-535-0

5., überarbeitete und ergänzte Auflage 2014

Die Schreibweise entspricht den Regeln der neuen Rechtschreibung.

Umschlaggestaltung: Ingo Scheffler, Berlin
Titelbild: Franka Potente und Moritz Bleibtreu
in *Lola rennt* von Tom Tykwer, © ullstein – KPA
Lektorat: Sabine Bayerl
Gestaltung und Satz: Grafikstudio Scheffler, Berlin
Druck und Bindung: GGP Media GmbH, Pößneck
Printed in Germany

Gedruckt auf alterungsbeständigem Papier mit chlorfrei gebleichtem Zellstoff.

Inhalt

Vorwort

Fast täglich erreichen mich in meiner Schauspielagentur Anfragen junger Menschen, die gerne Schauspieler werden möchten. Sie suchen Rat, möchten wissen, wie sie den Berufseinstieg bewerkstelligen können, und bitten um Aufnahme in meine Agentur.

Da mir leider oft die Zeit fehlt, jedem Einzelnen von ihnen ausführlich zu antworten, habe ich mich dazu entschlossen, Wege in diesen Beruf in einem Ratgeber darzustellen: Wie werde ich ein professioneller Schauspieler? Welche Ausbildung ist für mich die richtige? Worauf muss ich bei der Wahl der Schauspielschule achten? Wo muss ich mich mit welchen Unterlagen bewerben? Welche Arbeitsbereiche (Theater, Film, TV, Synchron, Funk, Moderation und Werbung) kommen für mich in Frage? Wie bewerbe ich mich nach der Schauspielschule erfolgreich bei Casting Directors, Schauspielagenten und Theaterintendanten? Was ist ein E-Casting? Und wie kann ich die Zeit sinnvoll nutzen, wenn ich gerade kein Engagement habe?

Um all diese Fragen möglichst umfassend zu beantworten, habe ich viele Schauspieler und Schauspielschüler, Casting Directors, Agenten, Redakteure, Regisseure, Theaterintendanten, Schauspiellehrer und Direktoren von Schauspielschulen zu Rate gezogen. Und sie alle haben ihr Wissen für dieses Buch zur Verfügung gestellt und erklären hier, was nötig ist, um ein guter und erfolgreicher Schauspieler zu werden.

Traumberuf Schauspieler richtet sich mit vielen praktischen Tipps sowohl an junge Leute, die Interesse am Schauspielerberuf haben, als auch an Schauspielschüler oder fertig ausgebildete Akteure, die erfahren wollen, wie sie ihre Karriere planen und sich in der Film-, Fernseh- und Theaterlandschaft behaupten können.

Ulrike Boldt, im Januar 2014

Anforderungen

Glamour, eine Menge Geld und Berühmtheit – daran denken viele junge Menschen, wenn sie sich den Traumberuf Schauspieler vorstellen. Kaum ein Beruf weckt derartig trügerische Hoffnung wie der des Schauspielers. Aber was bedeutet es wirklich, sein Geld mit der Schauspielerei zu verdienen? Was für psychische und körperliche Voraussetzungen werden benötigt, um diesen Beruf zu erlernen und auszuüben?

Eins jedenfalls ist sicher: Der Beruf des Schauspielers bietet wenige Sicherheiten, und das Risiko, arbeitslos zu werden, ist groß.

Folgende Eigenschaften zählen zu den Grundvoraussetzungen:

- Talent/Begabung
- Eigeninitiative und Zielstrebigkeit
- Fleiß, Wille und Selbstbewusstsein
- Disziplin
- Ausdauer und Zähigkeit
- Neugierde und Mut
- Einfühlungsvermögen und Kreativität
- Lernbereitschaft
- Offenheit und Durchlässigkeit
- Flexibilität
- körperliche und psychische Gesundheit
- ein gutes Gedächtnis

Und dann ist da noch der Faktor Glück. Zum richtigen Zeitpunkt am richtigen Ort zu sein, lässt sich nicht erzwingen, manchmal ist aber genau das nötig. Wer zu Bequemlichkeit neigt und davon ausgeht, dass er für seinen Erfolg nichts tun muss, dass er nach der Ausbildung nicht mehr an sich arbeiten muss und dass das Publikum nur auf ihn wartet, sollte sich besser einen anderen Beruf suchen.

> *»Grundvoraussetzung für den Beruf des Schauspielers ist der unbedingte, eiserne Wille, diese Tätigkeit ausüben zu wollen. Selbstzweifel sind hier fehl am Platz, man muss absolutes Selbstvertrauen in sich und seine Arbeit haben.«*
>
> Horst D. Scheel, Casting Director, Köln

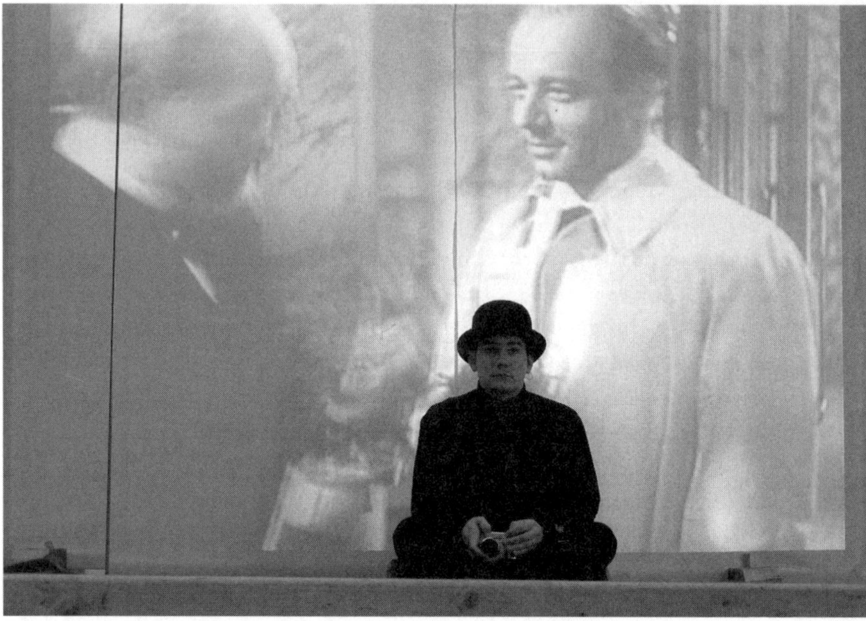

Foto: Danny Danisch

Traumberuf: Schauspieler?

Heute gibt es in Deutschland, Österreich und der Schweiz circa 15 000 bis 25 000 Schauspieler. Der Arbeitsmarkt ist mit Darstellern überschwemmt, und selbst eine gute Ausbildung bietet keine Garantie für langfristigen beruflichen Erfolg. Frauen sind dabei besonders im Nachteil, da es weniger Rollen für Frauen als für Männer gibt.

> *»In der Theaterliteratur gab es schon immer mehr Rollen für Männer als für Frauen. Dieses Ungleichgewicht zieht sich durch die ganze Laufbahn einer Schauspielerin. Es bewerben sich zwar mehr Mädchen als Jungen an den Schauspielschulen, es werden aber weniger Mädchen aufgenommen. An den Theatern werden weniger Frauen benötigt und auch bei Film und Fernsehen ist dies zu beobachten. Generell werden immer 2/3 Männer und nur 1/3 Frauen benötigt.«*
>
> Willi Händler, ZAV (früher ZBF)

Der Alltag eines freiberuflich arbeitenden Schauspielers ist geprägt von Kurzengagements, Castings, Vorsprechen und einzelnen Drehtagen. Schauspieler müssen mit ständig neuen Arbeitgebern und häufigen Wohnortwechseln umgehen können. Immer aus dem Koffer zu leben und eventuell keinen Partner zu finden, der dies auf Dauer mit trägt, kann nach einigen Jahren zu einer großen Belastung werden.

Zwar ist Talent unbedingte Grundvoraussetzung für einen Schauspieler, aber der Beruf erfordert weitaus mehr. Wer sich nicht sicher ist, ob das Arbeitsfeld des Schauspielers tatsächlich das Richtige für ihn ist, sollte ehrlich folgende Fragen beantworten.

Kleiner Test – Tauge ich zum Schauspieler?

1. Lerne ich leicht und gerne auswendig?
2. Gehe ich manchmal ins Theater oder ins Kino?
3. Lese ich gerne literarische Texte und Theaterstücke?
4. Habe ich schon einmal in der Schule, Gemeinde, Volkshochschule oder in einer freien Gruppe gespielt?
5. Bin ich körperlich fit, sportlich und widerstandsfähig?
6. Habe ich eine gute Aussprache ohne Sprachfehler und spreche ich dialektfreies Hochdeutsch?
7. Bin ich gerne mit anderen Menschen zusammen und teamfähig?
8. Kann ich mit Kritik und Ablehnung umgehen und bin offen für Verbesserungsvorschläge?
9. Kann ich mich anderen gut unterordnen?
10. Kann ich gut auf Menschen zugehen und unbekannte Personen ansprechen?
11. Kann ich mich gut in die Psyche einer anderen Person hineinversetzen?
12. Bin ich kreativ, kann gut improvisieren und habe eine große Vorstellungskraft?
13. Gibt es für mich keinen anderen Beruf als den des Schauspielers?
14. Habe ich viel Geduld und Stehvermögen und gebe nicht schnell auf, wenn einmal etwas nicht sofort klappt?
15. Kann ich es aushalten, eine Zeit lang ohne Engagement zu sein, auf Luxus zu verzichten und vielleicht nicht zu wissen, wie ich die nächste Miete bezahlen soll?
16. Bin ich psychisch stabil und widerstandsfähig?
17. Kann ich damit umgehen, meinen Partner/meine Partnerin, meine Familie und Freunde nicht zu sehen, da ich oft die Stadt wechseln muss und zeitlich häufig sehr stark in Engagements eingebunden bin?
18. Komme ich mit zeitlich befristeten Arbeitsverträgen und immer wieder wechselnden Arbeitgebern zurecht?
19. Kann ich mit einem ungeregelten Tagesablauf umgehen?

20. Bin ich überdurchschnittlich diszipliniert?
21. Kann ich mit Konkurrenzkampf gut umgehen?
22. Kann ich mit Stress gut umgehen?
23. Bin ich selbstbewusst, zielstrebig, ausdauernd und habe ein großes Durchsetzungsvermögen?
24. Bin ich attraktiv und achte auf mein Aussehen?
25. Kann ich als Frau damit leben, dass für es für mich weniger Ausbildungsplätze, Rollen und Engagements gibt, als für Männer?

Wer mehr als sechsmal mit Nein geantwortet hat, sollte sich noch einmal überlegen, ob er wirklich Schauspieler werden möchte oder ob er die Schauspielerei nicht lieber als ein Hobby weiter betreiben will.

Wer zwanzigmal oder öfter mit Ja geantwortet hat, bringt gute Voraussetzungen für den Beruf des Schauspielers mit.

Erste Schritte

Nachdem die Vorraussetzungen, die ein künftiger Schauspieler mitbringen muss, nun geklärt sind, sollte sich jeder die Frage stellen, ob er die Schauspielerei für den einzigen Beruf hält, den es sich für ihn auszuüben lohnt.

Ist tatsächlich der innere Drang vorhanden, Zeit und Energie zu investieren, um diesem Ziel näher zu kommen? Wie sieht es mit Disziplin und Fleiß aus?

Und vor allem: Wie ist es um das Talent bestellt?

Die Einschätzung, ob ein Schauspieler Begabung besitzt, ist eine weitgehend subjektive. Der eine Intendant oder Casting Director hält einen Akteur für herausragend begabt, der andere wiederum findet sein Talent nur mittelmäßig.

Also muss jeder zunächst einmal selbst von der eigenen Begabung überzeugt sein und diese auch »verkaufen« können. Wer Angst hat, aus sich herauszugehen, und nicht in der Lage ist, andere Personen und ihre Gefühle mitreißend, glaubwürdig und überzeugend darzustellen, kann als Schauspieler langfristig nicht bestehen.

Neben dem Talent ist das Handwerk und damit verbunden die Schauspielausbildung ausschlaggebend. Sicher gibt es Schauspieler, die nie eine Schauspielschule besucht haben und trotzdem erfolgreich sind. Aber dies sind und bleiben Ausnahmen. Wer dauerhaft erfolgreich als Schauspieler arbeiten möchte, muss nach der mittleren Reife oder dem Abitur eine drei- bis vierjährige solide Ausbildung absolvieren, sonst kommt auch ein großes Talent sehr schnell an seine Grenzen und kann sich nicht ausreichend entfalten.

Was kann ich tun, wenn ich für die Schauspielschule noch zu jung bin?

Es ist sinnvoll, sich schon vor der Schauspielschule auszuprobieren und erste Erfahrungen auf einer Bühne zu sammeln. Gelegenheiten, Theater zu spielen, gibt es viele. So hat fast jede Schule eine Theater AG. Und diese AGs sind hervorragend geeignet, um das Talent zu erproben, um in verschiedene Rollen zu schlüpfen und um herauszufinden, wie es ist, auf einer Bühne zu stehen und das Lampenfieber zu spüren.

Außerdem haben beinahe alle städtischen Volkshochschulen Theater-

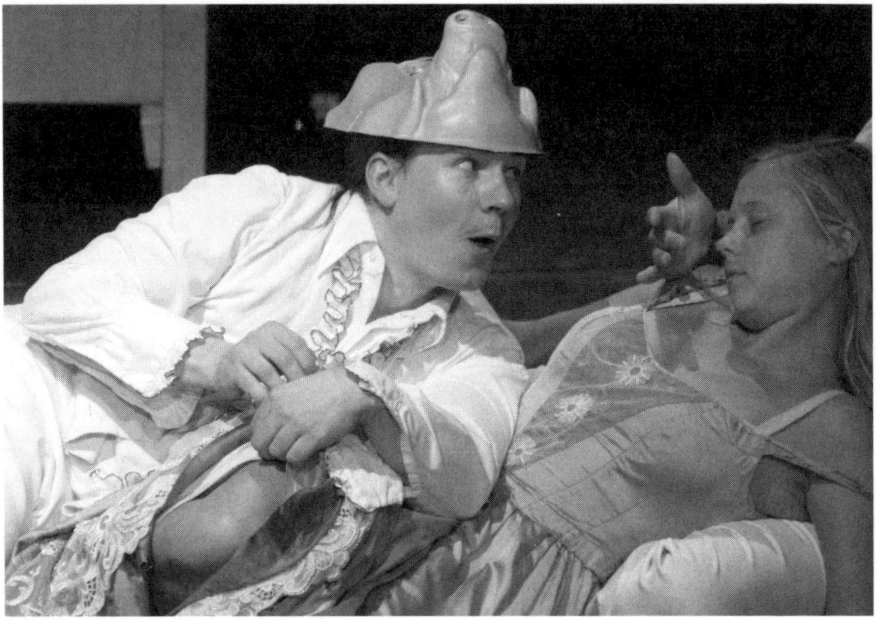

Aufführung der Theatergruppe »The Wild Bunch«

kurse, Schauspiel- und Gesangsunterricht oder Stimmtraining im Programm. Der Vorteil der Volkshochschulen ist, dass sie sehr preisgünstig sind.

Und vielleicht gibt es zudem eine Laientheatergruppe in der Gemeinde oder im Stadtteil, die sich über Nachwuchs freut. Darüber hinaus bieten die Stadtzeitungen und Kulturteile der Tageszeitung einen guten Überblick darüber, welche Theatergruppe gerade in der freien Theaterszene ein neues Stück aufführt. Diese Vorstellung sollte man dann besuchen und die Beteiligten ansprechen. Selbst wenn einem bei der nächsten Produktion nicht sofort eine Rolle angeboten wird, kann man möglicherweise bei der Regie hospitieren oder soufflieren und auf diese Weise Erfahrungen sammeln.

Außerdem sollte jeder, der diesen Beruf ergreifen möchte, viele dramatische Werke lesen und sich immer wieder gute Theateraufführungen beziehungsweise gute Spielfilme ansehen, um sich von den Schauspielern inspirieren zu lassen und von ihnen zu lernen.

Wo kann ich mich auf der Bühne ausprobieren?

Wer in einer größeren Stadt mit einem eigenen Stadt- oder Staatstheater lebt, kann versuchen, dort als Statist zu arbeiten. Beinahe in jedem Stück werden Komparsen, also Leute, die stumme, kleine Rollen spielen, gesucht.

Immer wieder gibt es zudem Theaterstücke, für die Kinder und Jugendliche gesucht werden. Voraussetzung ist die Erlaubnis der Eltern, der Schule, eines Arztes und des Jugendamtes.

Da man zumindest bei den Haupt- und Generalproben auch vormittags proben muss, sollte der begeisterte Nachwuchs gut in der Schule sein, damit diese den Schüler bedenkenlos für die Proben freistellt.

Weil Kinder und Jugendliche unter 18 Jahre noch unter das Jugendarbeitsschutzgesetz fallen, dürfen sie nur zeitlich begrenzt auf einer Theaterbühne stehen, also proben und bei einer Aufführung mitmachen.

> *»Die Bühnen Köln arbeiten bei Kindern und jungen Jugendlichen immer mit einer Dreifachbesetzung. Das heißt, es gibt drei Kinder, die sich eine Rolle teilen, sodass kein Kind zu oft auf der Bühne steht. So ist man natürlich immer auf der Suche nach jungen Menschen, die Lust haben, auf der Bühne zu stehen, die zuverlässig sind und deren Eltern das unterstützen. Als Bewerbung reicht ein Foto mit Angaben zum Alter, Größe und Telefonnummer.«*
>
> Madlen Thiemann, ehemalige Leiterin der Statisterie bei den Bühnen Köln

Ein großes Theater wird einem Komparsen keine Sprechrollen übertragen, aber er kann Theaterluft schnuppern, den Profis bei der Arbeit zusehen und dabei lernen sowie nicht zuletzt verbilligte Theaterkarten erhalten – lauter gute Gründe für die Statistentätigkeit.

Die Aufwandsentschädigung für Komparserie ist von Theater zu Theater unterschiedlich. Manche Theater zahlen fünf Euro für zwei Stunden Probe und sechzehn Euro pro Vorstellung, andere weitaus mehr. Wer den Job allerdings wegen des Geldes machen will, ist hier fehl am Platz. Wer an einer Statistenrolle interessiert ist, ruft am besten in der Zentrale des Theaters an, fragt nach dem Namen des Leiters der Statisterie und schickt eine Bewerbung an ihn.

Immer mehr Stadt- und Jugendtheater bieten außerdem Projekte für Jugendliche an, die Lust haben, den Theaterbetrieb näher kennen zu lernen. In diesen Theaterclubs wird kostenloser Unterricht erteilt, improvisiert und unter professioneller Anleitung eine Aufführung erarbeitet. Interessierte haben hier die Möglichkeit, das Theater von innen heraus kennen zu lernen und sich in den Bereichen Bühnenbild, Kostüm, Dramaturgie, Musik, Schauspiel, Licht, Tanz, Organisation und Fotografie auszuprobieren.

Wer nicht weiß, ob das Theater in der Nähe Projekte für Jugendliche anbietet, geht am besten auf die jeweiligen Internetseiten oder ruft im Theater an und lässt sich mit der Pressestelle oder Öffentlichkeitsarbeit verbinden. Manche Theater haben für ihren Jugendclub so viele Bewerbungen, dass sie sogar Castings veranstalten müssen, an anderen Projekten wiederum kann man ohne Vorsprechen teilnehmen.

> *»Ich habe über einen Flyer vom Jugendclub erfahren. Da sich sehr viele Leute beworben haben, gab es eine richtige Aufnahmeprüfung mit einer selbst gestalteten zweiminütigen Performance, Improvisationen und Übungen. Es ist ganz toll, hier zu sein. Schon alleine der Geruch im Theater ist etwas Besonderes für mich.«*
>
> Mariama Jalloh, 19 Jahre alt, Abiturientin

Gibt es Schauspielunterricht speziell für Kinder und Jugendliche?

Immer öfter gründen sich in größeren Städten Schauspielschulen speziell für Kinder und Jugendliche. Diese Einrichtungen bieten Kurse an, in denen professionelle Lehrer den Schülern die Grundlagen von Schauspiel, Gesang, Tanz, Improvisation, Sprache, Körperbeherrschung, Kameraarbeit und Interviewtraining näher bringen. Oft vermitteln diese Schulen auch talentierten Nachwuchs für Film und Fernsehen oder sind an eine Schauspielagentur angeschlossen.

Es ist wichtig, die Seriosität der Schule und der Lehrer zu prüfen und eine kostenlose Probestunde mitzumachen.

> *»Die Lehrer müssen in jeder Hinsicht Profis sein. Sie müssen die Kinder ernst nehmen und sie begeistern können. Wichtig ist auch, dass die Schauspiellehrer die angeborene, unverfälschte Natürlichkeit der Kinder nicht unterdrücken, sondern fördern.«*
>
> Silvana Liebich, Next Generation Schauspielschule & Agentur, Berlin

Der Spaß am Spielen sollte immer an erster Stelle stellen, wenn ein Kind den Wunsch verspürt, Schauspielunterricht zu nehmen.

»Wichtig ist es, dass die Kinder von sich aus kommen und nicht, weil die Eltern aus ihnen gerne Stars machen möchten. Die Kinder sollen Spaß am Spielen, Singen und Tanzen haben, das ist die Grundvoraussetzung.«

Michele Huesmann, kids on stage, Düsseldorf

Was ist der Unterschied zwischen einer Castingagentur und einer Schauspielagentur?

Eine Castingagentur hat mehrere tausend professionelle Schauspieler in ihrer Kartei. Sie bekommt von einer Filmproduktion oder einem Sender den Auftrag, für einen Film oder eine Serie die Rollen zu besetzen. Das heißt, sie schlägt der Produktion mehrere Schauspieler für die jeweiligen Rollen vor. Aus diesen Vorschlägen werden dann in Frage kommende Kandidaten zum Casting eingeladen, oder Produzent, Regisseur und Redakteur schauen sich deren Demobänder an.

Schauspielagenturen hingegen betreuen nur eine kleine Anzahl von Akteuren – meist zwischen 10 und 50 Schauspieler. Schauspielagenten werden ihrerseits von den Castingagenturen angefragt und schicken daraufhin ihre Schauspieler zu einem Casting oder versenden ein Demoband des Darstellers. Wenn ein Schauspieler schließlich die Rolle bekommt, verhandelt die Schauspielagentur die Gage, prüft den Vertrag und erhält dafür in der Regel vom Schauspieler eine Provision zwischen 10 und 15 Prozent der Bruttogage.

Eine gute Schauspielagentur ist wichtig, weil sie Kontakte zur Branche unterhält, die der Anfänger normalerweise nicht hat. Die Agentur weiß, welcher Casting Director zurzeit welchen Film besetzt, und wird versuchen, ihren Schauspielern in diesen Projekten eine Rolle zu verschaffen.

Doch Achtung: Finger weg von einer Schauspiel- oder Castingagentur, die Geld dafür verlangt, dass sie den Interessenten in ihre Kartei aufnimmt und vermittelt. Agenturen, die sich 75 Euro dafür bezahlen lassen, dass sie Fotos vom Bewerber machen und diese ins Internet stellen, sind zum Großteil unseriös. Wenn eine Agentur auf diesem Wege mehrere hundert Schauspieler über das Internet anbietet, liegt der Gedanke nicht fern, dass sie ihr Geld allein durch die Aufnahmegebühr verdient und nicht durch die Vermittlung an Filmproduktionen.

Eine Recherche im Internet über die Agentur ist immer sinnvoll, bevor man sich bewirbt. Bei einer Agentur, die keinen Internetauftritt vorweisen kann, ist Misstrauen geboten.

Außerdem darf die Agentur keine Verträge anbieten, die den Klienten länger als ein Jahr ohne Kündigungsmöglichkeit binden. Provisionsforderungen über 18 Prozent sind laut der Vermittler-Vergütungsverordnung (VVVO) nicht gestattet.

> *»Seriöse Nachwuchsagenturen haben immer ein Büro und schlagen ihre Zelte nicht in irgendwelchen Hotels auf. Man muss bei einer seriösen Agentur nichts für die Aufnahme in die Kartei bezahlen, und eine gute Agentur achtet auch sorgfältig darauf, dass die Kinder nicht verheizt werden.«*
>
> Michele Huesmann, kids on stage, Düsseldorf

Ein weiteres Qualitätsmerkmal für eine gute Schauspielagentur, über die reine Vermittlung hinaus, stellt eine intensive Betreuung dar. Professionelle Agenturen haben nur eine begrenzte Anzahl von Klienten in ihrer Obhut und produzieren mit dem Schauspieler zusammen ein Videoband, verschicken die Fotos und beraten bei Fragen und Problemen. Daneben haben sie viele Erfahrungen mit der Medienbranche und wichtige Kontakte zu ihren Auftraggebern.

In der Regel nehmen Casting- und Schauspielagenturen nur Schauspieler mit einer abgeschlossenen Schauspielausbildung auf. Inzwischen gibt es aber daneben viele Agenturen, die ausschließlich Kinder und Jugendliche vermitteln und gleichzeitig auch Castings durchführen. Kinder und Jugendliche, die bereits Theatererfahrungen gesammelt haben, können sich bei einer dieser Agenturen bewerben. Sie sollten sich allerdings im Vorfeld im Internet einen Eindruck von der Agentur verschaffen.

Wie bewerbe ich mich bei einer Agentur für Kinder und Jugendliche?

Eine aussagekräftige Bewerbung erhöht die Chancen, in eine Agentur aufgenommen zu werden. Jugendliche, die jünger aussehen, als sie sind, haben dabei immer einen Vorteil, denn sie dürfen theoretisch schon mehr Stunden am Tag drehen als jüngere Kinder – für die Filmproduktion bedeutet dies eine Erleichterung bei der Erstellung des Drehplans.

Bevor eine Bewerbung verschickt wird, sollte telefonisch nachgefragt werden, ob die Unterlagen postalisch oder via E-Mail gewünscht werden.

Die Bewerbung sollte Folgendes beinhalten:

- ein Anschreiben mit Adresse, Telefonnummer und einer Begründung, warum man in die Agentur aufgenommen werden möchte

- aussagekräftige Farb-Fotos (wenn möglich mindestens im Format 13 x 18 cm) mit Namen und Telefonnummer auf der Rückseite
- einen Lebenslauf mit Angaben der künstlerischen Talente und Erfahrungen
- wenn möglich, eine kurze selbst produzierte DVD; auch diese sollte mit Namen und Telefonnummer beschriftet sein oder ein Link zum Online-Demoband

> *»Wir bekommen jede Woche viele Bewerbungen von Kindern und Jugendlichen. Deshalb ist es sehr wichtig, dass die Bewerbung auffällt und einen neugierig macht. Ich will schon an der Bewerbung sehen, da ist einer, der kreativ ist, der sich anstrengt und der wirklichen Einsatz zeigt. Uns ist es schon wichtig, dass das Kind oder der Jugendliche bereits irgendwo Erfahrungen gesammelt hat. Das kann zum Beispiel die Theater AG in der Schule sein. Dann möchte ich Fotos sehen, die mich neugierig machen. Das kann ruhig ein guter Schnappschuss sein, der von Freunden oder von der Familie gemacht wurde. Hauptsache ist, ich kann auf dem Foto die Person gut erkennen und das Gesicht wird nicht durch Haare oder Hände verdeckt. Immer ganz toll ist es natürlich, wenn der Bewerber ein selbst gemachtes Demoband mitschickt. Da reichen ein paar Minuten, in denen er sich vorstellt und vielleicht ein, zwei Szenen spielt, wo ich ihn in verschiedenen Rollen sehen kann. Wenn jemand noch keine 16 Jahre alt ist, soll er mir auf jeden Fall schreiben, dass die Eltern mit der Bewerbung einverstanden sind. Sollte mir die Bewerbung gefallen und ich diesen Typus auch noch nicht in unserer Nachwuchsagentur vertreten haben, lade ich ihn zum Kennenlernen ein.«*
>
> Maria Schwarz, Agentur zur Vermittlung von Jungschauspielern, Köln

Wer von der Agentur zu einem Vorstellungstermin eingeladen wird, kann sehr stolz sein. Und wenn die Agentur den Jungschauspieler dann noch in ihre Kartei aufnimmt und Castern vorschlägt, ist schon ein großer Schritt getan. Vor lauter Freude sollte jedoch nicht versäumt werden, den Vertrag mit der Agentur sorgfältig zu prüfen.

Im März 2008 hat sich der Verband Deutscher Nachwuchsagenturen gegründet. Unter www.vdna-film.de finden sich viele Informationen über seriöse Agenturverträge.

»Man sollte auf seinen Bauch hören. Eine gute Agentur führt ein persönliches, langes Gespräch mit Eltern und Nachwuchs und erklärt die weitere Vorgehensweise, sich bietende Möglichkeiten und lässt keine Frage unbeantwortet. Eine Aufnahmegebühr ist unseriös. Bei Aussagen wie: ›Ich mache aus dir einen Star‹, würde ich immer kritisch sein und lieber die Finger davon lassen.
Unsere Agentur führt in Abständen agenturinterne Castings für Mädchen und Jungen zwischen 4 und 16 Jahren durch. Dafür muss man sich mit aussagekräftigen Fotos bewerben. Was wir nicht mögen ist, wenn jemand Posen auf den Bildern zeigt. Aussehen interessiert uns nicht so sehr wie Spielfreude, Phantasie, Natürlichkeit, Selbstbewusstsein und ernsthaftes Interesse am Schauspiel – das testen wir beim Casting.
Wenn uns jemand auffällt und wir ihn nach dem persönlichen Gespräch in die Agentur aufnehmen, lassen wir professionelle Fotos und bei Filmerfahrung ein Demoband machen. Diese Kosten trägt zwar der Darsteller, wir bemühen uns jedoch, dass diese Kosten gering sind.«

Silvana Liebich, Next Generation Schauspielschule & Agentur, Berlin

Nach Unterzeichnung des Agenturvertrags darf man nicht enttäuscht sein, wenn nicht sofort die Einladung zu einem Casting ins Haus flattert. Manchmal dauert es einfach etwas länger, bis man seine Chance bekommt. Deshalb sollte man seine Agentur auch nicht mit täglichen Anrufen und Nachfragen behelligen. Dagegen ist es wichtig, die Agentur immer über Neuigkeiten auf dem Laufenden zu halten (Änderung der Adresse oder Frisur, Urlaubstermine) und sich ansonsten erst einmal in Geduld zu üben – auch wenn das manchmal schwer fällt. Wer dann endlich zu einem Casting eingeladen wird, muss seinen Text perfekt beherrschen und sollte geübt haben.

Eine gute Vorbereitung fängt jedoch schon vor dem ersten Castingtermin an: Grundvoraussetzung sind nämlich gute Schulleistungen, damit die Schule die Annahme eines möglichen Rollenangebots überhaupt erlaubt.

Wenn sich allerdings selbst nach mehreren Monaten kein Casting ergeben hat und das Interesse der Caster gering ist, sollte ein Gespräch mit der Agentur geführt und gemeinsam nach Lösungen gesucht werden.

Jedes Nachwuchstalent mit Schauspielerfahrung kann sich auch ohne Schauspielagentur direkt bei einer Castingagentur bewerben, die Kinder und Jugendliche für ihre Projekte benötigt. Hier gelten dieselben Grundsätze: Eine Bewerbung schicken, die neugierig macht, mit ordentlichen, nicht gestellten Fotos, auf denen man gut zu erkennen ist, und einem Lebenslauf, aus dem hervorgeht, wo man schon Theater- oder Fernseherfahrungen gesammelt hat. Und wer ein kurzes selbst produziertes Video hat, auf dem er sich vorstellt und eine Szene spielt, sollte es der Bewerbung beilegen, denn für den Casting Director ist ein Video sehr hilfreich, um das Talent und die Einsatzmöglichkeiten bewerten zu können.

Wie lange darf ich als Kind oder Jugendlicher arbeiten?

Wenn ein Minderjähriger eine Rolle für ein Theaterstück, einen Film oder eine Werbung angeboten bekommt, müssen zunächst die Eltern, die Schule, ein Arzt, das Jugendamt und die Arbeitsschutzbehörde zustimmen. Es wird dann darauf geachtet, wie viele Stunden das Kind oder der Jugendliche am Tag arbeiten darf. Das Jugendarbeitsschutzgesetz gibt klare Regeln vor, so darf ein Kind zwischen 6 und unter 15 Jahren an 30 Tagen im Jahr zwischen drei und vier Stunden arbeiten. Ein Jugendlicher ab 15 Jahre, der seine Vollzeitschulpflicht absolviert hat, darf sieben Stunden arbeiten; das Limit von 30 Arbeitstagen im Jahr gilt für ihn nicht mehr. Zur Arbeitszeit zählt nicht die für Anreise oder Umbaupausen benötigte Zeit.

Konkret schreibt das Jugendarbeitsschutzgesetz vor:

§2

Kind, Jugendlicher

(1) Kind im Sinne dieses Gesetzes ist, wer noch nicht 15 Jahre alt ist.

(2) Jugendlicher im Sinne dieses Gesetzes ist, wer 15, aber noch nicht 18 Jahre alt ist.

(3) Auf Jugendliche, die der Vollzeitschulpflicht unterliegen, finden die für Kinder geltenden Vorschriften Anwendung.

§6

Behördliche Ausnahme für Veranstaltungen

1. *Die Aufsichtsbehörde kann auf Antrag bewilligen, dass bei Theatervorstellungen Kinder über sechs Jahre bis zu vier Stunden täglich in der Zeit von 10 bis 23 Uhr,*
2. *bei Musikaufführungen und anderen Aufführungen, bei Werbeveranstaltungen sowie bei Aufnahmen im Rundfunk (Hörfunk und Fernsehen), auf Ton- und Bildträger sowie bei Film- und Fotoaufnahmen*

a. Kinder über drei bis sechs Jahre bis zu zwei Stunden täglich in der Zeit von 8 bis 17 Uhr
b. Kinder über sechs Jahre bis zu drei Stunden täglich in der Zeit von 8 bis 22 Uhr
gestaltend mitwirken und an den erforderlichen Proben teilnehmen.

§7
Beschäftigung von nicht vollzeitschulpflichtigen Kindern
Kinder, die der Vollzeitschulpflicht nicht mehr unterliegen, dürfen
1. im Berufsausbildungsverhältnis,
2. außerhalb eines Berufsausbildungsverhältnisses nur mit leichten und für sie geeigneten Tätigkeiten bis zu sieben Stunden täglich und 35 Stunden wöchentlich beschäftigt werden.

Was mache ich, wenn ich zu alt für eine Ausbildung bin und trotzdem gerne im Fernsehen oder Theater auftreten möchte?
Schauspielambitionierte, die zu alt sind, um noch eine Schauspielschule zu besuchen, die aber gerne als Laie einmal Theater- oder Fernsehluft schnuppern möchten, können in freien Theatergruppen, an Volkshochschulen oder in der Komparserie am Theater oder bei Film und Fernsehen ihr Talent erproben.

Für Erwachsene gibt es keine rechtliche Begrenzung, wie oft sie als Statist auf der Bühne oder vor der Kamera stehen dürfen. Allerdings muss, wer im Theater als Komparse arbeiten möchte, zeitlich flexibel und zuverlässig sein, darüber hinaus braucht er eine Menge Geduld. Die Theaterproben erstrecken sich in der Regel über fünf bis sechs Wochen; sie finden tagsüber zwischen 10 und 15 Uhr sowie abends wieder ab 17 Uhr statt. Der Regisseur und der Statistenleiter müssen sich darauf verlassen können, dass die Komparsen immer Zeit haben, wenn ihre Szene geprobt wird.

Wer mehr an der Arbeit vor der Kamera interessiert ist, der kann sein Glück als Komparse bei Film und TV versuchen. Bei vielen Firmen kann man sich im Internet ein Anmeldeformular für Komparsen und Kleindarsteller herunterladen. Zusätzlich benötigen die Vermittler ein Porträt- und ein Ganzkörperfoto. Je aussagekräftiger das Foto ist, umso besser sind die Aussichten, vermittelt zu werden. Auch Angaben über äußerliche Besonderheiten oder spezielle Fähigkeiten sind interessant. Männer zwischen Anfang 30 und Mitte 50 haben immer eine gute Chance, als Komparse einen Job zu bekommen.

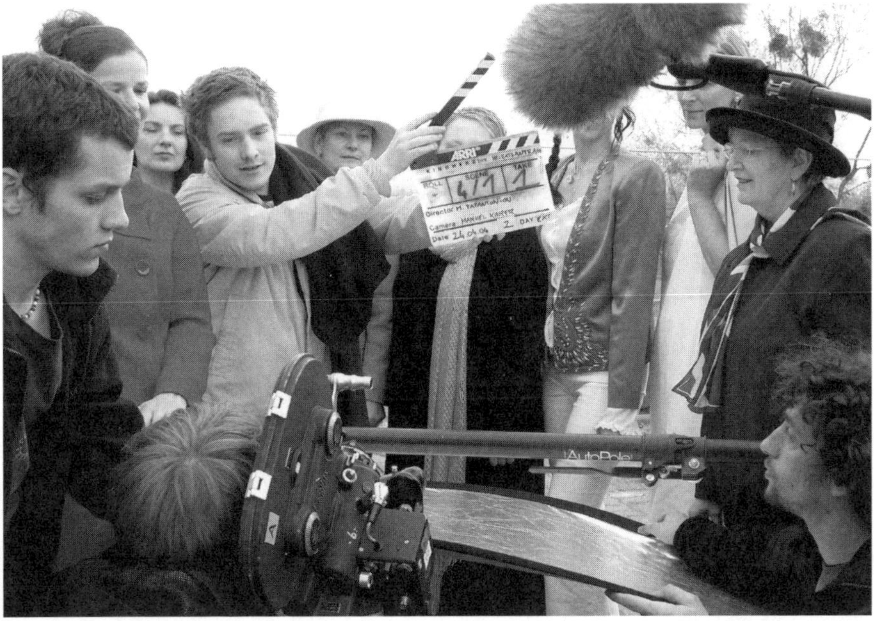

Foto: Matthias Martin

Komparsen vor der Kamera

Bei Agenturen, die erst einmal Geld für die Aufnahme verlangen, sollte man vorsichtig sein. So ein Vorgehen ist unseriös, da Komparsenvermittler ihr Honorar direkt von der Produktion erhalten, die sie beauftragt hat.

Beim Fernsehen werden Komparsen in der Regel nur tageweise engagiert. Aber auch hier muss der Statist Geduld mitbringen, denn er muss sehr früh am Drehort sein und meist stundenlang warten, bis er einmal durchs Bild laufen darf. Zeitliche Flexibilität ist nötig, da die Vermittlung sehr kurzfristig erfolgt. Dafür erlebt man die Stimmung am Set und lernt nette Leute kennen. Die Tagesgrundgage für Film und Fernsehen liegt bei circa 50 bis 60 Euro.

Eine weitere Möglichkeit, im Fernsehen als Laiendarsteller aufzutreten, ist die Teilnahme an Gerichts-TV-Formaten. Produktions- und Castingfirmen wie zum Beispiel die Kölner Firma Filmpool benötigen wöchentlich mehrere hundert Laiendarsteller für ihre Serien. Bei offenen deutschlandweiten Castings werden Textsicherheit, Überzeugungskraft und individuelle Emotionalität getestet. Für Bewerber unter 16 Jahren werden speziell ausgewiesene Kindercastings veranstaltet.

»Unsere Castingtermine kann man im Internet oder in der Tageszeitung erfahren. Man meldet sich dann telefonisch für den Castingtag an, bringt Fotos mit und füllt einen Fragebogen aus. Beim Vorcasting wird geprüft, ob man hinsichtlich Optik, Sprache und Lockerheit für unsere Formate in Frage kommt. Schafft man das Vorcasting, bekommt man eine Rolle in einem fiktiven Fall, wird gebrieft, muss seinen Text lernen und wird dann mit der Videokamera aufgenommen. Unser Castingteam bewertet später alle Bewerber, und wer uns überzeugt hat, wird in unser Archiv aufgenommen. Wichtig für uns sind eine gute Präsenz, Spontaneität, Improvisationstalent, Textsicherheit und Offenheit. Wenn eine Rolle zum Bewerber passt, schlagen wir ihn der Redaktion vor, die dann entscheidet, wer zum Drehen nach Köln kommen darf. Übernachtung und Reisekosten zahlen wir natürlich beim Drehen, die Gage richtet sich nach der Größe der Rolle.«

Margret van Oepen, Leiterin Besetzung Casting, Filmpool, Köln

Übernachtungs- und Reisekosten zahlt die Produktion, die Gage richtet sich nach der Größe der Rolle, liegt aber in der Regel bei 80 bis 200 Euro.

Zwar ist es schön, sich selbst einmal im Fernsehen zu sehen, aber man sollte sich keinen Illusionen hingeben: Ein Auftritt in den Gerichts-TV-Formaten der Privatsender oder in der Komparserie beim Theater oder Fernsehen macht aus dem Laien noch keinen Schauspieler, und er wird dabei auch nicht entdeckt. Wer also als professioneller Schauspieler arbeiten will, braucht zwingend eine fundierte Ausbildung.

Schauspielschulen

Was ist der Unterschied zwischen einer privaten und einer staatlichen Schauspielschule?

Zwischen einer staatlichen und einer privaten Schauspielschule gibt es große Unterschiede, der bedeutendste ist, dass an den staatlichen deutschen Schauspielschule nur die reguläre Studiengebühr pro Semester gezahlt werden muss, während bei einer privaten Schauspielschule zwischen 300–500 Euro Schulgeld pro Monat anfallen. Die staatlichen Schauspielschulen in Österreich und der Schweiz verlangen ebenfalls eine Semestergebühr.

Bei den privaten Schauspielschulen muss differenziert werden zwischen Schulen, die BAföG-berechtigt sind, und Schulen, an denen die Studenten keine Ausbildungsförderung durch den Staat erhalten. Wenn das Schulgeld so teuer ist, dass die Schüler viel Zeit damit verbringen müssen, Geld zu verdienen, und darum nicht richtig zum Studieren kommen, stimmt etwas nicht. Deshalb sollte die geeignete Schauspielschule mit Bedacht gewählt werden, denn auch bezüglich Qualität und Quantität des Unterrichts unterscheiden sie sich sehr.

Was macht eine gute Schauspielschule aus?

Beim Vergleich der Schulen sollten immer folgende Punkte berücksichtigt werden:

Eine gute Schauspielschule bietet:

- ein breites Unterrichtsangebot, das außer Rollenunterricht auch Sprechen, Improvisation, Stimmbildung, Körpertraining, Tanz, Fechten, Pantomime, Theatertheorie, Arbeitsrecht und mehr umfasst
- einen garantierten Ausbildungsvertrag mit vielen Unterrichtsstunden pro Woche
- ausreichend Einzelunterricht
- überwiegend Lehrer, die erfolgreich in der Praxis gearbeitet haben und es wenigstens in Gastengagements immer noch tun
- geeignete, große und zahlreiche Räumlichkeiten
- die Möglichkeit, regelmäßige Aufführungen unter professionellen Umständen auf einer richtigen Bühne zu veranstalten

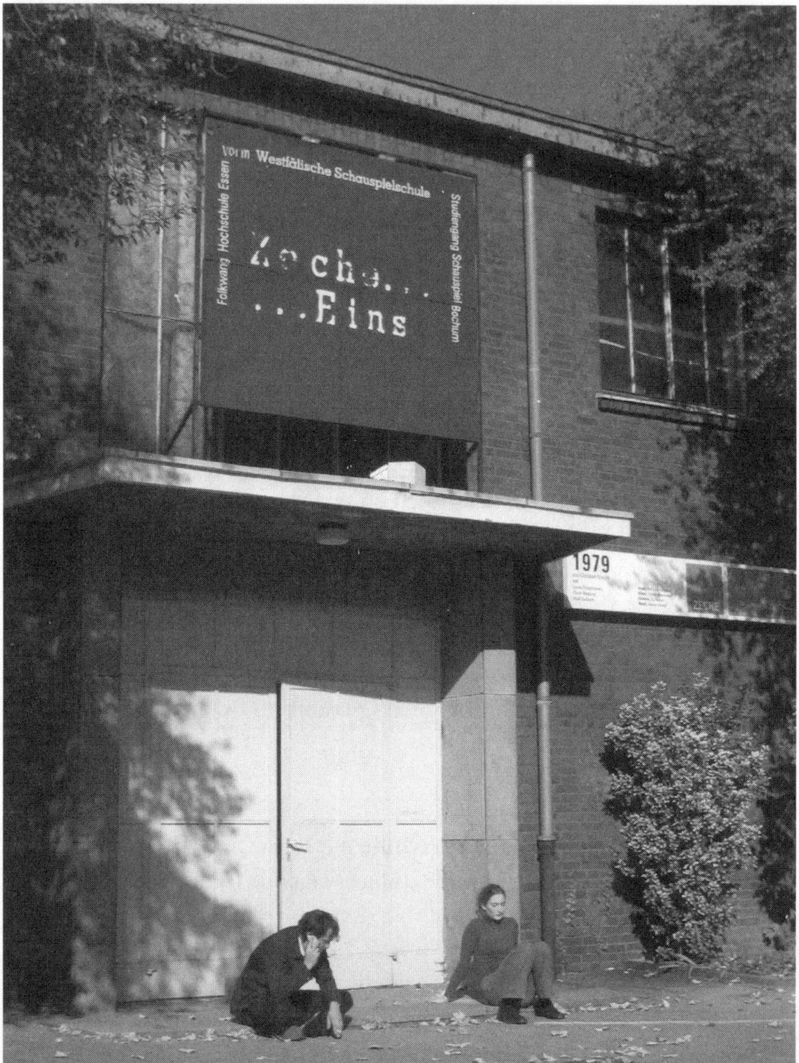

Foto: Folkwang Hochschule

Die Spielstätte Zeche Eins der Folkwang Hochschule

- die BAföG-Berechtigung
- Kooperationen mit Theatern und Filmhochschulen
- ein Abschlussvorsprechen, zu dem die ZAV(früher ZBF) erscheint
- ein ausgewogenes Zahlenverhältnis von Schülern zu Lehrern
- langjährige Erfahrung in der Ausbildung

- Absolventen, die Engagements gefunden haben
- die Möglichkeit eines Vorgesprächs oder einen Tag der offenen Tür, an dem man sich einen Eindruck über die Arbeit der Schule verschaffen kann

> *»Ich war zuerst auf einer privaten Schauspielschule in Köln und bin dann auf die staatliche nach Stuttgart gewechselt. Der größte Unterschied beim Wechsel von einer privaten zur staatlichen Schauspielschule? Also erst mal ist da natürlich der finanzielle Aspekt. Aber davon abgesehen, ist es ein Wahnsinnsluxus, wie viel Einzelunterricht einem an einer staatlichen Schule zusteht, besonders Rollenarbeit, bei richtig guten Lehrern, die fast alle selber auf der Bühne stehen oder inszenieren. An der Privatschule hab' ich immer rumkritisiert und wollte für mein Geld so viel wie möglich rausholen, auf der staatlichen Schule konnte ich wesentlich entspannter arbeiten. Außerdem ist das Angebot an Fächern vielseitiger, die Stundenzahl größer und es stehen mehr Lehrer zur Verfügung.*
> *Ich habe in dem Jahr an der Privatschule viel gelernt und Eindrücke gesammelt, die ich nicht missen möchte, aber ich bin doch sehr froh, dass ich meine Ausbildung an einer staatlichen Schauspielschule machen kann.«*
>
> Sophie C. Lutz, Absolventin, Hochschule für Musik und Darstellende Kunst, Stuttgart

Da die staatlichen Schauspielschulen kostenlos sind und wesentlich mehr Unterricht garantieren können als die privaten Schulen, ist es auf jeden Fall ratsam und sinnvoll, erst einmal zu versuchen, dort aufgenommen zu werden. Viele Theater laden Absolventen von privaten Hochschulen nämlich gar nicht erst zu einem Vorsprechen ein.

> *»Schüler von staatlichen Hochschule haben es auch später bei der Suche nach einem Theaterengagement leichter als Absolventen von Privatschulen – und das gilt sogar in der Regel für die Begabten und gut Ausgebildeten unter ihnen.«*
>
> Dr. Michael Schäfermeyer, ZAV (früher ZBF)

> *»Wenn ein Caster zwei Schauspieler hat, die er sich für eine Rolle gut vorstellen kann und der eine war auf der ›Ernst Busch‹ Schauspielschule und der andere auf einer privaten Schauspiel-*

schule, bevorzugen die meisten Caster den Bewerber mit der staatlichen Ausbildung.«

Michael Fröhling, ZAV (früher ZBF)

Die Plätze an den staatlichen Schulen sind begehrt, denn es werden nur ein bis drei Prozent der Bewerber tatsächlich angenommen. Deshalb sollte man sich immer gleichzeitig bei mehreren Hochschulen bewerben.

»Bei uns haben im Jahr 2005 über 800 junge Menschen die Aufnahmeprüfung gemacht. Zum Studium zugelassen haben wir davon acht.«

Hanns Dietrich Schmidt, Professor der Folkwang Hochschule Essen

An der staatlichen Schauspielschule Otto Falckenberg München hatten sich zum Schuljahr 2009/2010 genau 671 Interessenten beworben, 25 davon waren zu alt beziehungsweise zu jung, die Bewerbung war zu spät eingegangen oder die Bewerber hatten sich bereits zu of an der Schule beworben und sind nicht eingeladen worden. Von den restlichen 646 Bewerbern sind 145 nicht zum Vorsprechen erschienen oder haben abgesagt. 501 Bewerber haben vorgesprochen, unter ihnen 331 Frauen und 170 Männer. 91 Bewerber haben die zweite Runde erreicht, davon waren 52 weiblich und 39 männlich. 30 Bewerber kamen in die dritte Runde, davon sagten zwei Bewerber ab, so dass jeweils 14 Männer und 14 Frauen eingeladen wurden. Im September 2010 wurden dann 14 Schüler aufgenommen, 8 Männer und 6 Frauen.

Wer bei den staatlichen Schulen zwar oft die zweite Runde oder die Endrunde erreicht hat, nie angenommen wurde und trotzdem an seinem Berufsziel Schauspieler festhält, sollte sich an eine gute private Schauspielschule wenden. Wem jedoch alle Prüfer der staatlichen Schulen nahe gelegt haben, sich vom Berufswunsch zu distanzieren, sollte wirklich ernsthaft über berufliche Alternativen nachdenken. Denn wer nicht wirklich talentiert ist, hat später kaum Chancen, seinen Lebensunterhalt mit dem Beruf zu bestreiten.

»Wenn man zwei Jahre lang versucht hat, an einer staatlichen Schule aufgenommen zu werden, und nie weiter als in die erste Runde gekommen ist, sollte man sich unbedingt grundsätzlich überlegen, ob dies der richtige Beruf für einen ist.«

Dr. Michael Schäfermeyer, ZAV (früher ZBF)

In welchen Städten gibt es staatliche Schauspielschulen?

Es gibt 20 staatliche deutschsprachige Schauspielschulen:

- Berlin (Hochschule für Schauspielkunst »Ernst Busch«)
- Berlin (Universität der Künste)
- Bern (Hochschule der Künste)
- Bochum/Essen (Folkwang Universität)
- Frankfurt a. M. (Hochschule für Musik und Darstellende Kunst)
- Graz (Universität für Musik und Darstellende Kunst)
- Hamburg (Hochschule für Musik und Theater)
- Hannover (Hochschule für Musik und Theater)
- Leipzig (Hochschule für Musik und Theater »Felix Mendelssohn Bartholdy«)
- Linz (Anton Bruckner Privatuniversität)
- Ludwigsburg (Akademie für Darstellende Kunst Baden-Württemberg)
- München (Bayerische Theaterakademie August Everding)
- München (Otto Falckenberg Schule)
- Potsdam (Hochschule für Film und Fernsehen »Konrad Wolf«)
- Rostock (Hochschule für Musik und Theater)
- Salzburg (Universität Mozarteum Salzburg)
- Stuttgart (Hochschule für Musik und Darstellende Kunst)
- Wien (Max Reinhardt Seminar)
- Wien (Konservatorium Wien Privatuniversität)
- Zürich (Hochschule Musik und Theater)

*Die Otto-Falckenberg-Schule ist eine städtische Schauspielschule, das Konservatorium Wien und die Anton Bruckner Universität sind Privatuniversitäten.

Auch bei den staatlichen Schauspielschulen gibt es unterschiedliche Ausrichtungen und Profile. So bietet zum Beispiel die staatliche Hochschule in Potsdam den Studiengang »Medienspezifisches Schauspiel« an, bei dem die Studenten sehr früh Kameraerfahrungen sammeln können und eng mit den Regiestudenten der Hochschule zusammenarbeiten.
Auch die neue Akademie für Darstellende Kunst Baden-Württemberg in Ludwigsburg bietet ein Studium, das neben der Ausbildung für Theater eine verstärkte Ausrichtung auf Schauspiel in Film, Fernsehen und Neue Medien bietet.

Die Anzahl der privaten Schauspielschulen zu benennen, ist schwierig, denn jährlich kommen neue hinzu oder andere stellen ihren Schulbetrieb ein. Generell gibt es in fast jedem größeren Ort eine oder mehrere Schauspielschulen, bundesweit kann man von circa 50 bis 60 privaten Schauspielinstituten ausgehen. Achten muss man bei der Auswahl einer privaten Schule auf jeden Fall auf die Qualität der Schule, denn die Leistungen der einzelnen Schauspielschulen sind sehr unterschiedlich und oft nicht annährend ausreichend, um einen jungen Menschen auf den Beruf so vorzubereiten, dass er später davon seinen Lebensunterhalt bestreiten kann.

Wer das Gefühl hat, eine Schule nimmt so gut wie jeden beliebigen Bewerber auf, nur um die Miete für ihre Räumlichkeiten bezahlen zu können, muss sofort die Finger davon lassen. Leider ist in Deutschland die Bezeichnung »Schauspiellehrer« nicht geschützt, und jeder kann sich so nennen, ohne eine Qualifikation nachweisen zu müssen.

> *»Es ist wichtig zu prüfen, wo die Lehrer ihre Ausbildung und Erfahrungen gemacht haben, denn eine gute Ausbildung ist immer von den Lehrern abhängig. Schlecht ist es auch, wenn die Lehrer während der Ausbildung zu oft wechseln und man keine Kontinuität hat.«*
>
> Carolin Chyla, Absolventin, Die Etage, Berlin

Auch bei den privaten Schulen gibt es unterschiedliche Ausbildungsschwerpunkte. Die einen bieten eine klassische Bühnenschauspielausbildung an, die anderen konzentrieren sich auf den Bereich Musical und wieder andere bilden verstärkt in Richtung Kamera und Medien aus.

Fast jede Schule bietet Beratungsgespräche oder Aufführungen an, bei denen sich der Interessent ein Bild vom Unterrichtsangebot, den Lehrern oder dem Schauspielstil der Schule machen kann. Auf den Internetseiten der jeweiligen Schulen lässt sich gut prüfen, welches Schulprofil zu einem passt.

Man sollte sich nie von großen Versprechungen täuschen lassen, sondern bei der Auswahl sehr sorgfältig sein. Schließlich wird man der Schule für eine drei- bis vierjährige Ausbildung etwa 10.000 bis 16.000 Euro bezahlen müssen, und die Gefahr, viel Geld für zu wenig Leistung auszugeben, ist groß.

Auf keinen Fall sollte man sich auf einen Privatlehrer einlassen, der in seinem Wohnzimmer Unterricht erteilt und dies als vollwertige Schauspielausbildung definiert.

Die Aufnahmeprüfung

Welche Aufnahmekriterien haben die staatlichen und privaten Schulen?

Wer älter als 16 Jahre ist und mindestens die mittlere Reife hat, kann sich an einer Schauspielschule bewerben.

Bis auf wenige Ausnahmen nehmen die staatlichen Schulen junge Menschen zwischen 17 und 25 Jahren auf, die privaten Schulen lassen in der Regel Bewerber zwischen 16 und 28 Jahren zu.

> *»Unser Mindestalter ist zwar 17 Jahre, aber wir nehmen nur ganz selten junge Menschen, die jünger als 19 Jahre alt sind, auf, da diese meist noch nicht die nötige Reife und Arbeitseinstellung mitbringen.«*
>
> Andreas Mach, Leiter der Schauspielschule der Theaterwerkstatt Mainz e. V.

Unabhängig davon, ob private oder staatliche Schauspielschule, am Anfang stehen die Bewerbung und die Aufnahmeprüfung. Internetseiten oder Broschüren der Schulen bieten einen ersten Überblick darüber, was für die Einladung zur Prüfung verlangt wird. Generell sind die Bewerbungskriterien überall recht ähnlich.

Verlangt werden:
- der ausgefüllte Anmeldevordruck
- ein Lebenslauf mit Angaben über den bisherigen Bildungsweg
- ein kurzer Bericht über bisherige Theatererfahrungen und die persönliche Motivation
- ein aktuelles Passbild
- ein frankierter Rückumschlag für die Einladung
- eine Prüfungsgebühr
- Viele Schulen fordern weiterhin zwei ärztliche Atteste. Diese sollen den guten Gesundheitszustand (Allgemeinmediziner) des Bewerbers und dessen stimmliche Eignung (HNO-Arzt) bescheinigen. Die Atteste dürfen im Normalfall nicht älter als drei bis sechs Monate sein.

Wer die Bewerbungskriterien erfüllt, wird zur Eignungsprüfung eingeladen. Hier müssen sich die Bewerber vor den Dozenten beweisen und gegen circa 100 bis 1 000 Mitkonkurrenten in mehreren Runden antreten. Spätestens zu diesem Zeitpunkt sollte man sich intensiv mit den Vorsprechrollen beschäftigen, die man bei der Prüfung zeigen will.

> *»Die Eignungsprüfung besteht zunächst aus dem Vorspielen von drei erarbeiteten Rollenausschnitten, die insgesamt nicht länger als 20 Minuten dauern sollten.«*
>
> Hanns Dietrich Schmidt, Professor der Folkwang Hochschule Essen

In der Regel müssen auf jeder Schule ein klassischer und ein moderner Monolog vorgetragen werden. Außer in der Sprachhaltung sollten sich die Partien auch inhaltlich und hinsichtlich der ausgedrückten Gefühle deutlich voneinander unterscheiden. Manche Schulen legen die klassische Szene von vornherein fest oder fordern eine komische Rolle. Andere verlangen zusätzlich die Vorbereitung eines Gedichtes oder eines Liedes. Die Szenen sollten etwa drei bis sieben Minuten dauern. Damit nicht kurzfristig und unter Stress eine Rolle eingeübt werden muss, sollte sich jeder Bewerber rechtzeitig mit den Aufnahmekriterien der einzelnen Schulen beschäftigten.

Wie bereite ich mich auf die Prüfung vor?

Die Auswahl der Rollen ist ein wichtiger Bestandteil bei der Vorbereitung auf die Prüfung.

Sinnvoll ist es, sich Rollen zu suchen, die dem eigenen Alter entsprechen, deren Charakter man spannend und interessant findet, die einem persönlich nahe sind und mit denen man sich identifizieren kann. Da immer mehrere Szenen vorgesprochen werden müssen, sollte man darauf achten, dass die Rollen nicht zu ähnlich sind.

Wer bislang nur wenige Theaterstücke kennt, sollte spätestens jetzt häufig ins Theater gehen und Theaterstücke lesen. Schauspielführer bieten einen guten Überblick über den Inhalt und die Autoren der Schauspiele. Auch durch Bücher wie die Monologe-Bücher des Henschel Verlages erhält man eine exzellente Übersicht über passende Vorsprechrollen, und sie stellen eine gute Ausgangsbasis dar, um sich daraus Stücke zur kompletten Lektüre auszuwählen.

> *»Theaterstücke lesen, Theaterstücke lesen, Theaterstücke lesen! Das gehört zu einer guten Vorbereitung.«*
>
> Christoph Leimbacher, ehemaliger Direktor der Otto Falckenberg Schule, München

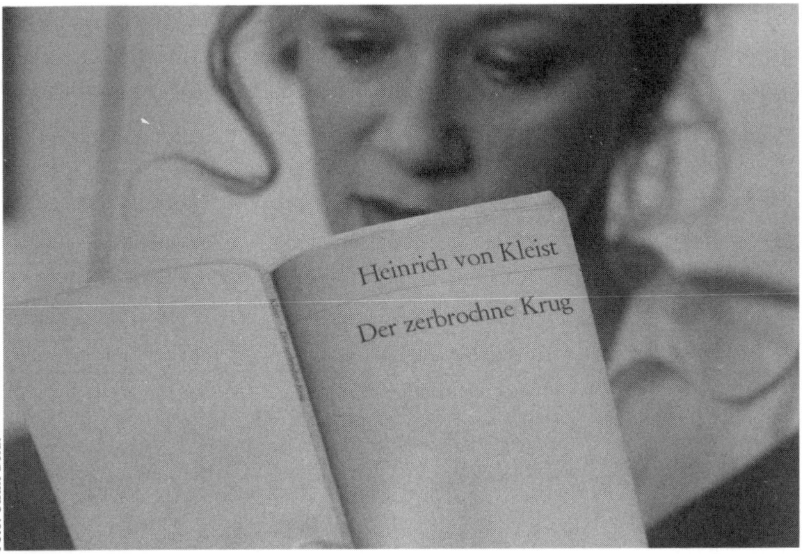

Foto: Ulrike Boldt

Rollenstudium

Mit welchen Rollen kann ich mich auf den Eignungstest vorbereiten?

Autor	Titel	Rollen
Alegria, Alonso	Die Überquerung des Niagara-Falls	Carlo, Blondin
Anouilh, Jean	Jeanne oder Die Lerche	Titelrolle
Anouilh, Jean	Antigone	Titelrolle
Ayckbourn, Alan	Ab jetzt	Zoe
Belbel, Sergi	Ein Augenblick vor dem Sterben	
Borchert, Wolfgang	Draußen vor der Tür	Beckmann
Brasch, Thomas	Lovely Rita	Rita
Brecht, Bertolt	Die Fischweiber	Titelrolle
Brecht, Bertolt	Die heilige Johanna der Schlachthöfe	Titelrolle
Brecht, Bertolt	Der kaukasische Kreidekreis	Grusche, Simon
Brecht, Bertolt	Herr Puntila und sein Knecht Matti	Kuhmädchen, Eva
Brecht, Bertolt	Der gute Mensch von Sezuan	Shen-Te, Sun
Büchner, Georg	Leonce und Lena	Lena, Valerio, Leonce

Autor	Titel	Rollen
Bukowski, Oliver	So oder so	
Eliot, T. S.	Mord im Dom	Zweiter Ritter
Enquist, Per Olof	Aus dem Leben der Regenwürmer	Hanna, Andersen
Erdmann, Nikolai	Der Selbstmörder	Podsekalnikow
Fo, Dario	Zufälliger Tod eines Anarchisten	Der Verrückte
Friel, Brian	Lovers	Mag, Joe
Friel, Brian	Sprachstörungen	Hugh, Maire
Friel, Brian	Ich komme, Philadelphia	Gareth
Frisch, Max	Andorra	Andri
Garcia Lorca, Federico	Die wundersame Schustersfrau	Titelrolle
Goethe, Johann W.	Faust I	Gretchen, Valentin, Schüler
Goethe, Johann W.	Egmont	Brackenburg
Goethe, Johann W.	Iphigenie auf Tauris	Titelrolle
Goethe, Johann W.	Die Mitschuldigen	Sophie, Alcest, Söller
Gogol, Nikolai	Die Heirat	Agafja
Gogol, Nikolai	Der Revisor	Ossip, Chlestakow
Goldoni, Carlo	Der Diener zweier Herren	Truffaldino
Gombrowicz, Witold	Yvonne, die Burgunderprinzessin	Königin Margarete
Groß, Jürgen	Match	Susanne, Bomber
Hacks, Peter	Der Frieden	2. Sklave
Hauptmann, Gerhart	Rose Bernd	Titelrolle
Hauptmann, Gerhart	Die Ratten	Piperkarcka, Bruno Mechelke
Hauptmann, Gerhart	Fuhrmann Henschel	Franziska
Hauptmann, Gerhart	Michael Kramer	Arnold
Hebbel, Friedrich	Maria Magdalena	Klara, Karl
Hofmannsthal, H. v.	Elektra	Elektra
Ibsen, Henrik	Gespenster	Oswald
Ibsen, Henrik	Peer Gynt	Titelrolle
Kleist, Heinrich von	Der zerbrochene Krug	Eve, Ruprecht

Autor	Titel	Rollen
Kleist, Heinrich von	Penthesilea	Meroe
Kleist, Heinrich von	Das Käthchen von Heilbronn	Graf vom Strahl
Kleist, Heinrich von	Amphitryon	Sosias
Lessing, Gotthold E.	Emilia Galotti	Emilia
Lessing, Gotthold E.	Nathan der Weise	Tempelherr, Klosterbruder, Derwisch
Lessing, Gotthold E.	Miss Sara Sampson	Sara, Marwood, Mellefont
Molière, Jean-B.	Amphitryon	Sosias
Molière, Jean-B.	Tartuffe	Dorine
O'Casey, Sean	Nanni geht aus	Titelrolle
Ostermaier, Albert	99 Grad	Nolk
Pinter, Harold	Monolog	Mann
Plenzdorf, Ulrich	Die neuen Leiden des jungen W.	Edgar Wibeau
Ravenhill, Mark	Shoppen und Ficken	Robbie, Mark, Lulu (Anfangsszenen d. Stückes)
Reza, Yasmina	Kunst	Marc, Serge, Yvan
Sartre, Jean-Paul	Die Fliegen	Elektra
Schiller, Friedrich	Kabale und Liebe	Lady Milford, Ferdinand
Schiller, Friedrich	Maria Stuart	Maria, Elisabeth, Mortimer
Schiller, Friedrich	Die Verschwörung d. Fiesko zu Genua	Hassan
Schiller, Friedrich	Wilhelm Tell	Melchthal
Schiller, Friedrich	Wallenstein	Max Piccolomini
Schiller, Friedrich	Die Räuber	Karl, Franz, Roller, Spiegelberg, Amalia
Schimmelpfennig, Roland	Push up 1-3	Sabine
Schnitzler, Arthur	Fräulein Else	Else
Schwarz, Jewgeni	Der Drache	Lanzelot
Serreau, Coline	Hase Hase	Hase
Shakespeare, William	Was ihr wollt	Maria, Viola, Malvolio

Autor	Titel	Rollen
Shakespeare, William	Romeo und Julia	Julia, Romeo
Shakespeare, William	Richard III.	Clarence
Shakespeare, William	Sommernachtstraum	Zettel
Shakespeare, William	Der Widerspenstigen Zähmung	Petruccio, Grumio
Shakespeare, William	Der Kaufmann von Venedig	Lanzelot, Gobbo
Shakespeare, William	Hamlet	Hamlet, Ophelia
Shaw, George B.	Die heilige Johanna	Titelrolle
Simon, Neil	Das Vorsprechen (nach Tschechow)	
Strauß, Botho	Der Narr und seine Frau heute abend in Pancomedia	Sylvia Kessel
Strindberg, August	Fräulein Julie	Titelrolle
Süskind, Patrick	Der Kontrabass	Er
Tabori, George	Jubiläum	Lotte
Tschechow, Anton	Der Heiratsantrag	Natalia, Lomow
Turgenjew, Iwan	Ein Monat auf dem Lande	Vera, Spigelski
Walser, Martin	Aus dem Wortschatz unserer Kämpfe	Eine Frau
Wedekind, Frank	Frühlings Erwachen	Wendla, Moritz, Melchior, Hänschen
Wesker, Arnold	Der kurze Prozess	Smiler
Williams, Tennesee	Die Glasmenagerie	Laura, Tom
Young, Phil	Kissing God	Amy, Mark

Man muss sich bei der Rollenauswahl nicht unbedingt ausschließlich auf Monologe konzentrieren, auch ein gut verständlicher Dialog kann spannend gespielt werden. Allerdings ist es schwierig, auf der Bühne auf die Sätze eines Gegenübers zu reagieren, der dort nicht wirklich steht und etwas sagt, sondern den man sich vorstellen muss. Indiskutabel ist es, gleich beide Figuren eines Dialoges zu spielen oder sich einen Partner mitzubringen. Monologe hingegen dürfen durchaus ein wenig gekürzt werden, solange Sprachstil und Inhalt nicht verändert werden.

> *»Natürlich darf man seinen Text formen und streichen. Ich möchte nur erkennen können, was der Bewerber mit den Strichen bezweckt und warum er sie so gemacht hat und nicht anders.«*
>
> Jochen Schölch, Leiter des Studiengangs Schauspiel der Hochschule für Musik und Theater August Everding, München

Wenn ein Bewerber drei Rollen gefunden hat, die ihn begeistern, und er durch das mehrmalige Lesen des gesamten Stückes genau weiß und versteht, was die Figur fühlt, wie sie handelt und reagiert, sollte er den Text auswendig lernen. Da jeder Prüfling bei der Aufnahmeprüfung sehr aufgeregt ist, darf es nicht passieren, dass er über seinen Text nachdenken muss, weil er ihn nicht perfekt beherrscht.

Es gibt viele unterschiedliche Ansätze, wie eine Rolle angelegt und interpretiert werden kann. Eine Menge Bücher beschäftigen sich ausschließlich mit diesem Thema und sind zur Orientierung empfehlenswert.

Um eine Rolle gut erarbeiten und sie realistisch und glaubwürdig darstellen zu können, muss man sich ein Bild des Charakters der Figur machen. Die Facetten des Charakters erschließen sich sowohl aus den Szenen, in denen die Figur alleine oder zusammen mit anderen agiert, aber auch aus Szenen, in denen über die Figur gesprochen wird. Es ist wichtig, sich in die Rolle hineinzuversetzen: Wenn ich diese Person bin, wie reagiere ich dann in der Situation, die ich darstellen möchte?

Bei der Erarbeitung einer Szene können folgende Fragen hilfreich sein:

Woher komme ich? Was habe ich erlebt? Wie ist mein Gefühl? Wie mein Körperzustand? Was für eine Energie habe ich in mir? Was zeige ich davon? Was will ich? Was habe ich für einen Plan und für Absichten? Wie will ich den Plan durchsetzen? Was sollen Partner und Publikum davon erfahren? Wie stark bestimmt meine Absicht mein Handeln und Reden?

In welchen Raum trete ich ein? Was ist das für ein Ort? Wie ist die Atmosphäre? Was kenne ich, was nehme ich wahr? Reagiere ich darauf? Wer ist da? Habe ich die Anwesenden erwartet? Kenne ich sie? Wie sind meine Beziehungen zu ihnen? Wie reagiere ich auf sie? Was will ich für einen Eindruck machen? Wohin will ich danach? Was erwartet mich? Wie ist meine momentane Haltung? Wie ist mein Plan für die Zukunft?

Im Prüfungsraum stehen immer Tische, eine Couch und ein Stuhl zur Verfügung. Wer ein Requisit benötigt, sollte es sich zur Prüfung mitbringen. Auch über ein Kostüm kann man sich Gedanken machen. Allerdings braucht man bei einer Rolle aus dem 18. Jahrhundert kein originalgetreues Kostüm tragen, ein langer Rock reicht bei einer Frau schon aus.

> *»Jeder Bewerber hat nur eine begrenzte Zeit zur Verfügung. Diese sollte man nicht mit umständlichen und langen Umzügen vertrödeln. Das Kostüm soll zwar das Körpergefühl betonen, einen kompletten Theaterumzug will aber keiner sehen.«*
>
> Jochen Schölch, Leiter des Studiengangs Schauspiel der Hochschule für Musik und Theater August Everding, München

Die Schauspielschulen erwarten keine perfekten technische Fertigkeiten oder besonders originelle Leistungen, sie möchten vielmehr Fleiß, Bühnenpräsenz und Persönlichkeit sehen. Der Bewerber sollte einfach versuchen, sich in die Situation und den Charakter hineinzubegeben und diesen glaubhaft darzustellen. Das verlangt die Benutzung und Beherrschung von Stimme, Sprache und Körper. Dennoch darf dabei die Lust am Spielen nicht vergessen werden.

Wer im Schultheater aktiv war, sollte nicht unbedingt die Rollen darstellen, die er dort gespielt hat.

> *»Was im Schultheater gut geklappt hat, ist nicht unbedingt für eine Aufnahmeprüfung geeignet. Grundsätzlich raten wir davon ab, Rollen vorzusprechen, die man schon einmal gespielt hat. Vor allem ist es wichtig, die Rollen eigenständig zu erarbeiten.«*
>
> Hanns Dietrich Schmidt, Professor der Folkwang Hochschule Essen

Viele Bewerber bereiten sich zusammen mit einem Schauspieler, Schauspiellehrer oder Regisseur auf die Prüfung vor. Das ist zwar nicht verboten, aber es wird nicht gerne gesehen, da durch das Antrainierte das eigene Talent und die Ursprünglichkeit nicht selten verdeckt werden. Die Prüfungskommission möchte nicht die Dressur des Lehrers sehen, sondern die eigene Fantasie des Prüflings, seine Gedanken zur Rolle und sein Sprachgefühl. Einem durchinszenierten Vorsprechen zieht die Kommission den Funken Leidenschaft und das Brennen für das Spiel vor.

Welche Anforderungen stellt die Prüfungskommission bei der Aufnahmeprüfung?

Bei einer Aufnahmeprüfung existiert kein fester Kriterienkatalog. Wichtig ist, dass der Bewerber das Interesse der Prüfungskommission weckt. Die Prüfer möchten ihn so natürlich wie möglich sehen und erwarten keine Perfektion. Die Bewerber sollen Persönlichkeit haben, aber noch formbar sein.

»Wir möchten sehen, wie projektionsfähig der Prüfling ist. Das, was in der Rolle drinsteckt, muss sich auf das Publikum übertragen. Wir möchten eine ursprüngliche Direktheit, man muss sehen: Da ist etwas Eigenes. Einen Klassiker und eine moderne Rolle wollen wir sehen, damit wir zwei verschiedene Sprachhaltungen erkennen können. Dabei ist es uns egal, ob wir zum hundertsten Mal den Franz Moor von Schiller sehen. Wenn die Rolle gut umgesetzt ist, wirkt die Szene immer wieder neu. Wir raten den Prüfling dazu, lieber einen kurzen Abschnitt zu wählen als einen zu langen.
Wir möchten auch nicht, dass die Prüflinge sich von einem anderen Schauspieler inszenieren lassen, man sieht, wenn jemand dirigiert wird. Bitte alleine proben und die Rollen zum Schluss vielleicht Freunden oder Familie vorspielen.«

Hanns Dietrich Schmidt, Professor der Folkwang Hochschule Essen

Wer zur Prüfung weit anreisen muss, sollte nicht unbedingt erst am Morgen nach einer durchgefahrenen Nacht eintreffen, sondern vielleicht schon am Vorabend anreisen und bei Freunden schlafen, damit er zum Vorsprechen fit und ausgeruht ist. Spätestens nach der ersten Aufnahmeprüfung kennt jeder Bewerber viele andere Leute, die gerne eine Übernachtungsmöglichkeit anbieten, wenn er bei ihnen in der Nähe die Prüfung absolviert. Pünktlich zu jedem Vorsprechen zu erscheinen, ist nicht nur Pflicht, sondern auch im eigenen Interesse sinnvoll. Darum sollte man ausreichend Zeit für die Fahrt einplanen und rechtzeitig losfahren, um nicht abgehetzt zum Prüfungstermin anzukommen.

In der Regel wird jeder Kandidat alleine geprüft. Es gibt aber auch Schulen, wie etwa die Hochschule »Ernst Busch« in Berlin, die Prüflinge als Zuschauer gestatten, wenn die anderen Bewerber vorsprechen.

Jeder ist vor den ersten Aufnahmeprüfungen nervös. Aber keine Sorge: Niemand will den Bewerbern etwas Böses; die Schauspielschüler der höheren Semester werden sich hilfsbereit um die Prüflinge kümmern, und schließlich darf jeder jetzt endlich zeigen, woran er die letzten Wochen gearbeitet hat. In den zwanzig Minuten, die jedem Bewerber vor der Prüfungskommission zustehen, sollte er alles geben und die Prüfer aktiv von seinem Talent überzeugen.

»Wir wollen den Spieltrieb sehen. Was treibt den Bewerber an? Warum hat er sich gerade diese Rolle ausgesucht? Der Darsteller muss sich vorstellen, was seine Rolle erleidet, sich dann in

diese Situation reinfühlen und dies im eigenen Körper sichtbar werden lassen.«

Michael Keller, Professor der Hochschule für Schauspielkunst »Ernst Busch«, Berlin

In der Regel hat der Bewerber die Wahl, welche Rolle er als erstes vorsprechen möchte.

Manchmal wird er nach wenigen Sätzen oder Minuten schon unterbrochen, und die Prüfer bitten darum, mit der nächsten Rolle weiterzumachen. Das sollte ihn nicht irritieren.

»Wenn man unterbrochen wird, muss das nichts Schlimmes bedeuten. Manchmal sieht man direkt, dass der Prüfling das gewisse Extra hat, und dann muss man nicht den gesamten Monolog sehen, da man ja bei einer Prüfung auch immer unter Zeitdruck steht.«

Hanns Dietrich Schmidt, Professor der Folkwang Hochschule Essen

Nach der Prüfung heißt es erst einmal warten. An manchen Schulen bekommt man schon nach der ersten Runde ein persönliches Feedback, andere Schulen geben aus Zeitgründen keine Rückmeldung.

»Wir geben jedem, der es wünscht, ein Feedback. Wichtig ist dabei, dass dieses immer nur die subjektive Meinung unserer Schule widerspiegelt. Eine andere Schauspielschule kann ganz andere Ansichten über die Rolleninterpretation des Bewerbers haben. Deshalb ist es ganz wichtig, dass die Prüflinge das spielen, was sie für richtig halten, und sich nicht von den unterschiedlichen Meinungen der Schulen irritieren lassen. Dies erfordert natürlich Eigenständigkeit.«

Hanns Dietrich Schmidt, Professor der Folkwang Hochschule Essen

In der Regel teilen es die staatlichen Schauspielschulen direkt am selben Tag mit, ob ein Bewerber eine Runde weiterkommt. Sollte es nicht geklappt haben: Kopf hoch. Es gibt noch mehr Schulen, und manche Schauspielsschüler haben es erst nach vielen Aufnahmeprüfungen geschafft, auf eine staatliche Schule zu kommen.

»Ich bin sechsmal direkt in der ersten Runde rausgeflogen und dann zweimal bis in die Endrunde gekommen. Danach bin ich

wieder dreimal in der ersten Runde rausgeflogen, bis ich dann in Bochum angenommen wurde.«

Hanna Schwab, Absolventin, Folkwang Hochschule, Studiengang Schauspiel Bochum

In der zweiten und dritten Runde folgen normalerweise Improvisationen und Szenenarbeit, das ist jedoch von Schule zu Schule unterschiedlich. Die Lehrer unterhalten sich mit den Bewerbern, außerdem werden Übungen gemacht, die zeigen sollen, wie es um die stimmliche, sprachliche und körperliche Eignung bestellt ist. Bequeme Kleidung, in der man sich frei bewegen kann und in der man sich wohl fühlt, ist empfehlenswert. Oft wird auch eine Hausaufgabe gestellt, zum Beispiel die selbstständige Erarbeitung einer weiteren Rolle, die dann bei der nächsten Runde gezeigt werden soll.

»In der zweiten Runde machen wir Improvisationen und bitten die Bewerber, ihre Rollen in einer anderen schauspielerischen Haltung zu spielen. In der dritten Runde gibt es verschiedene Prüfungen (Rolle, Partnerimprovisation, Musikalität, Sprachgestaltung, Stimmprüfung, Körperarbeit, Interview), die uns Aufschluss über die technischen Fähigkeiten und das Persönlichkeitsprofil des Bewerbers geben.«

Jochen Schölch, Leiter des Studiengangs Schauspiel der Hochschule für Musik und Theater August Everding, München

Wer schließlich die dritte Runde bestanden hat, darf sich glücklich schätzen. Einer der begehrten Studienplätze ist ihm sicher.

Wer es nicht geschafft hat, muss überlegen, ob er die Prüfungen im kommenden Jahr wiederholen will. Welches Feedback haben die Prüfer gegeben? Wer einen neuen Versuch unternehmen will, muss an sich arbeiten und sich bemühen, die Anregungen umzusetzen.

»Wenn man oft in die zweite oder dritte Runde kommt, ist es eigentlich nur eine Frage der Zeit, dass man es dann auch irgendwo schafft, aufgenommen zu werden.«

Atischeh Hannah Braun, Absolventin der Folkwang Hochschule Essen

Also auf zur nächsten Schule, zur nächsten Prüfung und die Zeit zwischendurch nutzen, um Erfahrungen zu sammeln, in freien Theatergruppen zu spielen oder vielleicht eine Regiehospitanz an einem Theater zu machen.

»Ich habe vier Aufnahmeprüfungen gemacht. Bei den ersten drei Schulen bin ich direkt in der ersten Runde rausgeflogen. Mit den Anregungen und Kritiken der Prüfer konnte ich immer etwas anfangen, nach jeder Aufnahmeprüfung habe ich etwas dazugelernt. Außerdem schwindet die Prüfungsangst nach jeder Prüfung. Ich bin in die vierte Prüfung viel frecher hineingegangen. Frechheit, Dreistigkeit, Eifer und Mut, das braucht man auf jeden Fall.
In Hannover bin ich dann aufgenommen worden. Ich hatte seit meiner Schulzeit Theater in freien Gruppen gespielt und als Kleindarsteller beim Fernsehen Erfahrungen gesammelt. Für die Prüfungen wollte ich mich aber besser vorbereiten, habe meinen ganzen Mut zusammengenommen und einen Schauspieler vom Düsseldorfer Schauspielhaus angesprochen, der mir super gefällt. Ich habe mir unzählige Reclam-Theaterstücke durchgelesen und geguckt, welche Rollen zu mir passen würden. Dann habe ich die Rollen mit ihm zusammen erarbeitet. Wir haben mich nicht inszeniert, das wollte er nicht. Er hat mir einfach geholfen, mich in den Rollen selbst zu finden.«

Sami El Gharbi, Schauspielschüler, Hochschule für Musik und Theater, Hannover

Manche staatlichen Schauspielschulen, wie etwa die »Konrad Wolf« Schule in Potsdam oder die »Ernst Busch« Schule in Berlin, prüfen nicht nur an wenigen Tagen, sondern bieten das ganze Jahr über Eignungstests an. Auch an den privaten Schauspielschulen sehen die Aufnahmeprüfungen oft anders aus.

»Bei uns findet die gesamte Prüfung an einem Tag statt. Einmal im Monat laden wir die Bewerber ein, das sind in der Regel sieben bis zehn Personen. Jeder muss drei Rollen erarbeiten und vorsprechen, außerdem werden dem Bewerber von uns Improvisationsaufgaben gestellt.
Wichtig ist uns die Fantasie und Spontaneität der Bewerber. Wir wollen sehen, ob jemand für den Beruf brennt, ob er ein inneres Feuer und Kraft hat. Er muss Freude am Spiel haben, den Raum einnehmen können, kontaktfreudig sein und auch selbstständig

arbeiten können. Außerdem ist für uns wichtig, einen einfachen, ehrlichen, direkten Moment zu sehen, der die Individualität des Schülers deutlich macht und zum Ausdruck bringt.
Man sollte nicht zu brav sein, aber auch nicht zu streitsüchtig, und sich durchsetzen können.
Offenheit für Veränderungen und objektive Kritikfähigkeit (gegenüber sich selbst und gegenüber der Kunst an sich) sind auch wichtig.«

Karl G. Neusiedler, Schulleiter der Schauspielschule »Schauspiel München«

An den privaten Schauspielschulen wollen weniger Interessenten aufgenommen werden als an den staatlichen. So bewerben sich an der Schauspielschule »Schauspiel München« jeweils circa 100 junge Leute, von denen 18 bis 20 pro Jahr einen Studienplatz erhalten. An der Berliner Schule »Der Kreis« bewerben sich pro Semester 20 Personen, von denen 4 bis 7 aufgenommen werden. Manche privaten Schauspielschulen bieten eine Klasse pro Semester an, andere sind ähnlich wie die staatlichen Schulen strukturiert und bilden eine Klasse pro Jahr aus.

»Wir arbeiten mit jedem Bewerber circa 45 Minuten lang. Die Bewerber müssen drei Rollen vorspielen, und wir improvisieren mit ihnen und arbeiten gemeinsam an einem Lied und einem Gedicht. Die spätere Vermittelbarkeit ist ein Kriterium für die Aufnahme. Da spielt die Persönlichkeit und ein ansprechendes Äußeres auch eine Rolle.«

Dietrich Lehmann, Leiter, Fritz Kirchhoff Schauspielschule, Berlin

Wer zu einer Prüfung eingeladen wird, sollte sich vorher immer Gedanken darüber machen, warum er genau diesen Beruf erlernen und ausüben möchte.

»Wenn wir jemanden bei den Prüfungen fragen, warum er denn Schauspieler werden möchte, und er weiß dann nichts zu antworten, ist das schon schade. Dann fragt man sich als Prüfer, warum der junge Mensch überhaupt zu uns an die Schule kommen möchte und ob er sein Ziel überhaupt kennt.«

Valentin Platareanu, Künstlerische Leitung, Schauspielschule Charlottenburg, Berlin

Die Ausbildung

Was lerne ich konkret auf einer Schauspielschule?
Bislang existiert kein einheitlicher, verbindlicher Lehrplan an deutschsprachigen Schauspielschulen, aber es gibt viele Fächer, die an jeder guten Schauspielschule Pflicht sind. Dazu gehören:

- Atemtechnik
- Stimmbildung
- Sprecherziehung
- Gesang
- Improvisation
- Rollenstudium
- Bewegungslehre
- Körpertraining
- Akrobatik
- Tanz
- Bühnenfechten
- Clownstheater
- Pantomime
- Camera Acting
- Mikrofonsprechen
- Dramaturgie
- Theater-, Literatur- und Kulturgeschichte

Die Ausbildung an einer staatlichen Schauspielschule dauert in der Regel acht Semester, aufgeteilt in vier Semester Grundstudium und vier Semester Hauptstudium. Im Anschluss an das Grundstudium findet die Zwischenprüfung statt.

Nach wie vor ist der Unterricht an den staatlichen Schulen immer noch in erster Linie auf das Theater ausgerichtet. Explizit für die Kamera bildet die Hochschule für Film und Fernsehen »Konrad Wolf« in Potsdam aus.

> *»Wir möchten, dass die Studenten alles über ihre Wirkung vor der Kamera lernen und frühzeitig mit den Studenten der Regieklasse zusammenkommen. Schauspielstudenten und Regiestudenten sollen ihre Berührungsängste voreinander abbauen und eine gemeinsame Sprache für spannende Filmprojekte finden.«*
>
> Dieter Berner, Professor an der Hochschule »Konrad Wolf«, Potsdam

Auch der Studiengang Schauspiel Bochum der Folkwang Hochschule bietet seinen Studenten viele Kooperationen mit Filmschulen.

> *»Nach dem ersten Semester haben unsere Studenten das erste Camera Acting Seminar. Zum Ende des ersten Jahres dreht*

Fechtszene während der Schauspielausbildung

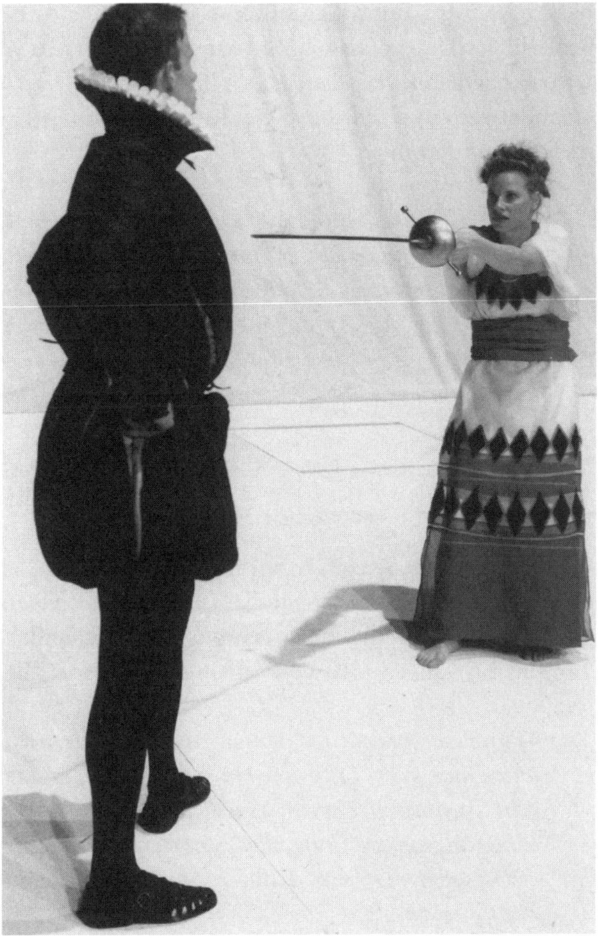

Foto: Matthias Heyde

Adolf Winkelmann mit seinen Studenten von der Fachhochschule Dortmund dann einen 90-minütigen Spielfilm mit unseren Leuten. Außerdem gibt es Kooperationen mit der Ausbildungsabteilung des Westdeutschen Rundfunks und der Internationalen Filmschule in Köln.«

Johannes Klaus, Leiter des Studiengangs Schauspiel Bochum der Folkwang Hochschule, Bochum

Während der Ausbildung erwartet die Studenten vor allem eine Menge Arbeit und viel Unterricht. An den staatlichen Schulen sind 40 Unterrichtsstunden pro Woche veranschlagt, an einer privaten Schule circa 20 bis 25 Stunden. Zusätzlich benötigt jeder Student Zeit, um Texte zu lernen und den Unterricht vor- und nachzubereiten. Zu Beginn des Studiums wird sich jeder viel mit der eigenen Persönlichkeit und seinem Körper auseinander setzen, er wird mit viel Konzentration die Lehrinhalte aufnehmen und umsetzen.

> *»Im Grundstudium hatten wir eigentlich jeden Tag von 9 Uhr bis 21 Uhr Unterricht, inklusive einer Stunde Mittagspause. Die Tage sind immer voll, und auch in den Semesterferien haben wir oft Projekte. Am Anfang war schon einiges gewöhnungsbedürftig, und ich habe mich zum Beispiel gefragt, warum brauche ich jetzt Clownerie und Akrobatik, aber es hilft, den Körper zu schulen.«*
>
> Hanna Schwab, Absolventin, Folkwang Hochschule,
> Studiengang Schauspiel Bochum

In den ersten zwei Semestern wird an den staatlichen Schulen meist mit der gesamten Klasse an den Grundlagen des Schauspielens gearbeitet. Dazu gehört Unterricht in Improvisation, Bio-Mechanik, Sprechen, Singen, Tanzen, Tai-Chi, Akrobatik, Fechten und Theorie.

> *»Plötzlich musste ich lernen, was mit dem Körper passiert, wenn man geht! Oder wie man richtig atmet. Das ist manchmal echt frustrierend, wenn einem der eigene Körper nicht mehr gehorcht, nur weil man alles ganz bewusst macht. Aber im Endeffekt lernt man nur dadurch, den Körper und seine Atmung richtig einzusetzen.«*
>
> Sami El Gharbi, Schauspielschüler,
> Hochschule für Musik und Theater, Hannover

Ab dem zweiten Jahr beginnt zusätzlich der Einzelunterricht in Rollenarbeit, Sprechen und Singen. Im dritten Jahr werden vor allem die Abschluss-Rollen erarbeitet. Je weiter das Studium fortschreitet, desto individueller wird der Unterricht.

In der Regel finden nach jedem Semester Leistungsbewertungen statt. Zum Ende des Grundstudiums entscheidet die Zwischenprüfung, wer das Studium weiterführen darf.

> *»Wir machen nach dem ersten und zweiten Semester eine Studienberatung, dazu reichen alle Lehrer schriftliche Bewertungen*

zu allen Schülern ein. So kann man den Schülern ein differenziertes Feedback geben oder sie auch warnen, wenn es nicht so gut läuft. Wenn wir am Anfang zwölf Schüler pro Semester haben, kann man sagen, dass nach dem ersten oder zweiten Semester ein bis zwei Schüler gehen und bei der Zwischenprüfung noch einmal 20 bis 30 Prozent durchfallen, sodass am Ende circa sieben bis acht Schüler ihren Abschluss machen. Es ist sehr wichtig auszusieben, denn wir sind schließlich dafür verantwortlich, dass nur die Schüler den Abschluss bekommen, die auch tatsächlich auf dem Markt bestehen können.«

Jürgen Hirsch, Direktor, Hamburger Schauspiel-Studio Frese

Wann darf ich mich das erste Mal auf der Bühne oder vor der Kamera ausprobieren?

Im ersten Jahr erlaubt kaum eine Schauspielschule, dass die Studenten außerhalb der Hochschule drehen oder Theater spielen; die Schüler sollen sich ausschließlich auf den Unterricht konzentrieren.

»Mir fehlte ein bisschen, dass man auf die richtige praktische Arbeit so lange warten muss. In den ersten Semestern der Ausbildung drehte es sich hauptsächlich um Figurenfindung und Rollenarbeit.«

Hanna Schwab, Absolventin, Folkwang Hochschule, Studiengang Schauspiel Bochum

Viele Schulen nehmen auch Einfluss auf die Angebote, die die Schüler während der Ausbildung erhalten.

»Wir entscheiden von Fall zu Fall, ob jemand drehen darf oder nicht. Wenn es kein gutes Projekt ist und der Entwicklung des Schauspielers schaden könnte, sagen wir dies auch. Und wenn wir gerade mit den Schülern ein Stück inszenieren oder eine Prüfung ansteht, hat das immer Vorrang.«

Christoph Leimbacher, ehemaliger Direktor der Otto Falckenberg Schule, München

Gute Schulen kooperieren während der Ausbildung mit Theatern oder Filmschulen. So hat zum Beispiel jede staatliche Schauspielschule ein Theater in der Nähe, an dem die Studenten praktische Erfahrungen sammeln können. Mit den dort engagierten Regisseuren werden Stücke erarbeitet, und die Studenten werden für kleinere Rollen in Produktionen eingesetzt. Dies ist wichtig, damit jeder den Theaterbetrieb mit all seinen Schwierigkeiten kennen lernt und niemand einen Praxisschock nach der Ausbildung erlebt.

»Neben Produktionen in dem schuleigenen Wilhelma-Theater und Projekten konnten wir schon während der Ausbildung den Theaterbetrieb eines Staatstheaters mit all seinen Sonnen- und Schattenseiten kennen lernen. Die Kooperation hat uns bereits früh ermöglicht, den Duft der Bretter der Welt zu schnuppern, die Erfahrung, vor vielen Menschen zu spielen und mit der eigenen Nervosität sowie den unvorhersehbaren Dingen umzugehen, die auf der Bühne passieren.«

Sophie C. Lutz, Absolventin, Hochschule für Musik und Darstellende Kunst, Stuttgart

Die meisten Hochschulen kooperieren zudem mit Filmhochschulen, sodass die Schüler vor der Kamera Erfahrungen sammeln können. Sollte an der Schule keine derartige Zusammenarbeit gegeben sein oder kein ausreichendes Kameratraining stattfinden, sollte sich jeder Student spätestens im Hauptstudium darum kümmern, mit Studenten der Filmakademien Kurzfilme zu drehen, um sowohl das Gespür für die Kamera zu bekommen als auch Material für ein Demoband zu erhalten.

Wie sieht mein letztes Ausbildungsjahr aus und welche Bedeutung hat das Abschlussvorsprechen?

Für die Studenten der staatlichen Schulen wird am Ende des dritten Ausbildungsjahr ein Treffen aller deutschsprachigen Schauspielschulen organisiert.

»Beim jährlichen Schauspielschultreffen lernen sich alle Studenten kennen, nehmen an gemeinsamen Workshops teil, führen ihre Stücke auf und sehen, wie die anderen Schulen arbeiten. Bei uns ist das Schauspielschultreffen auch ein bisschen der Abschied von der Ausbildung, denn im vierten Jahr geht es dann darum, sich zu bewerben und vorzusprechen.«

Dr. Volker Canaris, ehemaliger Leiter der Fachgruppe Schauspiel an der Staatlichen Hochschule für Musik und Darstellende Kunst, Stuttgart

An den privaten Schauspielschulen endet das Studium in der Regel nach drei Jahren, an den staatlichen Schauspielschulen dauert es zwei Semester länger. Diese letzten beiden Semester sind für das Vorbereiten der Vorsprechrollen und die Bewerbung an Theatern vorgesehen.

> *»Die Zeit der Bewerbungen sollte erst nach drei Jahren Ausbildung kommen. Man muss den Prozess des Lernens ernst nehmen und sich dann intensiv auf Bewerbungen und Vorsprechen konzentrieren.«*
>
> Hanns Dietrich Schmidt, Professor der Folkwang Hochschule Essen

Am Ende des Studiums laden die staatlichen Schulen Intendanten, die Vertreter der ZAV (früher ZBF), Dramaturgen, Regisseure, Caster und Agenten in die Schule oder an ausgewählte Theater ein. Dieses Vorsprechen ist die wichtigste Präsentation für die künftigen Arbeitgeber.

> *»Beim Abschlussvorsprechen finden die ersten Kontakte durch den ›Vorkoster‹ statt, also durch einen Dramaturgen, Regieassistenten oder Intendanten. Wenn der Schauspieler gefällt, wird er in der Regel zum Vorsprechen im Theater vor dem gesamten künstlerischen Team vor Ort eingeladen.«*
>
> Willi Händler, ZAV (früher ZBF)

Die Theater bemühen sich, zu jedem Vorsprechen der staatlichen Schauspielschulen Vertreter der künstlerischen Leitung zu schicken.

> *»Wir fahren möglichst zu jedem so genannten Intendantenvorsprechen der Schauspielschulen, um die Absolventen zu sehen. Wenn uns jemand gefällt, wird er eingeladen, damit wir den Eindruck vertiefen können.«*
>
> Hermann Beil, Dramaturg, Berliner Ensemble

Zurzeit darf sich jeder Absolvent einer deutschen staatlichen Schauspielschule »Diplom-Schauspieler« nennen. Dies wird sich jedoch in den kommenden Jahren ändern. Momentan diskutieren die Schulen über die Einführung von Bachelor und Master. Die Internationalisierung des Studiengangs hätte zur Folge, dass die bisher bestehenden Diplomstudiengänge Schauspiel in Bachelor- und Masterstudiengänge umgewandelt werden. An der Hochschule Musik und Theater Zürich sowie der Hochschule der Künste Bern wird dies schon praktiziert. Wie und wann die Veränderungen auch an den deutschen staatlichen Schulen umgesetzt werden, prüft derzeit die »Ständige Konferenz Schauspielausbildung«.

Wer sich den Alltag von vier Schauspielschülern der »Ernst Busch« Schauspielschule in Berlin einmal anschauen möchte, dem sei der Dokumentarfilm *Die Spielwütigen* von Andres Veiel empfohlen. Sieben Jahre lang begleitete der Regisseur Veiel vier Schauspieler auf ihrem Weg von der Aufnahmeprüfung, über die Ausbildung bis hin zu den ersten Engagements.

Arbeitsbereiche für Schauspieler

Was erwartet mich nach der Schauspielschule?

Noch vor einigen Jahren hatten alle Absolventen von staatlichen Schauspielschulen die Möglichkeit, ein Erstengagement an einem deutschsprachigen Theater zu erhalten. Da die Städte ihre Kulturetats immer mehr kürzen, müssen viele Häuser ihr Ensemble verkleinern, sodass heute nicht mehr für jeden Absolventen eine Vakanz zur Verfügung steht.

> *»Man darf es nicht als Niederlage oder Defizit bewerten, wenn man nicht sofort ein Engagement bekommt. Nach der Schauspielausbildung fängt die Konkurrenzsituation an. Und dann muss sich bewähren, wer wirklich eine eigenständige Persönlichkeit ist.«*
>
> Dr. Volker Canaris, ehemaliger Leiter der Fachgruppe Schauspiel an der Staatlichen Hochschule für Musik und Darstellende Kunst Stuttgart

Der Wechsel vom Studium zur rauen Berufswirklichkeit erfordert große Anpassungsfähigkeit. Auf der einen Seite soll der junge Schauspieler für die Ausübung seines Berufes durchlässig sein, auf der anderen Seite muss er sich ein dickes Fell zulegen.

> *»Ich bin noch während der Ausbildung nach Düsseldorf ans Schauspielhaus engagiert worden. Natürlich war ich erst einmal sehr aufgeregt, denn der Schutz und die Vertrautheit der Schule waren nicht mehr da. In der Schule haben wir alles gegeben, um gute Schauspieler zu sein, hier am Theater merkt man dann, dass bei vielen Kollegen die Spielfreude nicht mehr da ist. Außerdem ist man fremd in der Stadt, kennt keinen Kollegen und braucht Zeit, um anzukommen. Aber man arrangiert sich.«*
>
> Till Firit, Schauspieler, Düsseldorfer Schauspielhaus und Volkstheater Wien

Optimal ist es, wenn Schauspielschüler schon während des letzten Studienjahres Bewerbungen verschicken und sich an Theatern oder bei Castern vorstellen, damit der Übergang von der Ausbildung in ein Theaterengagement oder zu Dreharbeiten möglichst bruchlos verläuft. Wurde die rechtzeitige Bewerbung versäumt, ist es sehr wichtig, sich nach Abschluss des

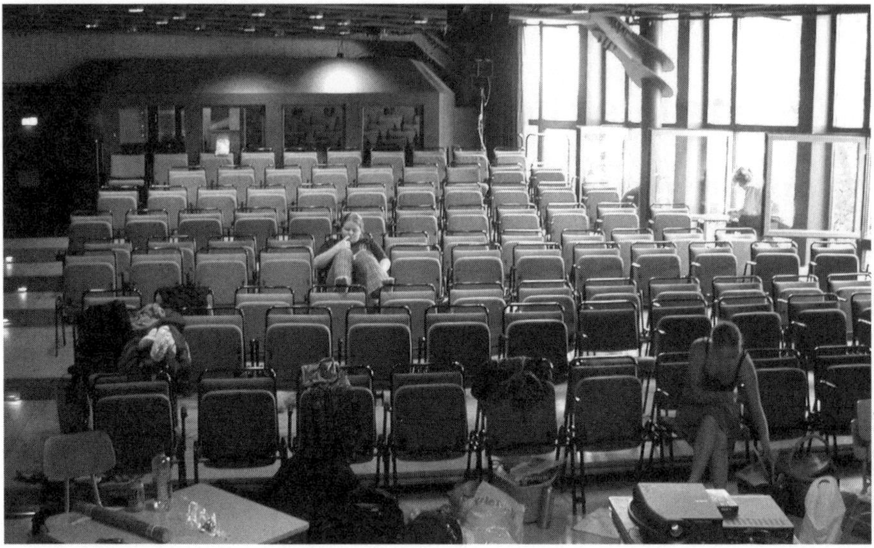

Vor der Probe

Studiums umgehend um Arbeitsmöglichkeiten im Theater, bei Film und Fernsehen oder im Funk zu kümmern.

Wie übe ich meinen Beruf professionell aus?

Ganz gleich, wo ein Schauspieler nach seiner Ausbildung arbeitet, immer wird als selbstverständlich vorausgesetzt, dass er seine Arbeit professionell und gut macht. Übermäßiges Lob und Bewunderung sollte er nicht erwarten, und der Umgang mit Frustrationen gehört zum Alltag eines Schauspielers. Jeder sollte sich darüber im Klaren sein, dass sich die Auftraggeber von Schauspielern, etwa Regisseure, Produzenten oder Intendanten, oft untereinander kennen und sich austauschen. Eine Empfehlung oder ein Lob kann so leicht die Runde machen, aber auch ein schlechter Ruf wegen unprofessionellen Verhaltens haftet einem Schauspieler rasch an.

Zu professionellem Verhalten im Berufsalltag gehört:

- alle Sperrtermine dem Theater, der Filmproduktion oder dem Schauspielagenten zu nennen und zu koordinieren
- zu sämtlichen Proben, Aufführungen, Castings, Vorsprechen und beruflichen Terminen pünktlich zu erscheinen

- alle mündlichen und schriftlichen Absprachen verlässlich einzuhalten
- Kollegialität und Loyalität
- sich auf jede berufliche Aktivität perfekt vorzubereiten
- sich nicht negativ über Kollegen, Agenten oder Arbeitgeber zu äußern und keinen Klatsch und Tratsch zu verbreiten
- Kollegen nicht nach ihrer Gage zu fragen
- Familie, Kinder und Tiere haben bei Proben oder Dreharbeiten nichts zu suchen, es sei denn, sie werden ausdrücklich eingeladen
- weder Knoblauch noch Zwiebeln zu essen, wenn intime Szenen gespielt werden
- Körper und Stimme mit Sport, mäßigem Alkoholgenuss und gesunder Ernährung fit zu halten
- sich nicht frustrieren zu lassen, wenn ein Kollege eine bevorzugte Rolle bekommt
- über künftige Rollen erst zu sprechen, wenn die Verträge dafür von allen Seiten unterschrieben wurden
- nicht beleidigt und zickig auf Absagen zu reagieren, Kritik anzunehmen
- mit der eigenen Prominenz realistisch umzugehen, sich keine Allüren und überflüssige Selbstdarstellungen zuzulegen
- Neugierde und Offenheit zu bewahren
- nicht zu einem Casting oder Vorsprechen zu erscheinen, wenn man schon weiß, dass man die Rolle aus Zeitgründen nicht annehmen kann, bzw. wenn man nicht ernsthaft interessiert ist
- keine Veränderungen an seinem Äußeren vorzunehmen, wenn man dreht oder Theater spielt
- das Wissen mit Computer, Webcam und Mailprogramm umzugehen
- die Bereitschaft und technischen Vorraussetzungen zu haben, an einem E-Casting teilzunehmen
- Erreichbarkeit per Handy und Mail

Professionalität bedeutet vor allen Dingen auch, an seiner Begeisterung für den Beruf des Schauspielers festzuhalten und nicht durch den Alltag abzustumpfen.

> *»Anfänger sind preiswert und bekommen deshalb leichter ein Engagement. Die Kunst ist es, sich in diesem Engagement durchzusetzen und so gut zu sein, dass man nach zwei oder drei Jahren eine Verlängerung oder ein Angebot an ein anderes Haus erhält. Man muss eigenständig an sich und seinen Rollen arbeiten und sich nicht nur auf den Regisseur verlassen. Wenn man*

von der Schule kommt, hat man Visionen und ist Feuer und Flamme fürs Theater. Der Alltag ist dann oft banal, frustrierend und mit äußeren Zwängen behaftet. Davon darf man sich aber nicht abschrecken lassen, sondern muss sich konstruktiv mit der Realität auseinandersetzen, seine Begeisterung behalten und aktiv an seinen Visionen von Theater arbeiten.«

Johannes Klaus, Leiter des Studiengangs Schauspiel Bochum
der Folkwang Hochschule, Bochum

Wo kann ich als Schauspieler arbeiten?

a. Bereich Theater

Wer direkt ein **Festengagement** an ein Theater erhält, hat die Chance, das in der Schauspielschule Erlernte anzuwenden und Routine zu entwickeln.

In einem Engagement kann man sich ausprobieren und ist finanziell abgesichert.

Ein Berufsanfänger verdient an deutschen Häusern keine Reichtümer. Im Normalvertrag Bühne (NV-Bühne), der seit dem 1. Januar 2003 bei Theatern gilt, die dem Deutschen Bühnenverein angeschlossen sind, erhält

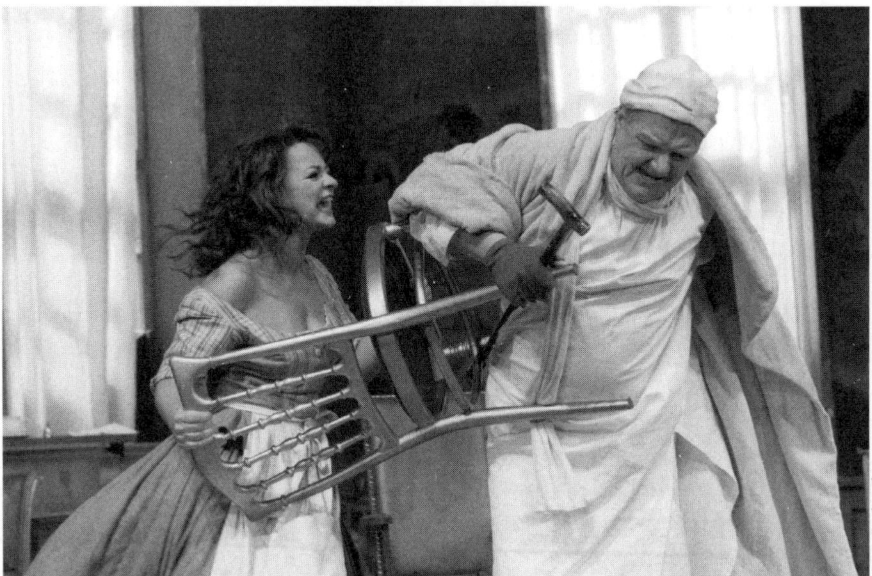

Foto: Sonja Rothweiler

Spielszene aus Der eingebildete Kranke

man zurzeit 1.550 Euro brutto im Monat. An Häusern mit einem großen Etat kann es eventuell etwas mehr sein, aber viel Spielraum haben Anfänger bei Vertragsverhandlungen nicht. Ob man ein 13. Monatsgehalt bekommt, ist abhängig vom Tarifvertrag des jeweiligen Hauses. Der Urlaubsanspruch beläuft sich auf circa sechs Wochen; diese liegen immer in den Sommerferien, wenn die städtischen Bühnen und Staatstheater Sommerpause haben. Wer den NV-Bühne einmal studieren möchte, kann ihn bei der Genossenschaft Deutscher Bühnen-Angehöriger für 15 Euro zuzüglich Porto und Versandkosten bestellen.

Wer an einem Theater fest engagiert ist, erhält dennoch nicht immer automatisch die Rollen, die er sich wünscht; vielmehr ist er verpflichtet, jede Rolle anzunehmen. Die Rollenvergabe an den Bühnen ist von mehreren Faktoren abhängig: Es müssen verschiedene Spielstätten koordiniert und Haupt- und Nebenrollen gerecht verteilt werden, niemand darf überfordert werden, und schließlich müssen die Wünsche der Regisseure berücksichtigt werden.

»Es ist lebenswichtig für jeden Anfänger, in ein gutes Ensemble zu kommen, wo man lernen kann zusammenzuspielen, wo der Beruf ernst genommen wird und der Schauspieler sich nicht mit karrieretechnischen Rangeleien aufhalten muss.«

Hermann Beil, Dramaturg, Berliner Ensemble

Große Häuser sind oft anonymer, in einem kleinen Haus kennt jeder jeden. Wer an ein kleines Stadt- oder Landestheater geht, wird in der Regel viele Rollen zu spielen haben und durchgängig in allen Produktionen arbeiten.

»Du bekommst Shakespeare, Operette und zeitgenössische Stücke zu spielen und eignest dir ein breites Repertoire an, das ist ein reicher Erfahrungsschatz für deine weitere Laufbahn.«

Ulrich Meyer-Horsch, Schauspieler, Hamburg

Eine wöchentliche Arbeitszeit von 50 bis 60 Stunden ist eher die Regel als die Ausnahme. Da ist es schwer, Zeit für Drehtage oder eine Sprechertätigkeit zu finden. Die Probendauer von der ersten Leseprobe bis zur Premiere beträgt zwischen sechs bis acht Wochen pro Stück.

»Wir haben vier Frauen und elf Männer fest im Ensemble. Alle sind immer im Einsatz und vor allem die Frauen spielen in jeder

Produktion große Rollen. Probenzeit sind sechs Wochen, freitags sind dann die Premieren, montags fangen die neuen Proben an. Geprobt wird bei uns von 10 bis 14 und von 18 bis 22 Uhr, es sei denn, man hat abends Vorstellung. Samstags sind die Proben von 10 bis 14 Uhr. Als Schauspieler wird man natürlich von seiner Arbeit absorbiert. Zu den fünf Produktionen kommen noch Lesungen, Matineen und Sonderveranstaltungen dazu. An einem Haus wie dem Landestheater kann man ein breites Spektrum an Rollen spielen, da das Ensemble relativ klein ist. Das erfordert natürlich eine große Wandlungsfähigkeit.
Der Schauspieler sollte sich auch immer fragen, in welche Richtung er gehen möchte. Wenn jemand gerne experimentelles Theater machen möchte, ist er bei uns nicht richtig. Da würden beide Seiten nicht glücklich werden.«

Sylvia Richter, Oberspielleiterin Rheinisches Landestheater, Neuss

An großen Häusern kann es auch schon einmal vorkommen, dass man länger warten muss, bevor man eine Hauptrolle spielen kann. Es gehört hier zum Alltag, auch kleine Rollen zu spielen und diese dennoch bestmöglich auszufüllen. Dafür genießen diese Häuser eine größere Aufmerksamkeit in der Fachwelt.

Bevor man sich für ein Theater entscheidet bzw. darüber nachdenkt, wo man arbeiten möchte, sollte man sich folgende Fragen stellen:

- Wo gibt es im deutschsprachigen Raum interessante Theater mit guten Regisseuren und spannenden Inszenierungen?
- Wo kann ich mich künstlerisch am besten entwickeln und am meisten spielen?
- Welche Theater werden von Kritikern, Dramaturgen und Intendanten besucht, sodass ich von der Fachwelt eine große Aufmerksamkeit erhalte?
- Möchte ich lieber ein kleines Haus, das persönlicher ist?
- In welchen Orten oder Städten würde ich mich wohl fühlen?
- Welche Häuser sind bekannt für ihre angenehme Arbeitsatmosphäre?

Wer langfristig an städtischen Theatern spielen möchte, sollte seine Karriere genau planen und nach ein paar Jahren auch den Mut zum Wechsel haben. Dabei gilt es zu bedenken, dass bestehende Verträge immer zum 31. Oktober gekündigt werden müssen, wenn man in der darauf folgenden Spielzeit anderswo arbeiten möchte.

> *»Sicher ist es toll, wenn man an einem berühmten Haus als Anfänger spielen kann. Wenn man aber nicht wirklich eine Hochbegabung ist, ist es schwer, sich an der Spitze eines solchen Hauses zu halten. Wenn man immer nur kleine Rollen zu spielen bekommt, nutzt auch das berühmteste Theater nicht viel. An einem kleinen Haus bekommt man viel mehr zu spielen, und den Wechsel an das nächstgrößere Haus muss man sich dann für einen weiteren Lebensabschnitt vornehmen. Natürlich ist es eine große Chance, mit den besten Regisseuren und Kollegen zusammenzuarbeiten, aber auch in der Provinz wird engagiertes Theater gemacht. Kleine Bühnen machen einen stark, man kann Selbstbewusstsein für die weitere Arbeit erwerben.«*
>
> Rita Thiele, Chefdramaturgin, Schauspiel Köln

Da es immer weniger Vakanzen am Theater gibt, bieten viele Häuser nur noch **Gastverträge** an. Diese sind sowohl eine Alternative zum Festengagement als oftmals auch ein Einstieg in ein Festengagement. Außerdem lernt jeder Schauspieler durch Gastverträge viele neue Leute kennen, die ihn wieder weiterempfehlen können.

> *»In der Regel kennt man seine Kollegen nicht, man muss sich also erst einmal komplett neu beweisen, seinen Platz behaupten und sich auf die Gruppendynamik in dem Ensemble einstellen. Außerdem ist man weit weg von zu Hause und seinen Freunden und Verwandten. Dies ist natürlich auch der Reiz: Neue Städte und Menschen kennen zu lernen. Normalerweise sind die Kollegen auch sehr nett und offen, und man lernt in der Fremde auch sehr viel über sich, wenn man ganz auf sich gestellt ist.«*
>
> Mark Weigel, Schauspieler, Rheinisches Landestheater, Neuss

Die Höhe der Gage für Gastspielverträge ist sehr unterschiedlich und abhängig von:
- der Größe des Theaters
- der Größe der Rolle
- dem persönlichen Lebenslauf, Alter und Bekanntheit des Schauspielers
- der Anzahl der Aufführungen
- der Probenpauschale
- der Übernahme bzw. einem Zuschuss zu Reisekosten und Unterbringung

Viele junge Schauspieler ziehen die freiberufliche Arbeit einem Engagement an einem Provinztheater vor. Davon ist aber eher abzuraten, denn gerade in den Anfängerjahren ist die Einbindung in ein Ensemble, das tägliche Spiel, die Möglichkeit, Fehler und Erfahrungen zu machen, sowie die Routine des Theaterbetriebes sehr wichtig für die weitere Karriere.

»Ich würde jedem raten, erst einmal in ein festes Engagement zu gehen. Man ist in ein Ensemble eingebunden und bekommt das nötige Rüstzeug für diesen Beruf. Man kann viel von älteren und guten Kollegen lernen, wobei das natürlich immer von einem selbst abhängt. Der eine Schauspieler spielt bis zu seinem Auftritt in der Kantine Karten, der andere steht in der Theatergasse und guckt den Kollegen zu, wie sie schwierige Szenen meistern.«

Andrea Wolf, Schauspielerin, Frankfurt a. M.

Jede größere Stadt hat ein **Kinder- und Jugendtheater,** das oft an die städtischen Bühnen angegliedert ist. Wer an ein Kinder- und Jugendtheater gehen möchte, muss vor allem die Lust und das Talent mitbringen, für ein junges Publikum Theater zu machen.

»Viele denken, Kinder- und Jugendtheater wäre minderwertiges Theater, und an der Schauspielschule wird diese Sparte leider zu wenig thematisiert. Dabei ist es großartig, vor jungen Menschen zu spielen, die man in den ersten drei Minuten packen muss, und nicht vor einem gelangweilten, arroganten Publikum. Außerdem spielt man fast in jedem Stück eine Hauptrolle.«

Martin Wolf, Schauspieler, Junges Schauspielhaus Hamburg,
früher MOKS Kinder- und Jugendtheater Bremen

Vorstellungen finden in der Regel vormittags und/oder abends statt, und Abstecher in die Umgebung oder in Schulen gehören zum Alltag. Als Schauspieler eines Kinder- und Jugendtheaters kommt man leicht auf 200 Vorstellungen pro Jahr.

»Ein Schauspieler an einem Kinder- und Jugendtheater ist mit einem Publikum konfrontiert, das ganz direkt auf sein Spiel reagiert. Kinder und Jugendliche sind ein besonders kritisches Publikum. Man muss so spannend spielen, dass es den Walkman und das Butterbrot für ein bis zwei Stunden vergisst. Morgens, bei so genannten Schulvorstellungen, betritt ein Publikum

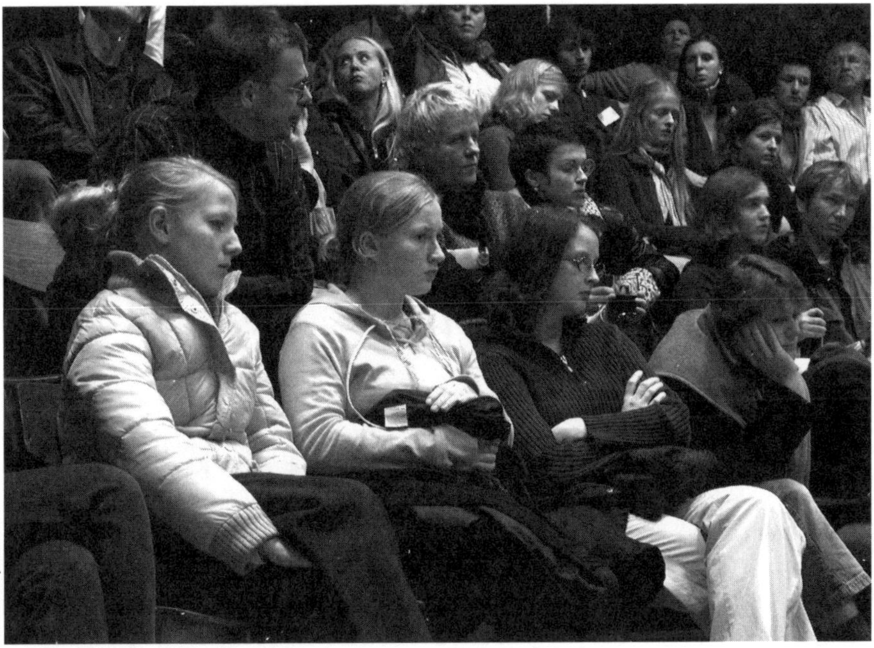
Foto: Danny Danisch

Publikum im Jugendtheater

das Kinder- und Jugendtheater, das nicht wie im Erwachsenentheater freiwillig kommt. Das muss man aushalten, ja man muss sogar Spaß daran entwickeln, so ein Publikum zu begeistern. Das ist ein Kampf. Wenn es gelingt, ist es wunderbar. Aber das liegt nicht jedem Schauspieler. Da erschrecken manche und verschließen sich. Früher war es manchmal schwer, gute Leute an ein Kinder- und Jugendtheater zu bekommen. Jetzt ist der Markt viel enger geworden, es gibt weniger Engagements, daher fragen jetzt viele gute Schauspieler nach einem Engagement im Kinder- und Jugendtheater. Kinder- und Jugendtheater braucht Schauspieler, junge und alte, die einen Bezug zu ihrer Kindheit und zu ihrer Jugend herstellen können. Es gibt Schauspieler, meist ganz junge, die haben noch so etwas wie eine ›kindliche‹ Ausstrahlung. Die können, ohne angestrengt zu sein, einen Sechsjährigen ›spielen‹ – und jedes Kind nimmt es ihnen ab.«

Stefan Fischer-Fels, Junges Schauspielhaus Düsseldorf

Ein Kinder- und Jugendtheater hat meist ein kleines Ensemble und braucht somit Schauspieler, die viele verschiedene Rollen abdecken.

> *»Wir wollen Schauspieler, die eine ganz natürliche Art zu spielen haben. Sie müssen offen sein, schnell reagieren und improvisieren können. Unsere Schauspieler müssen auch glaubhaft ein Kind verkörpern können, ohne dass es peinlich wirkt. Als Schauspieler muss man es bei uns auch mal aushalten können, dass ein paar Schüler im Zuschauerraum stören, man muss sich mit der inhaltlichen Idee des Theaters für junge Menschen identifizieren können.«*
>
> Volker Ludwig, Leiter des Grips Theater, Berlin

Boulevard- oder Privattheater haben kein festes Ensemble und bietet in der Regel Gastverträge für ein Stück an. Die Hauptrollen werden oft mit prominenten Schauspielern besetzt.

Wenn das Stück Erfolg hat, wird es auch gerne in anderen Städten gespielt. Im Vergleich zu einer Abendgage als Gast eines Stadttheaters zahlen Boulevardtheater zwar weniger, doch da meist 40 bis 60 Vorstellungen am Block gespielt werden, ist das Monatsgehalt insgesamt gut. Eine Pauschale für die vier bis sechs Wochen Probenzeit wird selten gewährt.

> *»Komik ist nicht Grimassen schneiden, sondern lebt von der Situation. Leider wird Komik nicht genügend an den deutschsprachigen Schauspielschulen gelehrt. Wir sind immer auf der Suche nach Schauspielern, die experimentierfreudig, offen und begeisterungsfähig sind. Sie müssen ein gutes Gespür für Sprache und die Situation mitbringen.«*
>
> Martin Woelffer, Leiter Komödie & Theater am Kurfürstendamm,
> Komödie Winterhuder Fährhaus Hamburg und Komödie Dresden

Schauspieler, die Komödien spielen, müssen Spaß daran haben, das Publikum zu unterhalten.

> *»Im Boulevardtheater spielt man mit dem Publikum und hat immer ein Ohr bei den Reaktionen des Zuschauers. Bei größeren Lachern muss man eine natürlich gefüllte Kunstpause geschickt einbauen, die dem Publikum gar nicht auffällt. Das macht das Spiel natürlich etwas technischer als bei einem Drama.«*
>
> Claudia Neidig, Schauspielerin, Köln

Wer in der **freien Theaterszene** spielt, kann in künstlerisch-experimenteller Hinsicht andere Wege gehen als im subventionierten Theater. Der Nachteil ist jedoch, dass man in der freien Theaterszene nur sehr wenig Geld verdient.

> *»In der freien Szene kann ich vielfältiger, eigenverantwortlicher und kreativer arbeiten als an einem städtischen Theater. Honorare für eine durchschnittliche Probenzeit von sechs Wochen liegen zum Beispiel in Köln bei null bis maximal 1.500 Euro, und als Vorstellungshonorare werden 50 bis 80 Euro pro Abend bezahlt.«*
>
> Christian Ingomar, Schauspieler, Köln

Es gibt Spielstätten, die eigene Inszenierungen oder Koproduktionen herausbringen, und Spielorte, die von Gruppen für Gastspiele gemietet werden und bei denen das Theater nur die Räumlichkeiten sowie die Technik zur Verfügung stellt. In diesen Fällen bekommt das Theater 30 bzw. 40 Prozent und die freie Theatergruppe 70 bzw. 60 Prozent der Einnahmen.

Wer mit einer eigenen Gruppe inszeniert, sollte sich frühzeitig um Fördermittel der Stadt bemühen. Wer noch keine Gruppe gefunden hat, sollte die Off-Theater aufsuchen und sich einen Überblick über die Szene verschaffen.

Schauspielerin beim Schminken

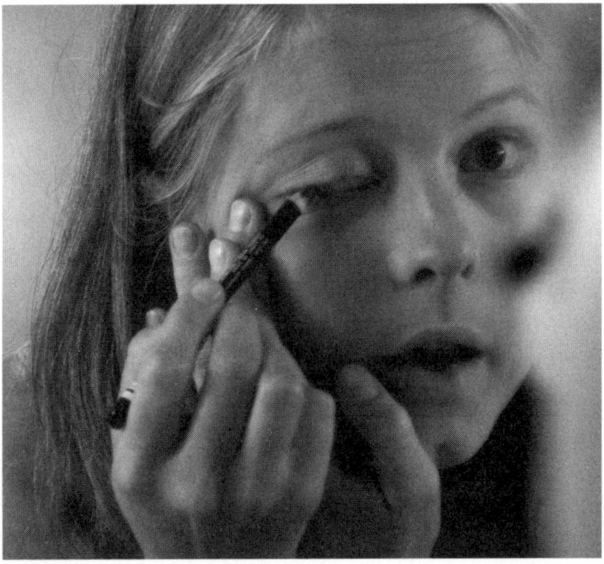

Foto: Danny Danisch

»Schauspieler, die im freien Theater arbeiten möchten, sollten sich bei Regisseuren oder Regisseurinnen vorstellen, die freie Theaterprojekte leiten, um deren (auch längerfristige) Pläne kennen zu lernen. Sie sollten sich vorher möglichst viele verschiedene Inszenierungen im freien Theater ansehen, um herauszufinden, welche Spielweisen sie interessieren könnten. Erfolgversprechender ist aber die Zusammenarbeit mit Regie-Studentinnen und -Studenten schon während der Ausbildung. In den letzten Jahren haben sich immer wieder Schauspiel- und Regie-Absolventen von Theaterhochschulen zu freien Gruppen zusammengeschlossen.«

Kathrin Tiedemann, Künstlerische Leiterin und Geschäftsführerin, Forum Freies Theater, Düsseldorf

Da Geld in der freien Szene Mangelware ist, müssen alle viel Eigeninitiative und Idealismus mitbringen. Wer im Off-Bereich arbeiten möchte, sollte auf jeden Fall die Gruppe hinsichtlich ihrer Professionalität prüfen.

»Dadurch, dass die Probenzeiten oft lang, aber unregelmäßig sind, muss man diszipliniert arbeiten, sonst verzettelt man sich. Da bei freien Gruppen weder eine Garderobiere oder ein Maskenbildner, oft noch nicht einmal eine Regieassistenz zur Verfügung steht, muss sich jeder einbringen, wissen, worauf es ankommt und auch Verantwortung für andere Bereiche als nur das eigene Spiel übernehmen. Oft spielt man auf Umsatzbeteiligung, und wenn nur zwanzig Leute im Publikum sitzen, kann das eine magere Gage werden.«

Andreas Külzer, Schauspieler und Sprecher, Düsseldorf

An ein **Tourneetheater** wird man in der Regel für eine Inszenierung gebucht. Wie lange die Tournee dauert, ist ganz abhängig vom Veranstalter und von den Buchungen des Stücks. Im Rahmen von Tourneen lernt man das Land kennen und spielt in Orten, die kein eigenes Stadttheater haben. Oft kommt es auch vor, dass an einem Tag am Bodensee gespielt wird und am darauf folgenden Tag in Norddeutschland.

»Bei Tourneen ist man mit dem Ensemble fast 24 Stunden am Tag zusammen. Man fährt gemeinsam im Bus, macht eine Stellprobe, spielt, geht zusammen essen und fällt dann ins Bett. Am nächsten Tag geht es gemeinsam zum nächsten Auftrittsort. Da

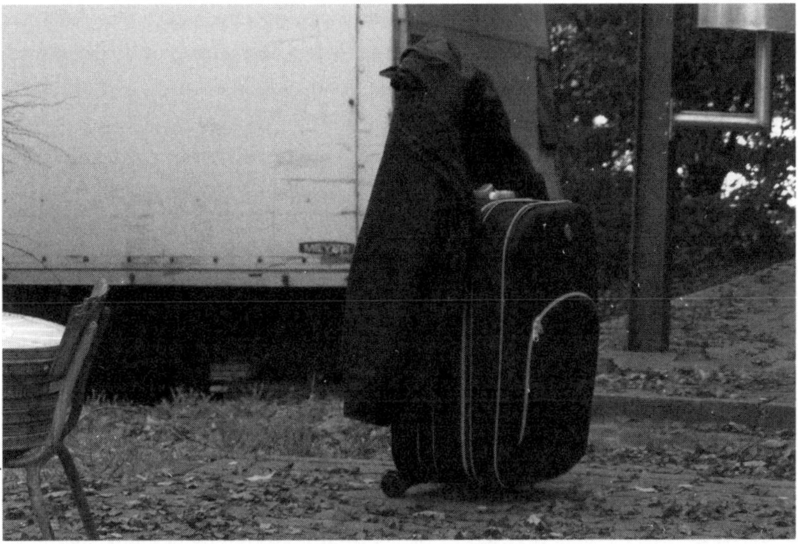

Foto: Danny Danisch

Tourneetheater – immer unterwegs

ist es schon wichtig, dass man mit netten Kollegen unterwegs ist und gerne reist.«

Arno Kempf, Schauspieler, Köln

Tourneeunternehmen arbeiten meist mit einem prominenten Hauptdarsteller und besetzen um dieses »Zugpferd« herum die weiteren Rollen.

Wenn die städtischen Bühnen im Sommer Theaterferien machen, sorgen **Freilichttheater** in kleineren Städten für Arbeit. Freilichtbühnen verfügen normalerweise über kein festes Ensemble und engagieren die Schauspieler in der Regel für die Zeit zwischen Mai und August. Das Repertoire eines Sommertheaters bietet meist ein Kinderstück, einen Klassiker und ein Musical. Das Engagement umfasst nicht nur eine Rolle, sondern jeder Schauspieler bedient Rollen in mehreren Produktionen gleichzeitig.

»Wir engagieren die Schauspieler für drei Monate. Davon sind sechs Wochen Proben und sechs Wochen Vorstellungen. Bei der Besetzung achten wir auf Schauspieler, die mit ihrem Spiel große Räume füllen können und eine Stimme haben, die sich im Freilichttheater durchsetzen kann.«

Johannes Klaus, Leiter der Domfestspiele Bad Gandersheim

Die finanzielle Vergütung richtet sich danach, ob eine Gage pro Aufführung oder eine Festpauschale für den gesamten Zeitraum von Proben und Vorstellungen gezahlt wird. Manchmal wird eine Wohnung gestellt, oftmals aber auch nicht.

Besetzt wird schon im Frühjahr, insofern sollte man sich frühzeitig beim künstlerischen Leiter bewerben.

> *»Unter freiem Himmel zu arbeiten und auf der Bühne in alten Mauern zu stehen, ist ein tolles Erlebnis. Man spielt viel größer und freier. Stimmlich sind Freilichttheater eine Herausforderung, da man andere Voraussetzungen als auf einer normalen Theaterbühne hat. Und man darf auch keine Probleme damit haben, bei großer Hitze oder permanentem Nieselregen zu spielen.«*
>
> Franca Berlin, Schauspielerin, Berlin

Zu den größten Festspielorten in Deutschland zählen beispielsweise:

- Bad Hersfeld Festspiele
- Burgfestspiele Bad Vilbel
- Burgfestspiele Jagsthausen
- Burgfestspiele Mayen
- Felsenbühne Rathen
- Freilichtspiele Schwäbisch Hall
- Domfestspiele Bad Gandersheim
- Luisenburg Festspiele Wunsiedel
- Schloss Festspiele Ettlingen
- Kreuzgangspiele Feuchtwangen

b. Bereich Film und Fernsehen

Das Spiel vor der Kamera unterscheidet sich sehr vom Spiel auf der Bühne. In der traditionellen Schauspielausbildung im deutschsprachigen Raum werden die spezifischen Fähigkeiten, die für den Beruf des Film- und Fernsehschauspielers benötigt werden, leider immer noch zu wenig ausgebildet.

> *»Es wäre wünschenswert, dass die Kamera-Arbeit stärker in den Unterrichtsplan der staatlichen Hochschulen integriert wird.«*
>
> Anja Dihrberg, Casting Director, Berlin

Bei der Fernseharbeit bleibt oft keine Zeit für die Auseinandersetzung mit der Figur oder für Probenarbeiten, wie man es von der Bühne her kennt.

Verlangt wird Routine, schnelles Arbeiten, prompte Kreativität und das Verständnis für die technischen Seiten der Kameraarbeit.

Akteure, die mit den schauspielerischen Anforderungen für Film und Fernsehen noch nicht vertraut sind, sollten eine qualifizierte Fortbildung ins Auge fassen, damit die technischen Anforderungen das künstlerische Schaffen nicht beeinträchtigen und damit der Umgang mit der Kamera zur Routine wird. Für den Schauspieler ist es wichtig, genau zu wissen, wie er vor der Kamera wirkt und welcher Bildausschnitt benutzt wird. Während er im Theater bis in die letzte Reihe spielt, muss er vor der Kamera in seiner Darstellung vor allem das Reduzieren beherrschen. Denn es ist ein Unterschied, ob die Kamera einen »Close«, also nahe, aufnimmt oder ob mit einer »Totalen« gedreht wird. Bei einem »Close-up« ist sehr dezentes Agieren gefragt, große Gesten, viel Mimik und schnelle Bewegungen sind hier fehl am Platze.

> *»Man muss bei Film und Fernsehen wissen, dass man bei einer Super-Totalen anders spielen muss als bei einer Großaufnahme. Bei einem Close-up reicht es, die Situation zu denken, man muss sie gar nicht mehr spielen.«*
>
> Christine Kabisch, Regisseurin, Berlin

Niemals darf man direkt in die Kamera blicken, und im eigenen Interesse ist zu beachten, dass man nie im Schatten oder mit dem Rücken zur Kamera steht.

> *»Leider wissen die Schauspieler oft zu wenig über die Kamera und welches Bild diese vom Schauspieler erzeugt. Die Schauspieler unterschätzen, wie wichtig es ist, sein Gesicht im richtigen Winkel zum Licht zu drehen, und wie schwer es ist, die Markierung am Boden zu treffen.«*
>
> Dieter Berner, Regisseur, Berlin

Beim Dreh passiert es häufig, dass eine Sequenz sehr oft wiederholt werden muss, denn anders als bei einer Abendvorstellung im Theater muss jede Kleinigkeit stimmen. Bei Film und Fernsehen werden die Szenen außerdem nicht chronologisch gedreht. Der Drehplan ist immer abhängig von den Produktionsbedingungen, den verschiedenen Drehorten und der Disposition. Da kann es schon einmal passieren, dass morgens der Streit mit einem Partner gedreht wird und erst abends, wie man sich kennen gelernt und ineinander verliebt hat.

»Der Schauspieler muss immer wissen, wo seine Figur sich gerade bewegt, was der Szene vorangegangen ist und wie man den emotionalen Anschluss schafft an eine Szene, die man vielleicht schon vor vier Tagen gedreht hat.«

Martina Servatius, Schauspielerin, Wiesbaden

Im Fernsehen ist ebenso wie im Theater die Beschäftigungslage für professionelle Schauspieler seit Jahren rückläufig. Da die Etats kleiner werden, bezahlen die Filmproduktionen weniger Gage und besetzen sehr kleine Rollen auch manchmal mit Kleindarstellern. Der Rückgang der Fiction-Produktionen in der deutschen Fernsehlandschaft macht die Situation für Schauspieler nicht leichter. Statt Fernsehfilme werden immer mehr Quizshows und Reality-Soaps gesendet. Nur der Boom der Telenovelas lässt hoffen, dass Schauspieler wieder öfter vor der Kamera stehen können.

»Wir gehen davon aus, dass im Durchschnitt ein Schauspieler in Berlin vier bis fünf Drehtage im Jahr hat.«

Michael Fröhling, ZAV (früher ZBF)

Je nach Größe der Rolle, Bekanntheit und Alter des Schauspielers kann in Deutschland bei Film und Fernsehen mit einer Tagesgage zwischen 800 und 4.000 Euro gerechnet werden. Anfänger erhalten allerdings oft weniger als 800 Euro Gage pro Tag. Bei einer Soap oder Telenovela liegt die Tagesgage zwischen 500 und 1.000 Euro pro Drehtag. Diese Honorare sind jedoch nur Richtwerte, Ausnahmen gibt es immer häufiger, da viele Produktionen sparen müssen und die Gagenverhandlungen härter als früher geführt werden. Durch die geringen Etats wird es für die Produktionsfirma zunehmend wichtig, kleine Rollen mit Schauspielern zu besetzen, die in der Nähe des Drehortes wohnen, um Reise- und Hotelkosten zu sparen.

Je nach Rollenumfang erfolgt die Bezahlung pro Tag oder es wird eine Pauschalvergütung ausgehandelt. Bei Fernsehproduktionen rufen die Sender meist die Buy-out Gage auf, dass heißt, der Schauspieler bekommt bei Wiederholungen keine Extra-Honorierung mehr. Wer Wiederholungsgeld erhalten möchte, muss bei seiner Gage Kürzungen hinnehmen. Das ZDF führt Datenbanken mit Gagentabellen, in denen genau aufgelistet wird, welche Gage jeder Darsteller bisher erhalten hat. An dieser Gage orientiert sich der Sender dann bei weiteren Verhandlungen. Man sollte also immer darauf achten, dass die Einstiegsgage bei den Sendern nicht zu niedrig ist.

Wenn eine Sondergage vereinbart wird, sollte dies mit einem Vermerk im Vertrag aufgenommen werden.

Wer nur für eine kleine Rolle in einer Fernsehproduktion verpflichtet wurde und den Regisseur und das Team vor dem Beginn der Dreharbeiten noch nicht kennen gelernt hat, sollte sich beim Caster oder im Internet über die Produktion erkundigen. Denn zu wissen, wer der Spielpartner sein wird und was der Regisseur vorher gedreht hat, verleiht Sicherheit und Souveränität.

In einem anspruchsvollen **Spielfilm** für Kino oder Fernsehen mitzuwirken, ist für alle Beteiligten eine Befriedigung. Bei Spielfilmen steht relativ viel Zeit zur Verfügung sowie ein Budget, das kreatives Arbeiten und das Ausprobieren von künstlerischen Ideen möglich macht.

> *»Man kann bei Dreharbeiten für Spielfilme ganz anders arbeiten, mehr ausprobieren und während des Arbeitsprozesses seine Figur mit dem Regisseur finden.«*
>
> Hartmut Volle, Schauspieler, Frankfurt

Leider sinkt der Anteil an hochwertigen eigenproduzierten Filmen für das Fernsehen bei ARD, ZDF, SAT 1, RTL und Pro 7 kontinuierlich, und viele Produktionen verkürzen die Anzahl ihrer Drehtage, um Kosten zu sparen. 90-minütige Spielfilme, die früher in 25 bis 30 Drehtagen abgedreht wurden, werden heute in 20 bis 25 Tagen gedreht.

Auch im öffentlich-rechtlichen Fernsehen wird immer mehr auf Quoten geachtet und es werden Prominente mit einer hohen Tagesgage engagiert, um sicher zu gehen, dass möglichst viele Zuschauer den Film einschalten.

Für die kleinen Rollen bleibt deshalb oft nicht mehr viel Budget über.

> *»In Deutschland gibt es keine Stars, die einen Kassenerfolg oder eine hohe Einschaltquote garantieren. Deutschland ist unglamourös. Aber: Eine Besetzung mit prominenten Darstellern ist hilfreich, weil dieser Film wenigstens in den Medien eine größere Aufmerksamkeit findet.«*
>
> Michael André, Redakteur, Westdeutscher Rundfunk Köln

Es wäre aber auch falsch anzunehmen, dass man neben einem prominenten Schauspieler keine Chance hat aufzufallen.

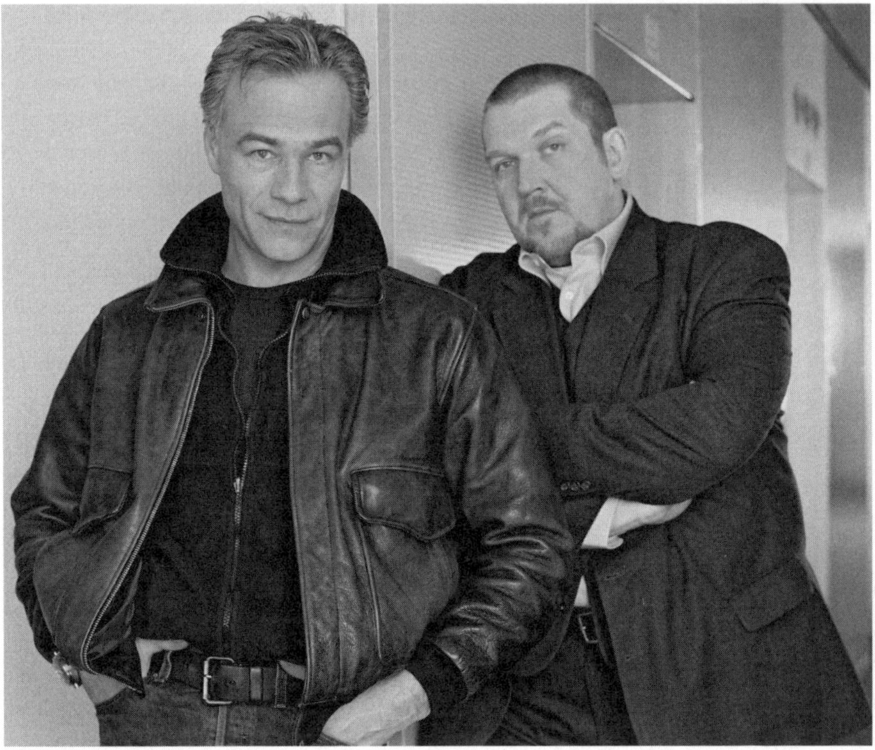

Foto: *Tatort*, WDR/van Zoest

Klaus J. Berendt und Dietmar Bär in einer Tatort*-Folge*

> *»Wir sehen uns mit einer unausgesetzten Flut von neuen Namen und frischen Gesichtern konfrontiert. Trotzdem gibt es immer noch den Fall, dass ein Schauspieler über eine kleine, scheinbar nebensächliche Rolle auffällt und in Erinnerung bleibt.«*
>
> Michael André, Redakteur, Westdeutscher Rundfunk Köln

Eine **Serie** wird wöchentlich ausgestrahlt und erzählt eine Geschichte mit festen Hauptfiguren. Man unterscheidet bei einer Serie zwischen dem durchgehenden Hauptcast und den Episodenrollen. Da eine Serie über einen langen Zeitraum die Zuschauer binden muss, ist es wichtig, dass die Hauptdarsteller ein in sich stimmiges Ensemble bilden.

Sowohl bei Spielfilmen wie auch in Serien wird mit einer Kamera gearbeitet und es werden Totalen, Schnitte und Gegenschnitte gedreht. Da für jede Einstellung das Licht neu eingerichtet werden muss, erfordert der Dreh einer Szene Zeit, sodass manchmal an einem Tag nur drei bis sieben Minuten gedreht werden können.

Soap-Produktionen wie *Verbotene Liebe*, *Unter Uns*, *Gute Zeiten, schlechte Zeiten* und *Alles was zählt* gehören zur Gattung der Fernsehserien, die mit mehreren Handlungssträngen auf eine endlose Ausstrahlung ausgerichtet sind. Soaps werden täglich von Montag bis Freitag gesendet, darum müssen die Produktionsfirmen von Daily Soaps jeden Tag circa 22 bis 40 Sendeminuten produzieren. Angesichts dieses Arbeitspensums ist es klar, dass sehr schnell gearbeitet wird. Gedreht wird gleichzeitig mit drei Kameras, damit man sich nicht mit Wiederholungen für Schuss und Gegenschuss aufhalten muss.

Bei einigen Soap-Produktionen werden montags alle Studioszenen geprobt, von Dienstag bis Freitag wird dann im Studio aufgezeichnet. Parallel zu den Studiodrehtagen gibt es zwei bis drei Außendrehtage, die von einem anderen Regisseur betreut werden. Darsteller, die für eine Rolle mit Studiodreh verpflichtet werden, müssen also auch unentgeltlich montags zur Probe erscheinen.

An den Aufzeichnungstagen finden keine langen Proben mehr statt, und in der Regel wird eine Szene nur ein- bis zweimal wiederholt, sodass jeder aus dem Stand heraus Bestleistung erbringen muss.

> *»Bei 24 Sendeminuten, die wir täglich produzieren, ist es wichtig, dass die Darsteller Gefühle auch ohne Proben und lange Vorbereitung sofort abrufen können. Dieses Arbeitspensum kann nur durch große Konzentration im gesamten Team geleistet werden.«*
>
> Silke Klug-Bader, Besetzungsbüro Bavaria Film – Produktion *Sturm der Liebe*, München

Da Daily Soaps für ein junges Publikum gemacht werden, sind die Produktionen immer auf der Suche nach Darstellern mit einer großen Jugendlichkeit. Neben den Tages- und Episodenrollen werden oft auch frische, gut aussehende, talentierte Darsteller für den Hauptcast gesucht, die in das Profil der Serie passen. Diesen Darstellern wird dann ein Jahresvertrag mit der Option auf Weiterführung angeboten. Die Gage für den Hauptcast richtet sich nach Alter, Berufserfahrung und Rollengröße. Manche Produktionen offerieren eine feste Monatsgage, bei anderen richtet sich die Bezahlung nach der Anzahl der Folgen, in denen man pro Woche mitspielt. Wer sich für ein Jahr oder länger bei einer Serie verpflichtet, sollte bedenken, dass er in dieser Zeit kaum Möglichkeiten hat, anderen künstlerischen Interessen nachzugehen.

Schauspieler, die über einen längeren Zeitraum bei einer Daily Soap

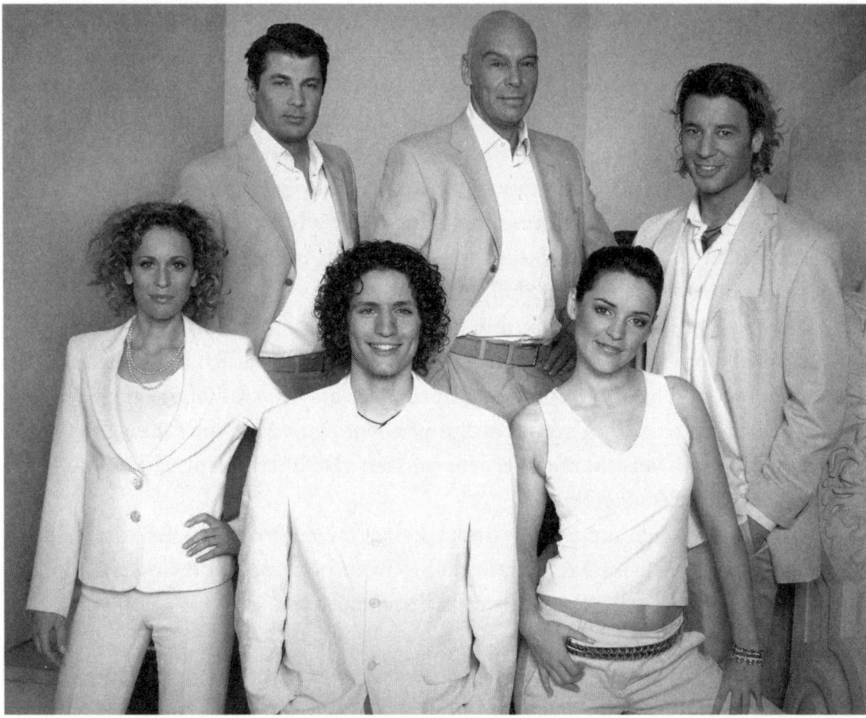

Das Schauspieler-Team von Verbotene Liebe

mitspielen, müssen sich darüber im Klaren sein, dass sie sich später mühsam von dem Soap-Image befreien müssen. Auf der anderen Seite eignen sie sich durch den täglichen Umgang mit der Kamera eine große, nicht zu unterschätzende Routine an.

> *»Man lernt bei einer Soap, sich frei zu spielen. Während man bei einem Spielfilm mit einer Kamera arbeitet und eine Szene in mehrere Abschnitte unterteilen kann, spielt man bei der Soap die Szene mit drei Kameras durch. Die Herausforderung ist, dann auch noch die technischen Begebenheiten zu beachten: Wo ist meine Marke, wann stehe ich nicht gut im Licht, in welches Auge meines Dialogpartners spiele ich am besten und so weiter. Auch die ganzen Fachbegriffe lernt man. Und man wird Meister im Text lernen.«*
>
> Verena Zimmermann, Schauspielerin, *Verbotene Liebe*, Köln

Telenovelas werden wie Soaps auch täglich ausgestrahlt. Die Produktionsfirmen müssen in diesem Fall jedoch bis zu 45 Sendeminuten täglich produzieren, da nicht selten so viel Sendezeit zur Verfügung steht. Dies ist nur mit zwei kompletten Teams möglich, die parallel drehen

> *»Das Tempo ist irre schnell, und man muss immer perfekt vorbereitet zum Set kommen, sonst funktioniert der Ablauf nicht. Wir machen zu Beginn einer neuen Szene eine Probe für die Schauspieler, dann eine technische Probe für die Kamera. Anschließend wird eingeleuchtet, da hat man als Schauspieler mal fünf Minuten Zeit. Dann gibt es eine Generalprobe, und dann wird gedreht. Und wenn alles gut geklappt hat, geht's zur nächsten Szene.«*
>
> Lorenzo Patané, Schauspieler, *Sturm der Liebe*, München

Anders als in Serien oder Spielfilmen werden die Szenen bei einer Soap oder Telenovela von Anfang bis Ende durchgedreht. Da der Rohschnitt schon während der Dreharbeiten durch den Bildmischer erfolgt, macht man zwischen den Dialogtexten immer eine kurze Pause, um dort den Schnitt zu setzen. Weil die gesamte Szene gedreht wird, muss jeder Mitwirkende den kompletten Text perfekt beherrschen.

> *»Im Theater muss ich den Text lange behalten, da man Stücke ja über Monate oder sogar Jahre spielt. Das ist bei einer Daily Soap komplett anders. Wir müssen viel Text lernen und den dann auch schnell wieder vergessen, um den Kopf für die Dialoge der nächsten Folgen wieder frei zu bekommen.«*
>
> Martina Servatius, Schauspielerin, *Verbotene Liebe*, Köln

Darüber hinaus gibt es viele unterschiedliche **Comedyformate** im deutschsprachigen Fernsehen. Ein Kennzeichen der Sitcom ist die schnelle Abfolge von Gags und Pointen im Rahmen einer dramatischen Handlung. Die Hauptfiguren einer Comedy sind Charaktere, die vor allem typgerecht besetzt werden.

Früher wurden Sitcoms im Studio mit Live-Publikum und drei Kameras aufgezeichnet. Für den Schauspieler ist diese Arbeit vergleichbar mit einer Theaterproduktion, allerdings unter Beachtung von mehreren Kameras.

Comedyserien hingegen werden wie eine normale Serie mit nur einer Kamera gedreht. Hier spielen die Schauspieler einfach ihre Rollen, aufgrund der Texte und Situationskomik wird die erzählte Geschichte witzig.

Immer wieder werden für Comedy-Serien geeignete Typen gesucht. Diese müssen nicht komödiantisch spielen, sondern ganz ernst den Hauptrollen zuarbeiten.

Im Gegensatz dazu werden in Comedy-Shows Sketche und Stand-up-Comedy aneinander gereiht, und die Figuren von den Schauspielern übertrieben dargestellt.

> *»Wenn man zehn verschiedene Rollen in zehn Sketchen spielt, bleibt keine Zeit für ein langes psychologisches Rollenstudium. Schlagfertigkeit, Spontaneität und Komik sind hier gefragt. Man muss ein gutes Tempo und Timing haben, Pointen setzen können und 100-prozentig seine Figur vertreten können.«*
>
> Mark Weigel, Schauspieler RTL *Samstag Nacht*, Köln

Andere Formate wie die SAT 1-Serie *Schillerallee* gelten als Improvisationscomedy, da hier ganz ohne Drehbuch und Texte, nur mit Regieanweisungen gearbeitet und improvisiert wird.

> *»Für Schauspieler, die im Bereich Comedy arbeiten möchten, können klassische Comedyfertigkeiten wichtig sein, zum Beispiel Dialektbegabung, artistische Körperbeherrschung, außergewöhnliche Musikalität und die Begabung, parodieren zu können. Außerdem benötigt man ein gutes Gespür für Rhythmus und Timing und man muss die Witze der Autoren gekonnt rüberbringen, ohne die Spieltiefe zu verlassen.«*
>
> Joseph Surholt, Mediabolo Casting, Köln

Auch die **Werbung** braucht ständig neue Gesichter und Typen. Die schauspielerische Erfahrung steht dabei weniger im Vordergrund als vielmehr ein gutes, trendiges Aussehen und dass der Schauspieler gut »rüberkommt«. Rollen für Werbespots werden immer gecastet, nur ganz selten wird anhand eines Demobandes besetzt.

> *»Die Tendenz, professionelle Schauspieler statt Models für die Werbespots zu holen, ist sehr groß. Erstens gibt es heute mehr Schauspieler als früher, und zweitens sind auch viel mehr Schauspieler bereit, Werbung zu machen. Außerdem gibt es auch sehr viele Schauspieler, die genau den ›trendigen Look‹ haben, den die Werbung oft benötigt. Wenn man natürlich eine 1,80 m*

große, umwerfend gut aussehende Frau braucht, wird man natürlich auch weiter bei Models suchen. Darsteller, die keine professionelle Schauspielausbildung haben, aber schon ein bisschen Theater- oder Kameraerfahrung besitzen, haben auf jeden Fall eine Chance, wenn die schauspielerische Aufgabe in dem Werbespot nicht zu anspruchsvoll ist.«

Ana Dávila, ana dávila casting berlin

Die Bezahlung für Werbung setzt sich aus Tagesgage und Buy-out zusammen. Die Tagesgage wird für jeden Drehtag bezahlt und liegt in der Regel zwischen 800 und 1.200 Euro. Das Buy-out wird nur dann entrichtet, wenn der Spot auch ausgestrahlt wird. Die Höhe des Buy-outs orientiert sich daran, in welchen Medien (TV, Kino, Internet) und Ländern der Spot gesendet wird und ob er ein halbes Jahr, ein Jahr oder länger zu sehen ist. Soll außerdem noch in Anzeigen mit dem Schauspieler geworben werden, erhöht sich das Buy-out. In der Regel beträgt das Buy-out zwischen 100 und 300 Prozent der Tagesgage. Wer also an einem Drehtag 1.000 Euro verdient und als Buy-out 200 Prozent bekommt, erhält insgesamt 3.000 Euro.

»Gefragt sind immer noch sehr junge Frauen zwischen 20 und 25 Jahren. Dann wieder der Typ ›Mutter‹ um die 30 Jahre. Für Frauen ab 35 Jahre gibt es leider immer noch viel zu wenig Angebote. Männer zwischen 20 und 35 Jahren sind sehr gefragt.«

Ana Dávila, ana dávila casting berlin

Ähnlich wie in Großbritannien oder den USA besteht in Deutschland heute nicht mehr die Gefahr, sich als Schauspieler mit einem Werbespot falsch zu positionieren. Dennoch muss sich jeder Schauspieler natürlich fragen, ob man jede Werbung machen möchte. Werbespots, in denen der Akteur nur kurz zu sehen ist, die von einem guten Regisseur inszeniert wurden, eine gute Spielstory haben oder nicht lange on air zu sehen sind, sind meist eine gute Möglichkeiten Geld zu verdienen.

Nicht schädigend sind Werbespots, in denen der Akteur nur kurz zu sehen ist, die von einem guten Regisseur inszeniert wurden, eine gute Spielstory haben oder nicht lange on air zu sehen sind.

Liegt die Tagesgage jedoch unter 800 Euro, sollte man sich gründlich überlegen, ob man sich als Werbeträger zur Verfügung stellen will. Es ist ratsam, sich zu informieren: Was ist das für ein Produkt, wird vielleicht in einem schönen Land gedreht, wer führt Regie? Erst nachdem diese Informationen eingeholt wurden, sollte man sich entscheiden, ob man zum Casting geht. Jeder Schauspieler sollte sich fragen, wie sich das Produkt für ihn anfühlt, ob er sich damit wirklich identifizieren kann? Kein Caster wird böse sein, wenn jemand es ablehnt, Werbung zu machen.

c. Bereich Sprecher

Ein Sprecher muss sein Instrument, die Stimme, perfekt beherrschen, einsetzen und verändern können. Bei der Arbeit vor dem Mikrofon geht es darum, Figuren zum Leben zu erwecken, den Zuhörer in die Geschichte hineinzuziehen oder sachlich die Hintergrundinformationen bei einer Dokumentation zu liefern.

Als Sprecher für Hörspiele oder Hörbücher macht man Kino für die Ohren und hat weder Mimik noch Gestik oder Bewegungen zur Darstellung einer Rolle zur Verfügung. Betonungen, die Modulation und die Führung der Stimme stehen im Vordergrund.

Dank des boomenden Hörbuch-Marktes finden immer mehr professionell ausgebildete Schauspieler Arbeit als **Hörbuch-Sprecher**. Allerdings wird hier oft mit Prominenten gearbeitet, und der Einstieg für Newcomer ist nicht einfach, da man bei Hörbüchern nicht mit einer kleinen Rolle anfangen kann, sondern immer direkt ein ganzes Buch sprechen muss.

Voraussetzung ist also eine gut trainierte und ausdauernde Stimme und beim Lesen von literarischen Texten vor allem Liebe zur Literatur. Nicht selten wird an Aufnahmetagen vier bis fünf Stunden lang aufgenommen, das sind ungefähr 80 bis 100 Seiten Text. Eine gute Vorbereitung ist hier unabdingbar, schwierige Stellen müssen vorher geübt werden und man sollte sich Markierungen setzen, wo man Spannungsbogen herstellen möchte. Den Text für ein Hörbuch bekommt der Sprecher frühzeitig, damit er sich zu Hause Gedanken über die Interpretation machen und die verschiedenen Figuren vorbereiten kann.

> *»Nachdem ich weiß, was ich betonen muss, wo die Pausen sind, an welchen Stellen ich die Stimme hebe und senke, konzentriere ich mich auf den Inhalt. Wichtig ist dabei: Was will der Autor sagen, und was ist meine Interpretation?«*
>
> Andrea Wolf, Schauspielerin und Sprecherin, Frankfurt a. M.

Die Kunst beim Vorlesen von Büchern besteht darin, jeden Satz mitzudenken und nicht nur abzulesen.

»Man muss immer mit seinen Gedanken bei der Geschichte sein und richtig in das Buch abtauchen. Wenn ich beim Vorlesen an irgendetwas anderes denke, wird es für den Zuhörer langweilig. Das Hauptgefühl des Hörers sollte nicht sein ›da liest einer vor‹, sondern ›da lebt einer mit‹.«

Matthias Haase, Sprecher und Schauspieler, Köln

Vor der Sprachaufnahme verständigen sich Sprecher und Regisseur über den Text und die Vorstellungen der Regie sowie des Auftraggebers.

»Bei undeutlicher Aussprache oder bei Versprechern setzt man ab und fängt an geeigneter Stelle, zum Beispiel beim letzten Absatz, wieder an. In der Regel benötigt man für eine Stunde Audiomaterial zwei Stunden Aufnahmezeit.«

Markus Mondorf, Interface Studios, Köln

Als **Sprecher für Hörspiele** haben auch Newcomer eine Chance, denn fast jedes Hörspiel hat kleinere Rollen, die jungen Schauspielern eine Einstiegsmöglichkeit bieten.

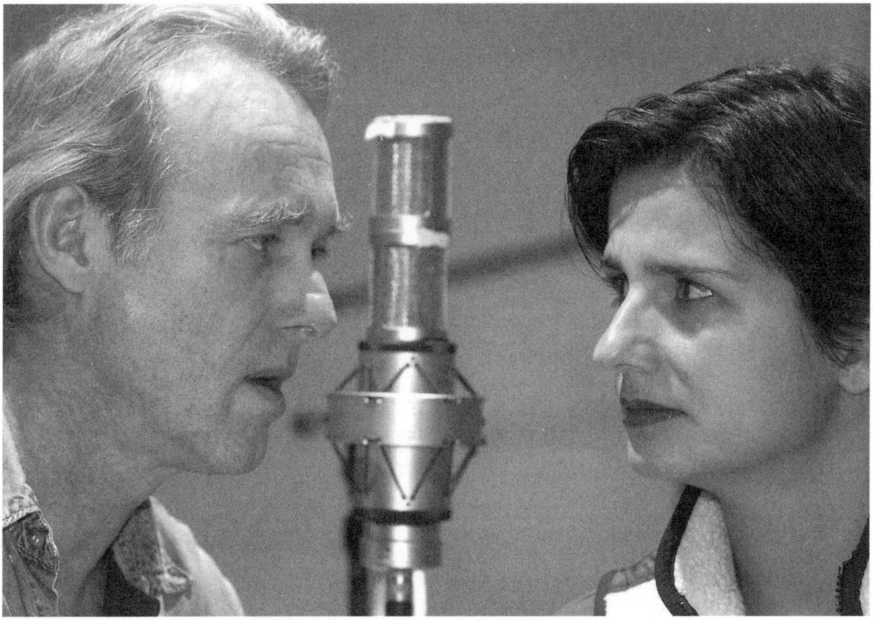

Siemen Rühaak und Katharina Palm bei der Aufnahme eines Hörspiels

Foto: *Solange Du da bist*, WDR/Herby Sachs

»Wenn ich einem Schauspieler eine kleine Rolle in einem Hörspiel gebe, erwarte ich, dass er das ganze Skript gelesen hat und gut vorbereitet ist. Er muss seinen Text nicht auswendig können, sollte aber wissen, was er spielt. Er muss in der Lage sein, auf Anregungen einzugehen und Wünsche umzusetzen. Jeder Regisseur mag Schauspieler, die Angebote für ihre Rollen machen. Für Proben bleibt leider wenig Zeit im Funk, deshalb sind lange Diskussionen auch überflüssig.«

Klaus Prangenberg, Hörspiel-Regisseur, Köln

Da man seinen Text nicht immer im Vorfeld bekommt, ist es wichtig, konzentriert und schnell in die gewünschte Rolle schlüpfen zu können.

»Unsere Hörspiel-Sprecher müssen mit Sprache umgehen können und schauspielerische Fantasie haben. Sie müssen ausschließlich mit ihrer Stimme Szenen und Bilder entstehen lassen, eine Atmosphäre zaubern und dem Text Leben einhauchen.«

Ulrich Korn, Besetzung Hörfunk, Westdeutscher Rundfunk, Köln

Der **Off-Sprecher** kommentiert und erklärt Berichte aus dem »Hintergrund«. In der Regel werden diese Texte sachlich, glaubwürdig und kompetent vorgetragen. Off-Sprecher müssen ihre Persönlichkeit zurücknehmen können und brauchen eine Stimme, die nicht zu extravagant klingt.

»Sprecher, die Off-Beiträge vertonen, müssen Texte gut im Kopf gliedern können. Sachtexte durchlebt man nicht mit dem Herzen, sondern mit dem Kopf. Man muss als Sprecher hinter seinem Text verschwinden können.«

Jörg Kernbach, Besetzung Hörfunk, Westdeutscher Rundfunk, Köln

Als **Synchronsprecher** leiht man den Darstellern ausländischer Film- und Fernsehproduktionen seine Stimme. Synchronsprechen erfordert viel Talent und Konzentration, schließlich muss der Text perfekt lippensynchron zu den Mundbewegungen des Schauspielers gesprochen werden. Wenn der Darsteller in der Originalfassung gerade ein »a« spricht, wo der deutsche Text ein »i« verlangt, muss man diese Differenz auffangen.

Die großen ausländischen Filme werden in der Regel in Berlin und München synchronisiert. Hamburg hat sich auf die Synchronisierung von Serien spezialisiert, und auch in Köln werden Serien und Filme synchronisiert.

Synchronisieren ist schwierig, und der Begriff »Synchronsprechen« ist im Grunde irreführend, da es nicht nur damit getan ist, seine Stimme zu leihen, sondern die Figur auch gespielt werden muss. Insofern trifft der Ausdruck »Synchronschauspieler« besser.

Die großen Synchronstudios sind immer auf der Suche nach Nachwuchs, der folgende Fähigkeiten besitzt:
- eine Schauspiel- und Sprechausbildung
- eine gute Atemtechnik
- das Talent, glaubwürdige Emotionen über die Stimme darzustellen und immer wieder schnell reproduzieren zu können
- eine rasche Auffassungsgabe
- Musikalität und Tempogefühl
- die Technik, mit gezieltem Timing die Differenz bei der Länge zwischen Originalsprache und deutscher Sprache aufzufangen
- die Fähigkeit, Wörter in Sprache umzusetzen
- einen guten Umgang mit Zeitdruck
- ein gutes Kurzzeitgedächtnis

Wer die Chance erhält, erste Synchronerfahrungen bei einem Casting zu sammeln, sollte die Gelegenheit nutzen und vorher zu Hause üben.

> *»Am besten schaut man sich eine mehrsprachige DVD auf Englisch an, schreibt sich den deutschen Text auf und lässt ihn dann erst mal wieder zwei Wochen liegen, damit man ihn vergisst. Dann wieder in die Szene gehen, den Ton ausschalten und anhand der Aufzeichnungen versuchen, synchron zu sprechen. Wer dann ins Aufnahmestudio kommt, sollte keine Angst vor dem Rotlicht mitbringen. Viele Anfänger haben vor dem Mikrofon und dem Timing zu viel Erfurcht. Zuerst geht es ja darum, dass man konzentriert und gut spielt, das Timing lernt man dann schon.«*
>
> Matthias Müntefering, Herstellungsleiter, Deutsche Synchron, Berlin

Werbesprecher müssen ein Produkt glaubwürdig, authentisch und unverwechselbar anpreisen können. Ein Werbespot mit einer Spielszene dauert in der Regel nicht länger als 20 bis 30 Sekunden, und in dieser kurzen Zeit müssen alle Informationen intensiv, optimistisch, euphorisch und einprägsam gesprochen werden.

In der Regel ist der Kunde oder die betreuende Agentur bei der Aufnahme dabei.

> *»Bei Werbung geht es nicht um Wahrhaftigkeit, die Stimme kann ruhig einen Tick übertrieben klingen, schließlich möchte man ja ein Produkt verkaufen. Trotzdem muss man natürlich offen und sympathisch rüberkommen.«*
>
> Vittorio Alfieri, Sprecher und Schauspieler, Düsseldorf

Die Gagen für Sprechertätigkeiten sind nicht festgeschrieben, sondern abhängig vom Projekt, dem Aufwand und der Popularität des Sprechers.

Agenten, Agenten

Schauspieler, die in Film und Fernsehen Fuß fassen möchten, müssen mit Agenten zusammenarbeiten: Mit Casting Directors, mit privaten Schauspielagenturen, mit den Agenten der ZAV (früher ZBF) und, nach ersten Erfolgen, auch mit PR-Agenten.

Wie sieht der Alltag eines Casting Directors aus?
Deutschlandweit sind etwa 110 Caster tätig, die unterschiedliche Arbeitsbereiche abdecken, darunter sind Spezialisten für den internationalen Markt, für Kinofilme, für Fernsehproduktionen, für Kinder-Castings, für Werbespots oder für Kleindarsteller. Es gibt Besetzer, die fest bei einem Sender oder einer Produktionsfirma beschäftigt sind, und selbstständige Casting Directors.

Der freiberufliche Casting Director wird von einem Sender oder Produzenten engagiert, um ein Projekt mit einem ausdrucksstarken Ensemble zu besetzen und somit dazu beizutragen, dass die Produktion ein künstlerischer Erfolg wird. Doch auch den wirtschaftlichen Erfolg darf der Casting Director nicht aus den Augen verlieren.

2003 haben sich freiberufliche und angestellte Casting Directors zu einem Bundesverband zusammengeschlossen. Dieser Bundesverband Casting beschreibt das Aufgabengebiet eines Casting Directors folgendermaßen:

> *»Das Berufsbild des Casting Directors umfasst eine weit reichende Kenntnis der Theater-, Film- und Fernsehbranche in inhaltlicher und formaler Auseinandersetzung. Die Schauspielerszene sollte, mit Schwerpunkt auf das jeweilige Land, umfassend bekannt sein. Aufbau und Pflege des Nachwuchses haben hohe Priorität. Das Vermögen, Talente und Trends zu erkennen, gehört zu den maßgeblichen Eigenschaften des Casting Directors.*
> *Unabdingbare Voraussetzungen sind zum einen das Verständnis von Drehbüchern in Bezug auf dramaturgische Zusammenhänge und zum anderen die Möglichkeit der inhaltlichen Auseinandersetzung mit Filmstoffen. Casting ist ein künstlerischer Beruf*

und sollte auch so verstanden werden. Der Casting Director ist Partner des Regisseurs, der Produktion und des Verleihers oder Senders. Seine vornehmliche Aufgabe besteht darin, ergebnisorientiert einen Konsens im Dialog zwischen diesen Parteien herzustellen – ohne sein eigenes inhaltliches und künstlerisches Konzept aus den Augen zu verlieren.
Der Casting Director hat die Aufgabe, den Kontakt zwischen Schauspieler, Regie und Produktion herzustellen. Ist der Schauspieler besetzt, endet sein Vertrag. Er ist nicht verpflichtet, Drehbücher zu verschicken.
Die Führung eines Archivs sowie anfallende ›Verwaltungsarbeiten‹ sollen professionell durchgeführt werden können. Gleiches gilt für die Organisation, Durchführung und Leitung und gegebenenfalls auch die Regie bei einer Casting-Veranstaltung.«

Bundesverband Casting e. V.

Wenn es um einen Spielfilm oder eine Serie geht, wird der Casting Director das Buch für das zu besetzende Projekt lesen, seine Besetzungsideen sammeln und Viten sowie Fotos der Darsteller aus seinem großen Archiv zusammensuchen. Bei manchen Projekten steht die Besetzung der Hauptrollen schon allein aus Finanzierungsgründen sehr früh fest; sollte dies nicht der Fall sein, muss der Casting Director unter anderem folgende Punkte berücksichtigen:

- passt dieser Schauspielertyp zu der Rolle?
- kann er als Hauptrolle in einer Serie oder einem Spielfilm die Figur glaubwürdig und spannend tragen?
- ist er gegebenenfalls prominent genug, um Zuschauer zu locken?
- wird der Schauspieler für dieses Format drehen?
- passen die Gagenvorstellungen des Schauspielers zum Budget des Films?

Ein Casting Director muss sich mit seinen Auftraggebern verständigen; selbst wenn er sich mit der Regie über die Besetzung der Rollen einig ist, heißt das noch nicht, dass Sender und Produktionsfirmen auch einverstanden sind.

Seine ersten Vorschläge für den Hauptcast präsentiert der Casting Director dann seinem Aufraggeber, dabei kann die Zahl der Vorschläge zwischen 5 und 100 liegen. Mit dem zuständigen Produzenten, mit Regisseur und Redakteur geht der Casting Director die Fotos und Viten durch, und die Auftraggeber werden entscheiden, welche Schauspieler-Demo-

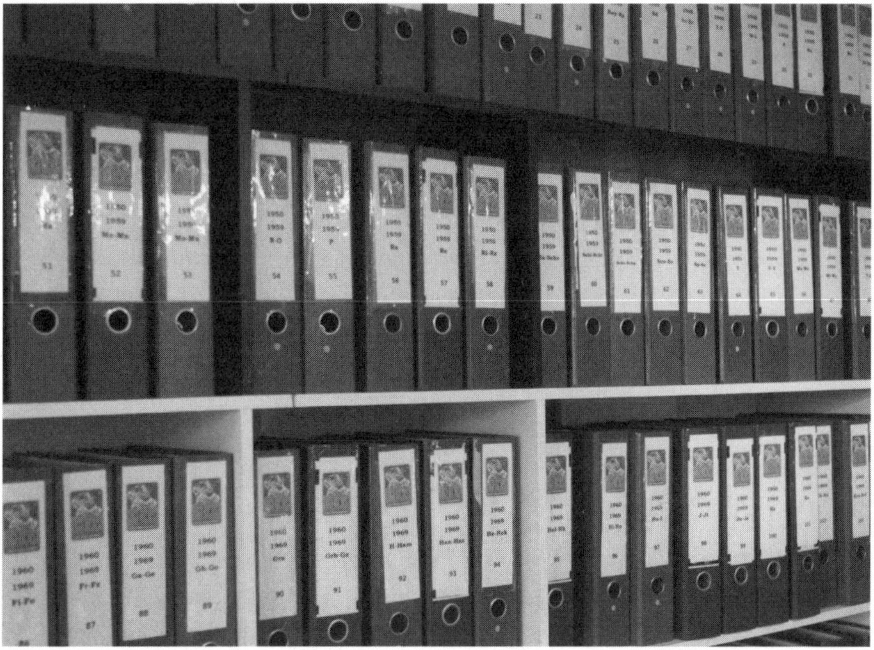

Foto: Ulrike Boldt

Schauspielerarchiv eines Casting Directors

bänder sie ansehen möchten. Nach dem Sichten des Videomaterials wird eine weitere Auswahl getroffen. Der Besetzer ruft die Schauspieler oder deren Agenturen an und fragt, ob der Darsteller Zeit und Lust auf das Projekt und die Hauptrolle hat. Bei Interesse des Schauspielers schickt die Produktion das Buch und eine Rollenbeschreibung. In einem nächsten Schritt organisiert der Casting Director Probeaufnahmen: Anhand von Szenen aus dem Drehbuch wird getestet, inwieweit der Schauspieler in der Lage ist, die Rolle mit Leben zu füllen, und wie das Zusammenspiel mit den anderen Kollegen funktioniert. Wenn die Entscheidung für einen Darsteller gefallen ist, sagt der Casting Director diesem zu und gibt die Adresse, Telefonnummer und Gagenvorstellung an die Produktion weiter, die daraufhin die Vertragsverhandlungen beginnt.

Wenn die Hauptrollen besetzt sind, wird sich der Casting Director um die Nebenrollen kümmern. Meist werden dafür nicht extra Probeaufnahmen organisiert, sondern direkt anhand des Demobands besetzt.

Wie bringe ich mich bei Casting Directors in Erinnerung?

Manchmal haben Schauspieler die Befürchtung, dass der Casting Director sie vergessen hat. Das liegt unter anderem daran, dass sie nicht immer mitgeteilt bekommen, wenn der Caster sie für eine Produktion vorschlägt. So kann es gut sein, dass ein Casting Director zehnmal einen Schauspieler für verschiedene Rollen ins Gespräch gebracht, sich aber nie ein Job daraus entwickelt hat.

Schauspieler, die sich gerne in Erinnerung bringen möchten, sollten dem Caster nie respektlos seine Zeit stehlen, unangemeldet vorbeikommen oder ihn mit Anrufen und Fragen wie »Warum besetzt du mich nicht?« oder »Warum bekomme ich keine Rolle?« den Nerv rauben.

> *»Auch der Einfluss eines Casters ist begrenzt, und wir sind keine Zeitarbeitsfirma, die für die Arbeitssituation jedes einzelnen Schauspielers verantwortlich ist.«*
>
> Steven A. Sikder, Casting Director, Dreamteam, München

Es ist jedoch durchaus möglich, auf sinnvolle Weise schon vor der ersten Verschickung seiner Bewerbungsunterlagen auf sich aufmerksam zu machen. Da jeder Casting Director sein Archiv anders verwaltet, kann sich der Schauspieler im Vorfeld telefonisch bei ihm melden und fragen, was er für seine Kartei benötigt:

> *»Man kann mich jederzeit fragen, ob ich noch eine DVD benötige oder ob für mich ein Demoband im Internet ausreichend ist. So höre ich schon mal den Namen des Schauspielers und freue mich über komplette und gute Unterlagen.«*
>
> Dana Cebulla, Casting Director, Tigercast, Köln

Nur mit Hartnäckigkeit, Geduld und einem gesunden Selbstbewusstsein kommt man zum Erfolg. Insofern ist es auch wichtig, sich bei Castern in regelmäßigen Abständen auf intelligente Art in Erinnerung zu bringen.

> *»Darsteller können sich bei uns immer mit Informationen über Veränderungen ihrer beruflichen Situation in Erinnerung bringen. Das ist professionell und sinnvoll.«*
>
> Steven A. Sikder, Casting Director, Dreamteam, München

Informationen, über die sich jeder Casting Director freut, sind zum Beispiel:

- Änderung der Telefonnummer oder des Wohnsitzes
- Wechsel des Schauspielagenten
- Einladungen zu Theateraufführungen
- Informationen über Sendetermine
- Änderungen in der Vita (neue Rollen und Engagements)
- neue Fotos und Demobänder
- eine neue Internetpräsenz
- Informationen über die zeitliche Abwesenheit wegen eines festen Theaterengagements, Schwangerschaft, Auslandsaufenthalt oder Ähnlichem
- Informationen über Verfügbarkeit nach einer längeren Abwesenheit

Selbstverständlich ist, dass man bei allen Anrufen, Postkarten oder Mails freundlich, verbindlich und charmant bleibt. Über eine Karte zu Weihnachten oder zu einem anderen Feiertag und über ein »Danke« nach einer erfolgten Besetzung freut sich jeder Casting Director.

> *»Da sich die Vita – im Vergleich mit Fotos und Demoband – öfters verändert, Castingagenturen aber auf aktuellste Schauspielerinformationen angewiesen sind, kann – und sollte – jeder Schauspieler sie als effizientes Kommunikationsmittel nutzen, um sich bei Castern wieder ins Gespräch und ins Gedächtnis zu bringen. So wird durch einen bürokratischen Vorgang – Aktualisierung und Versand der Vita – ein kreativer Prozess in Gang gesetzt.«*
>
> Daniel Philippen, Abteilung Film/Fernsehen der ZAV (früher ZBF)

Die Castingagenturen haben ein Archiv, das in der Regel 12 000 bis 17 000 Schauspieler umfasst. Jede Bewerbung, die ein Casting Director erhält, wird er prüfen und in sein Archiv einpflegen. Daneben wird er an Theatern, Schauspielschulen oder bei Festivals nach neuen Talenten Ausschau halten. In stressigen Besetzungsphasen haben Caster nicht viel Zeit und können deshalb den Schauspielern nicht immer in der Form Aufmerksamkeit widmen, wie diese es sich wünschen.

> *»Auch Caster haben mal ein krankes Kind, einen fremdgehenden Mann oder einen sterbenden Hund. Schlechte Laune bei einem Anruf also bitte nicht persönlich nehmen.«*
>
> Sabine Schroth, Casting Director, München

Was ist die ZAV (früher ZBF)?

Die ZAV (Zentrale Auslands- und Fachvermittlung der Bundesagentur für Arbeit) ist die größte Vermittlungsagentur in Deutschland. Sie ist im Auftrag der Bundesagentur für Arbeit tätig, besitzt Niederlassungen in Köln, Berlin, Leipzig, Hamburg, München und Stuttgart und vertritt ausschließlich professionell ausgebildete Schauspieler (www.zav.arbeitsagentur.de). Die ZAV berät die Darsteller in künstlerischen, beruflichen und vertraglichen Angelegenheiten. Voraussetzung, um in die ZAV aufgenommen zu werden, ist eine abgeschlossene Schauspielausbildung oder mehrjährige Berufserfahrung. Im Gegensatz zu einer privaten Agentur verlangt die ZAV keine Vermittlungsprovision, denn die Vermittlung finanziert sich durch die Gelder der Arbeitslosenversicherung. Die Agenten im Bereich Schauspiel haben einen guten Überblick über die Theater- und Filmlandschaft sowie die Vakanzen im deutschsprachigen Raum. Die ZAV vermittelt und berät alle Schauspieler, die ihrer Kommission vorgesprochen haben und aufgenommen wurden.

> *»Wenn ein Absolvent von der Schule kommt und sich für den Bereich Film und Fernsehen interessiert, vermitteln wir die Basics, denn die wenigstens wissen etwas über die Branche. Wir erklären zum Beispiel, wie man seinen Lebenslauf umbauen sollte, denn gespielte Theaterrollen interessieren die Fernsehcaster nicht zwingend.*
> *Es gibt allein in Berlin 4000 professionelle Schauspieler, da muss man sich schon anstrengen, um aufzufallen. Die ZBF ist immer gut informiert über die Branche und gibt gerne Tipps und Hinweise.«*
>
> Michael Fröhling, ZAV (früher ZBF)

Da die ZAV sehr viele Schauspieler vertritt und sich aus Kapazitätsgründen nicht um jeden intensiv kümmern kann, macht es Sinn, sich auch um eine private Schauspielagentur zu bemühen.

Wie arbeitet eine private Schauspielagentur?

Eine Schauspielagentur steht an der Schnittstelle zwischen Schauspieler und Auftraggeber. Sie repräsentiert zwischen 10 und 50 Schauspieler und kümmert sich darum, dass diese möglichst viele Engagements in Theater, Film und Fernsehen erhalten. Allein aufgrund der zahlreichen Brancheninformationen, die ihm zur Verfügung stehen, ist ein Agent wertvoll; er hat vielfältige Kontakte und kennt die für Entscheidungen Verantwortlichen persönlich.

Ein Schauspielagent:
- ist permanenter Ansprechpartner für Caster und Schauspieler
- berät bei der Auswahl von Fotos und Materialszenen für das Demoband
- versendet bzw. vermailt die Bewerbungsunterlagen
- weiß, welche Produktionsfirma für welchen Sender was dreht und wer dafür das Casting macht
- vermittelt Castings und organisiert Vorstellungstermine bei Besetzern
- liest die Drehbücher für die Schauspieler
- handelt die Verträge zu den Engagements mit den bestmöglichen Konditionen aus
- koordiniert die Drehtage und Anfragen für Castings
- lässt seine Fachkenntnisse jedem Schauspieler der Agentur zugute kommen
- berät, organisiert und betreut die Karriere und die schauspielerische Entwicklung
- betreibt Imagepflege und eventuell auch Pressearbeit

Um die Schauspieler bestmöglich in der Branche und bei den Besetzern bekannt zu machen, hält die Agentur den persönlichen Kontakt zu den Castern, schneidet die Demobänder, kümmert sich darum, dass die Schauspieler in den Schauspielerdatenbanken gefunden werden und präsentiert die Schauspieler auf ihrer eigenen Internetseite.

> *»Eine Schauspieleragentur ist grundsätzlich wichtig für die Darsteller, da diese mit ihrem Katalog und Internetauftritt die Caster und Produktionen erreicht und dem Schauspieler die Vertragsverhandlungen abnimmt.«*
>
> Jürgen Schlossmacher, ehemaliger Produktionsleiter
> Westdeutscher Rundfunk, Köln

Für ihre Arbeit erhält die Agentur in der Regel bei der Vermittlung von Film- und Fernsehdrehtagen 10 bis 15 Prozent der Bruttovergütung, zuzüglich der gesetzlichen Mehrwertsteuer. Wenn also ein junger Schauspieler für einen Drehtag 1.000 Euro Bruttogage verdient, wird der Agent eine Rechnung über 100 Euro, zuzüglich 19 Prozent Mehrwertsteuer stel-

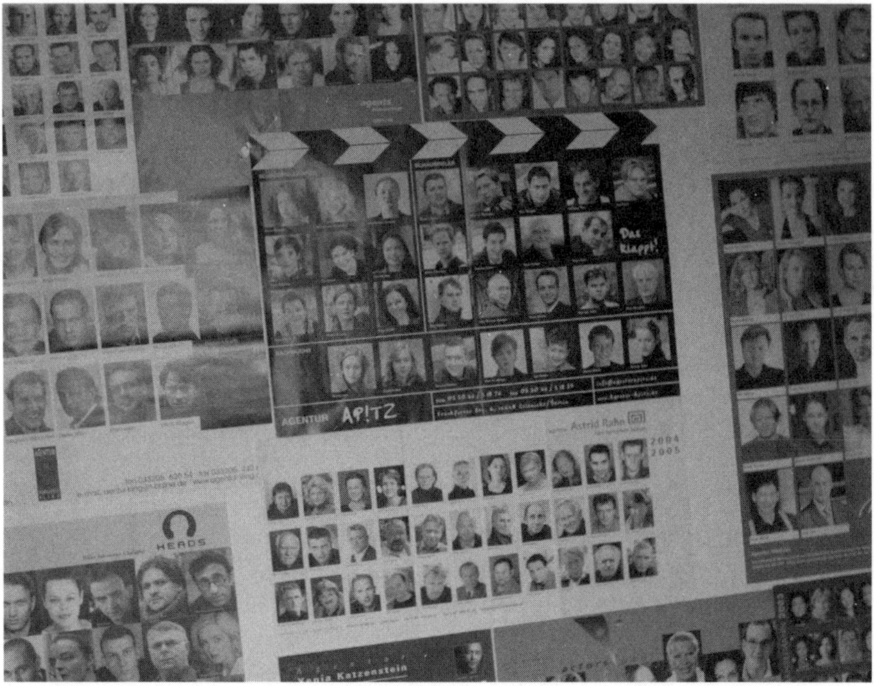

Foto: Ulrike Boldt

Schauspielagenturen präsentieren ihre Künstler auf Plakaten

len. Für abgeschlossene Künstlerverträge bei Theaterproduktionen bekommt die Agentur in der Regel 6 Prozent der Gage, wobei sich daran der Künstler und das jeweilige Theater zu gleichen Teilen (jeweils 3 Prozent) beteiligen. Diese gezahlten Provisionen kann der Schauspieler am Ende des Jahres im Lohnsteuerjahresausgleich als Kosten absetzen.

Manche Agenturen verlangen auch eine höhere Provision von ihren Schauspielern für Management- und/oder PR-Leistungen. Diese Leistungen sollten im Vorfeld genauestens geklärt werden. Generell sind alle Vermittlungsprovisionen in der Vermittler-Vergütungsverordnung (VVVO) gesetzlich reglementiert und dürfen 18 Prozent inklusive Mehrwertsteuer nicht übersteigen.

> *§ 2*
> *Höhe der Vergütungen*
> *Die Vergütung einschließlich der auf sie entfallenden Umsatzsteuer darf 14 vom Hundert des dem vermittelten Arbeitnehmer zustehenden Arbeitsentgelts nicht übersteigen. Bei der Vermitt-*

lung in Beschäftigungsverhältnisse mit einer Dauer von mehr als zwölf Monaten darf die Vergütung einschließlich der auf sie entfallenden Umsatzsteuer insgesamt 14 vom Hundert des dem vermittelten Arbeitsnehmer zustehenden Arbeitsentgelts für zwölf Monate nicht übersteigen.
Bei der Vermittlung in Beschäftigungsverhältnisse bis zu einer Dauer von sieben Tagen darf die Vergütung einschließlich der auf sie entfallenden Umsatzsteuer 18 vom Hundert des dem vermittelten Arbeitnehmer zustehenden Arbeitsentgelts nicht übersteigen.

Verordnung über die Zulässigkeit der Vereinbarung von Vergütungen von privaten Vermittlern mit Angehörigen bestimmter Berufe und Personengruppen vom 27. Juni 2002

Manchmal gibt es Diskussionen darüber, ob der Agent auch dann die volle Provision fordern sollte, wenn der Schauspieler das Engagement auf Eigeninitiative und über schon bestehende Kontakte zustande gebracht hat. Bevor die Zusammenarbeit mit einem Agenten beginnt, sollten beide Parteien über solche Kontakte des Schauspielers sprechen und sich über die Handhabung dieser Fälle einigen. So kann sich zum Beispiel ein Engagement aufgrund eines engen Kontakts des Schauspielers zum Regisseur ergeben haben, aber der Agent verhandelt den Vertrag. Ob der Agent in einem solchen Fall die volle Provision erhält, ist individuell zu regeln und sollte vorher offen besprochen werden, damit es nicht zu Missverständnissen kommt.

Auslagen und weitere Unkosten darf die Agentur nur berechnen, wenn dies gesondert vereinbart wurde oder die Kosten auf Wunsch des Schauspielers entstanden sind. Für Miete, Telefon, Porto, Büromaterial, Internetauftritt kommt die Agentur in der Regel selbst auf. Der Schauspieler hingegen muss die Kosten für seine Fotos und für das Demoband bezahlen.

Wer als Schauspieler bestimmte Angebote nicht annehmen möchte, beispielsweise Werbung, sollte dies zu Beginn der Zusammenarbeit besprechen.

»Jeder Schauspieler benötigt eine individuelle Betreuung, denn jeder ist ein Unikat.«

Norbert Schnell, Agentur Norbert Schnell, Hamburg

In der Regel wird ein Vertrag auf ein oder zwei Jahre abgeschlossen, mit einer dreimonatigen beidseitigen schriftlichen Kündigungsfrist zum Ende des Vertrages. Wenn weder Agent noch Schauspieler kündigen, läuft der Vertrag nahtlos weiter.

Es ist selbstverständlich, dass der Agent alle Angebote mit seinem Schauspieler bespricht, ihn über die Vertragsverhandlungen auf dem Laufenden hält und ihm den Vertrag mit der Produktion oder eine Kopie davon zuschickt.

Manche Agenturen lassen sich von den Schauspielern eine Vollmacht unterschreiben, damit die komplette Gage von der Produktionsfirma zuerst an die Agentur gezahlt wird; erst nach Abzug der Provision wird das Geld auf das Konto des Schauspielers überwiesen. Diese Agenturen haben schlechte Erfahrungen mit der Zahlungsmoral ihrer Schauspieler gemacht. Dabei sollte es für den Schauspieler selbstverständlich sein, seinen Agenten direkt zu bezahlen, wenn er seine Gage bekommen hat.

> *»Es ist dumm, seinen Agenten nicht direkt zu bezahlen. Schließlich soll er ja motiviert werden, sich weiter für den Schauspieler einzusetzen.«*
>
> Dana Cebulla, Schauspielerin, Köln

Bei Werbeverträgen erhält der Agent seine Agenturprovision von der Werbeproduktion. Diese beträgt immer zwanzig Prozent aller Beträge, also der Tagesgage und des Buy-outs. Wenn die Agentur bei Werbeverträgen darüber hinaus dennoch weitere zehn Prozent vom Schauspieler verlangt, sollte ein klärendes Gespräch geführt werden.

Wie finde ich eine Schauspielagentur?

Es gibt in Deutschland inzwischen circa 300 private Schauspielagenturen. Seitdem das Arbeitsförderungsgesetz 1994 geändert und der Arbeitsvermittlungsmarkt liberalisiert wurde, kann jeder eine Arbeitsvermittlung betreiben. Es gibt keinen staatlich anerkannten Ausbildungsweg und somit auch keine Qualitätssicherung.

Wer während oder nach der Ausbildung von keinem Agenten angesprochen wurde, muss Eigeninitiative zeigen. Bevor ein junger Schauspieler sich jedoch wahllos bei Agenturen bewirbt, sollte er sich bei erfolgreichen Kollegen nach deren Erfahrungen mit ihrem Agenten erkundigen und herausfinden, welche Agentur sich am besten für ihn persönlich eignet. Gegenseitiges Vertrauen ist für eine konstruktive Zusammenarbeit unabdingbar. Generell vermitteln die meisten Agenturen hauptsächlich in den Bereich Film/Fernsehen.

Folgende Punkte sollten bei der Wahl einer Agentur berücksichtigt werden:
- Möchte man eine Agentur in der Nähe haben oder ist der Standort eher nebensächlich?
- Wie präsentiert sich die Agentur im Internet?
- Programmiert die Agentur ihre Schauspieler in die Schauspielerdatenbanken?
- Wie viele Schauspieler vertritt die Agentur mit wie vielen Mitarbeitern? Können all diese Schauspieler vom Agenten und seinen Mitarbeitern effektiv vertreten werden?
- Kann man anhand der Viten im Internet sehen, dass die Schauspieler tatsächlich regelmäßig arbeiten?
- Vermittelt der Agent hauptsächlich ans Theater oder in den Film- und Fernsehbereich? Hat er die Kontakte, die man persönlich sucht?
- Kennt man Kollegen, Caster, Regisseure oder Theaterleiter, die einem eine Agentur besonders empfehlen oder von ihr abraten?
- Ist der Agent aktiv, diplomatisch und enthusiastisch?
- Teilt er die Ansichten des Schauspielers bezüglich dessen Karriere?
- Wirkt der Agent, als hätte er immer ein offenes Ohr für die Krisen und Konflikte des Schauspielers?

Wer eine Agentur gefunden hat, die ihm gefällt, sollte anrufen und nachfragen, ob dort noch Schauspieler aufgenommen werden. Auch bei diesem Anruf ist es wichtig, wie man sich präsentiert. Ein schludriges: »Ich wollte mal hören, ob Sie noch Schauspieler aufnehmen« weckt bei Weitem nicht so viel Interesse wie: »Guten Tag, XY hier. Ich bin 23 Jahre alt und habe gerade meine Ausbildung an der XY Schule beendet und auch schon Kameraerfahrung. Kollege XY hat Sie empfohlen. Dürfte ich Sie bitten, sich einen Eindruck von mir auf meiner Homepage zu verschaffen?«

Selbst wenn der Agent zu diesem Zeitpunkt nicht vorhat, noch weitere Schauspieler aufzunehmen, ist er vielleicht neugierig geworden und wird sich die Bewerbungsunterlagen ansehen. So kann man in Kontakt bleiben und nach einigen Wochen oder Monaten noch einmal nachfragen. Sinnvoll und nötig sind auch hier Empfehlungen: Wenn ein Schauspielerkollege jemanden bei seiner Agentur empfiehlt, ist das ein guter Ausgangspunkt.

Nach der Sichtung der Unterlagen entscheidet der Agent, ob er den Schauspieler kennen lernen möchte. Wer sich initiativ bei einer Schauspielagentur bewirbt, sollte auf jeden Fall einen frankierten Rückumschlag beilegen, damit ihm bei einer Absage seine Unterlagen zurückgesandt werden.

> *»Ich nehme nur Schauspieler mit einer staatlichen Ausbildung auf, bei denen ich weiß, wie sie einsetzbar sind. Ich will nicht mehrere Schauspieler haben, die dem gleichen Typus entsprechend. Alle Jahrgänge und Fächer müssen vertreten sein, ohne dass es sich doppelt.«*
>
> Mathias Eichhorn, Schauspielagentur eichhornculturdialog gmbh, Düsseldorf

Wenn der Schauspieler auf der Bühne zu sehen ist, wird sich jeder Agent gerne einen Eindruck von seinem Können machen und das Stück ansehen. Sollte es dann zu einem persönlichen ersten Treffen kommen, entscheidet nicht zuletzt auch die gegenseitige Sympathie über die weitere Zusammenarbeit.

Findet ein Schauspieler einen Agenten unsympathisch, macht es Sinn, von einer Zusammenarbeit abzusehen. Schließlich will er seine berufliche Laufbahn in die Hände des Agenten legen.

> *»Ganz wichtig ist es, dass sowohl Schauspieler als auch Agent auf ihr Bauchgefühl hören. Ich finde es wichtig, dass die Schauspieler ehrlich zu mir sind und mir auch sagen, wenn es ihnen nicht gut geht.«*
>
> Stefanie Gäbel, Schauspieleragentur Stefanie Gäbel, Hamburg

Was erwartet die Agentur vom Schauspieler, und was kann ein Schauspieler von einer Agentur erwarten?

Das Verhältnis zwischen Agent und Schauspieler sollte von Vertrauen und konstruktiver Zusammenarbeit geprägt sein. Ein guter Agent nimmt nie Schauspieler auf, mit denen er sich nicht identifizieren kann.

In der Regel erwartet ein Agent von seinem Schauspieler:

- aktuelles, gutes Foto- und Demomaterial
- genaue und zuverlässige Informationen über private und berufliche Sperrtermine
- professionelles Auftreten bei Castings und Drehtagen
- regelmäßigen Kontakt und ehrliche Kommunikation
- eine exklusive Zusammenarbeit

- Verlässlichkeit und Professionalität
- eine gute Ausbildung, berufliche Weiterentwicklung und künstlerisches Wachstum
- psychische Stabilität
- sofortige Beantwortung von Anrufen oder Mails
- die Annahme von Anregungen und Kritik
- ähnliche Ziele und eine gemeinsame Perspektive
- Eigeninitiative und Eigenverantwortlichkeit
- Informationen im Vorfeld über persönliche Kontakte zu Castern oder Regisseuren, damit der Agent dies berücksichtigen und darauf aufbauen kann
- pünktliche Bezahlung der Rechnungen

Exklusivverträge sind rechtlich unwirksam; ein Schauspieler kann eine oder mehrere Agenturen beschäftigen und sich zusätzlich von der ZAV (früher ZBF) vertreten lassen. Im Alltag wird eine Zusammenarbeit mit zwei privaten Agenturen aber nicht stattfinden, da dies bei den Castern nur zu Verwirrungen führt und uneffektiv ist. Viele private Agenturen akzeptieren allerdings, dass der Schauspieler sich zusätzlich durch die ZAV vertreten lässt. Auch hier sollte man im Vorfeld klären, ob und in welcher Höhe der Agent von Vermittlungen durch die ZAV profitiert.

Für Schauspieler, die bisher hauptsächlich Theater gespielt haben, ist es besonders wichtig, eine Agentur zu finden, die für sie die Kontakte zur Medienlandschaft herstellt. Dennoch darf niemand ungeduldig werden, wenn nicht direkt nach drei Wochen der Zusammenarbeit ein Angebot zu einem Casting oder die Anfrage zu Drehtagen kommt. Eine Garantie für erfolgreiche Vermittlungen kann und wird eine Agentur nicht geben können; meist braucht es Geduld und Hartnäckigkeit, um zu einem Casting eingeladen zu werden oder seine ersten Rollen angeboten zu bekommen.

> *»Wenn man sich auf die Arbeit vor der Kamera fokussieren möchte, muss man durchhalten, auch wenn gerade mal kein Angebot kommt. In diesem Beruf muss man zuversichtlich bleiben, auch wenn man monatelang keine Anfragen hat. Man darf nie den Mut und Glauben an sich verlieren.«*
>
> Stefanie Gäbel, Schauspieleragentur Stefanie Gäbel, Hamburg

Ein Schauspieler sollte nie seine beruflichen Bemühungen aufgeben, sich zurücklehnen und passiv werden, nur weil er einen Agenten beschäftigt. Er muss immer seine Hausaufgaben machen, sich informieren, was in der

Branche passiert, muss sein Handwerk trainieren, um auch bei kurzfristigen Vorsprechen oder Castings erfolgreich zu sein. Eine Schauspieleragentur kann Vorsprechen und Castings arrangieren, aber es liegt am Schauspieler selbst, sich dann bei diesen so gut zu präsentieren, dass er die Rolle bekommt.

Eine gute Agentur bietet für ihre Schauspieler:

- ein Büro, das telefonisch zwischen 10 und 18 Uhr erreichbar ist und das man nach telefonischer Voranmeldung besuchen kann
- einen Internetauftritt, der Viten, Fotos und Demobänder der Schauspieler präsentiert und der regelmäßig aktualisiert wird
- die Erstellung und Verschickung von Viten, Fotos und Demobändern der Künstler an die einschlägigen Caster
- gute Kontakte zur Branche, also zu Castern, Regisseuren und Produzenten
- die Vermittlung von Castings und Engagements
- kompetente Vertragsverhandlung
- Beratung bei der Karriereplanung
- Feedback über die künstlerische Tätigkeit

Wenn ein Schauspieler zu einem Casting eingeladen war, die Rolle aber nicht bekommen hat, versucht der Agent, ein Feedback vom Caster zu erhalten, um herauszubekommen, woran es gelegen hat und was der Schauspieler beim nächsten Casting anders machen sollte.

> *»Ein guter Agent reagiert schnell auf Castinganfragen und ist absolut zuverlässig bei Absprachen in terminlicher und finanzieller Art. Er präsentiert seine Agentur mit einem Katalog, verschickt unaufgefordert die Unterlagen der Schauspieler und hat einen Internetauftritt, der immer aktuell ist. Außerdem kann man seine Schauspieler in den einschlägigen Verzeichnissen in Printmedien und im Internet finden. Ein guter Agent weiß, wo sein Klient in der beruflichen Entwicklung steht.«*
>
> Clemens Erbach, Casting Director, Outcast, Köln

Wer mit seiner Agentur über längere Zeit unzufrieden ist, sollte in Freundschaft und Würde die Arbeitsbeziehung beenden. Eine fristgerechte schriftliche Kündigung gehört ebenso dazu wie ein abschließendes Gespräch.

Was leistet eine PR-Agentur?

Wenn ein Schauspieler die ersten Erfolge im Film und Fernsehen vorweisen kann, macht es Sinn, sich um eine effektive und zielgerichtete Pressearbeit zu kümmern. Dafür gibt es professionelle PR-Agenturen, die gemeinsam mit dem Schauspieler und seinem Agenten überlegen, in welchen Medien er sich präsentieren möchte und inwieweit das Privatleben geschützt werden sollte.

> *»Je erfolgreicher und bekannter ein Schauspieler ist, umso einfacher lassen sich Journalisten davon überzeugen, dass sie über die Person schreiben sollen. Ohne Aufhänger gibt es keine Story, das muss einem immer klar sein.«*
>
> Heike Melba-Fendel, Barbarella Entertainment, Köln

Wie organisiere ich mich am besten bei Film und Fernsehen, wenn ich keine Agentur finde?

Wer keine Agentur hat, muss sich um die Akquise und Verschickung seiner Bewerbungsunterlagen selbst kümmern. Die Beschäftigung mit der Branche und die Recherche, wo was gedreht wird, stehen hier mit an erster Stelle. Weiterhin muss man sich um perfekte Bewerbungsunterlagen bemühen; das ist arbeitsintensiv und erfordert Disziplin, eine effiziente Ordnung und Organisationstalent.

Da sich jeder Schauspieler in seiner Laufbahn immer wieder bewerben muss, empfiehlt es sich, Vorlagen und Adressdateien im Computer anzulegen und abzuspeichern. Wer sich mit dem Computer und Internet nicht auskennt, sollte unbedingt in einem Kurs oder mit einem Freund den Umgang lernen.

> *»Praktisch ist es, wenn man sich eine Datei anlegt, aus der man auf einen Blick sehen kann, wann man was recherchiert hat, wann man sich wo und mit welchem Material beworben hat, wen man kennen gelernt hat und worüber man gesprochen hat.«*
>
> Carole Schmitt, Schauspielerin, Köln

Es ist sinnvoll, sich eine Datei anzulegen, aus der unter anderem Folgendes hervorgeht:

1. Wann habe ich mit welcher Castingagentur Kontakt gehabt? Wie war der Name des Ansprechpartners?
2. Worum ging es bei der Kontaktaufnahme?
3. Welche Unterlagen habe ich wann an die Castingagentur geschickt?

4. Bei welchen Castern hatte ich wann einen persönlichen Vorstellungstermin?
5. Welche weitere Aktion muss ich ausführen? (z. B. im kommenden Monat anrufen und fragen, ob ich mich persönlich vorstellen darf)
6. Hat der Caster mir ein Casting oder ein Engagement verschafft?
7. Wann habe ich mich dafür bedankt? (z. B. mit einer E-Mail, einer Postkarte oder einer kleinen Aufmerksamkeit)
8. Wer möchte gerne eingeladen werden, wenn ich Theater spiele?
9. Wem habe ich eine Postkarte/E-Mail mit meinen Sendeterminen geschickt?
10. Wann habe ich das letzte Mal im Internetportal XY geprüft, wo gerade welche Produktion in Vorbereitung ist? Welche der dort angegebenen Produktionen werde ich weiter kontaktieren?
11. Welcher Caster hat den Spielfilm/die Fernsehserie gecastet, die ich gestern gesehen habe?

Gerade wer viele neue Kontakte aufbauen möchte, braucht eine gewisse Ordnung; sonst verliert er rasch den Überblick, wem er was zugeschickt hat, wer ihn gerne später einmal treffen möchte und wer ihn für ein Casting oder eine Rolle vorgeschlagen hat.

Schauspieler, die ohne Agent arbeiten, müssen sich ihre Kontakte selbst knüpfen. So sollten sie sich bemühen, die Caster persönlich kennen zu lernen.

> *»Wenn man um einen persönlichen Vorstellungstermin bittet, sollte das nicht in der Art sein: ›Ich bin gerade in der Stadt und wollte mal vorbei schauen‹, sondern man muss sich immer fragen: ›Was könnte den Caster dazu bringen mich kennen lernen zu wollen?‹ Das kann die Arbeit in einem Theaterstück oder bei einem Dreh sein, eine Tournee mit einem bekannten Schauspieler, dass man zum Beispiel zweisprachig aufgewachsen ist oder eine Empfehlung.«*
>
> Sabine Schroth, Casting Director, München

Auch Premierenfeiern und Festivals sind eine gute Gelegenheit, Regisseure und Caster kennen zu lernen. Gerade kleine Filmfestivals eignen sich hervorragend, um Kontakte zur Branche zu knüpfen.

Freiberufliche Schauspieler müssen immer verfügbar sein; Handy, Mailbox, Fax und Internetanschluss mit eigener E-Mail-Adresse sind Pflicht. Wer eine Anfrage oder eine Option von einem Casting Director erhält, gibt seine Sperrtermine für den Drehzeitraum an. Sollte aus der Anfrage dann ein konkretes Rollenangebot werden, müssen die Gagenverhandlungen mit Fingerspitzengefühl, Selbstbewusstsein, Kompromissbereitschaft und Charme geführt werden. Wer unsicher ist, wie viel Gage er aufrufen kann, sollte um ein Angebot von Seiten der Filmproduktion bitten; in der Regel gibt es bei diesem Angebot noch etwas Spielraum.

Bewerbungen

Wie sieht eine gute Bewerbung für das Theater aus? (Anschreiben, Vita, Fotos)

Zurzeit werden immer mehr Theaterensembles verkleinert, das Ungleichgewicht zwischen Angebot und Nachfrage war nie so groß wie heute. Umso wichtiger ist es, dass sich ein Schauspieler mit einer guten Bewerbung präsentiert und sich empfehlen lässt.

Wer ein Festengagement anvisiert, bewirbt sich am besten im Oktober, denn zum 31. Oktober werden bestehende Verträge gekündigt. Eine Bewerbung im Frühjahr und Sommer macht in der Regel nicht viel Sinn.

Eine Theaterbewerbung besteht aus vier Teilen:

- einem Anschreiben
- einer Vita (Lebenslauf)
- aussagekräftigen Fotos
- gegebenenfalls ausgewählten Kritiken

Ein Demoband wird bei Bewerbungen für das Theater nicht beigelegt. Anschreiben, Vita und Fotos müssen bestimmte formale Bedingungen erfüllen, damit sie einen positiven ersten Eindruck hinterlassen.

> *»Uns interessieren die Fakten: Ein Lebenslauf, aussagekräftige Fotos, anhand derer wir den Schauspieler auch wiedererkennen, wenn er zum Vorsprechen kommt, und ein kurzes Anschreiben. Wir benötigen im Anschreiben keine Doktorarbeit über das Theater und wir brauchen auch keine Schleifchen und Blümchen auf der Bewerbung. Ein oder zwei ausgewählte Kritiken, an den Stellen farbig markiert, wo über einen selbst geschrieben wird, sehen wir uns gerne an.«*
>
> Ulrike Schanko, Intendantin, Rheinisches Landestheater, Neuss

Das **Anschreiben** muss auf jeden Fall an den richtigen Ansprechpartner adressiert sein. Falls man einen Vertreter der künstlerischen Leitung persönlich kennt, schickt man seine Bewerbung zu dessen Händen. Ansonsten ist der Intendant bzw. der Spielleiter die richtige Ansprechperson für die Bewerbung.

Das Deutsche Bühnenjahrbuch (zu bestellen über www.buehnengenossenschaft.de) und der Theateralmanach (zu bestellen über www.editionsmidt.de) sind unerlässliche Lieferanten für Adressen, darüber hinaus lassen sich auch meist auf den Internetseiten der Theater die Ansprechpartner recherchieren.

Ein Anschreiben, das dem Empfänger das Gefühl gibt, dass außer ihm noch zwanzig andere Theater genau diesen Brief erhalten haben, lässt wenig Fantasie und Mühe erkennen. Jeder Bewerber sollte immer zu vermitteln versuchen, dass er an der Arbeit des Theaters wirklich interessiert ist, für das er sich bewirbt.

> *»Wir erwarten auch ein inhaltliches Interesse an unserer Arbeit, der Schauspieler sollte wissen, warum er gerade bei uns spielen will und das auch begründen können.«*
>
> Volker Ludwig, Leiter des Grips Theaters, Berlin

Warum will ich gerade an dieses Haus? Warum in diese Stadt? Welche Inszenierungen habe ich selbst gesehen oder worüber eine Kritik gelesen? Aufhänger für ein persönliches Anschreiben gibt es genügend, und auch hier bietet das Internet eine Fülle von Informationen.

> *»Beim Anschreiben sollte man auch ein wenig an die Eitelkeit des Empfängers denken. Was hat der Intendant gerade für neue spannende Projekte, auf die man sich vielleicht beziehen kann? Dazu muss man sich natürlich vorher genau über die Theaterszene informieren und Details recherchieren. Vorrangig sollte man sowieso die Häuser anschreiben, die einen wirklich interessieren.«*
>
> Willi Händler, ZAV (früher ZBF)

In jedes Anschreiben gehören:

- Name und komplette Adresse
- der Zeitpunkt/die Spielzeit, zu dem/der eine Anstellung gesucht wird
- ob man mit einem Gast- oder Festvertrag engagiert werden möchte
- eine knappe Beschreibung der bisherigen Berufserfahrung

Die **Vita**, der künstlerische Lebenslauf, muss folgende Fakten beinhalten:

- Name, Adresse, Telefon, Handy und E-Mail-Adresse
- das korrekte Geburtsdatum
- Ausbildungsstätte, Dauer der Ausbildung

- Größe, Haarfarbe, Augenfarbe
- Dialekte und Fremdsprachen
- eine chronologische Übersicht der gespielten Rollen, Inszenierungen, die Namen der Regisseure
- eine Aufstellung, an welchen Häusern man gespielt hat
- die Vorsprechrollen
- eine Auflistung von besonderen Fähigkeiten
- Nominierungen und Preise

> *»Eine normale Vita besteht neben den persönlichen Angaben aus den chronologischen Fakten, an welchen Häusern man gespielt hat, in welchen Stücken man welche Rollen hatte und wer die Regie geführt hat. Dazu die Jahresangaben. Man sollte sich auf jeden Fall die Mühe machen, alles zusammenzusuchen.«*
>
> Dr. Michael Schäfermeyer, ZAV (früher ZBF)

Die Auflistung der Theatererfahrungen beginnt oben mit dem letzten Engagement, sodass der Leser sofort sieht, wo jemand zuletzt gespielt hat. Angaben zur Religionszugehörigkeit, zu Hobbys, Eltern oder Familie und eine Aufstellung jeder winzigen Aufführung gehören nicht in die Vita. Rollen, die man im Fernsehen gespielt hat, sollten zum Schluss genannt werden, allerdings nur die wichtigen und für das Theater interessanten Arbeiten.

Viele Theater bevorzugen immer noch Schwarz-Weiß-**Fotos**; Farbbilder können der Bewerbung aber auch beigelegt werden, insofern sie professionell und authentisch sind. Zwei oder drei aussagekräftige Fotos sollten die Vita ergänzen, Szenenfotos aus Theaterproduktionen oder Privatfotos haben in einer Bewerbung nichts zu suchen.

> *»Junge Schauspieler, die sich am Theater bewerben, sollten Folgendes beachten: Das Foto ist bei einer Bewerbung entscheidend für den ersten Eindruck.«*
>
> Willi Händler, ZAV (früher ZBF)

Gute Fotos müssen folgende Kriterien erfüllen:
- sie zeigen die Persönlichkeit und den Charakter des Schauspielers
- sie zeigen verschiedene Facetten (lachend, neutral, Ganzkörper)
- sie lenken nicht durch zu viel künstlerische Gestaltung ab

- der Schauspieler schaut den Betrachter offen an
- sie sind nicht retuschiert
- sie zeigen das komplette Gesicht, sind nicht an Kinn oder Stirn abgeschnitten, keine Hand verdeckt das Gesicht, und das Gesicht liegt nicht im Halbschatten
- sie sind authentisch und bringen den Schauspieler nicht in die Verlegenheit, nicht wiedererkannt zu werden
- sie haben mindestens das Format 13 x 18 cm
- auf der Rückseite des Fotos sind der Name und die Telefonnummer des Schauspielers vermerkt

Generell gilt: Für eine Bewerbung lieber etwas mehr Geld und Mühe aufwenden. Wenn sämtliche Unterlagen zusammengestellt sind, sollte alles noch einmal kritisch begutachtet werden. Sind überall Name, Adresse und Telefonnummer vermerkt? Sind die Namen der Regisseure korrekt geschrieben? Sind die Auflistungen übersichtlich? Selbstredend müssen Bewerbungen auf dem Computer oder zumindest auf der Schreibmaschine geschrieben werden. Verwendet werden sollte helles Papier, damit die Bewerbung auch noch leserlich ist, wenn sie einmal gefaxt worden ist. Von E-Mail-Bewerbungen sollte man Abstand nehmen, sie werden am Theater nicht gerne gesehen.

> *»Fast immer lösche ich alle E-Mail-Bewerbungen sofort. Ganz besonders unsinnig sind Bewerbungen, die von Zwischenvermittlern verschickt werden und immer mit dem gleichen Standardanschreiben bei uns ankommen.«*
>
> Ulrike Schanko, Intendantin, Rheinisches Landestheater, Neuss

Wie und wo bekomme ich Informationen über Vakanzen am Theater?

Leider werden Vakanzen am Theater nicht in Zeitungen ausgeschrieben. Seine Unterlagen blind an jedes Theater zu verschicken, macht allerdings auch keinen Sinn.

Eine Bewerbung ist immer dann sinnvoll, wenn ein Intendantenwechsel stattfindet.

Auf den Internetseiten www.buehnenjobs.de und www.die-deutsche-buehne.de (unter der Rubrik »Personalia«) finden sich die aktuellen Intendantenwechsel der deutschsprachigen Szene, sodass man sich gezielt bewerben kann.

> *»Wenn es einen Intendantenwechsel gibt, kann man sich auch blind mit guten Chancen bewerben. Ansonsten muss man seine persönlichen Beziehungen zu Intendant, Dramaturg oder Regisseur genauso pflegen wie seine Technik oder Stimme. Wer auf die Bühne will, muss sich auch anbieten können. Man muss sich sichtbar machen, frech und mutig sein und darf sich nicht verstecken.«*
>
> Willi Händler, ZAV (früher ZBF)

Allgemein darf man nicht unterschätzen, dass ein großer Teil der Engagements durch Empfehlungen und Beziehungen zustande kommt. Dramaturgen, Regisseure und Intendanten von unterschiedlichen Theatern tauschen sich oft miteinander aus und empfehlen sich gegenseitig Schauspieler. Es ist also wichtig, die Entscheidungsträger zu kennen und von ihnen gekannt zu werden.

> *»Empfehlungen machen dem Schauspieler die Tür auf, und sie werden zum Vorsprechen eingeladen. Aber es liegt dann am Schauspieler selbst, so gut zu sein, dass er auch engagiert wird.«*
>
> Dr. Volker Canaris, ehemaliger Leiter der Fachgruppe Schauspiel an der Staatlichen Hochschule für Musik und Darstellende Kunst Stuttgart, ehemaliger Intendant des Düsseldorfer Schauspielhauses

Weiter weiß die ZAV, an welchen Theatern augenblicklich Schauspieler gesucht werden. Ein regelmäßiger Kontakt zur Agentur ist also immer ratsam. Daneben hat es jeder Schauspieler selbst in den Händen, durch aufmerksames Beobachten der Theaterlandschaft herauszufinden, wo sich Arbeitsmöglichkeiten ergeben könnten. Ansonsten gilt: Regisseure arbeiten am liebsten immer wieder mit den Schauspielern zusammen, die sie kennen und schätzen. Einen alten Kontakt wieder zu beleben, ist immer einfacher, als einen neuen Kontakt aufzubauen.

Wie sieht eine gute Bewerbung für Film und Fernsehen aus? (Anschreiben, Vita, Fotos, Demoband)

Wer vor der Kamera arbeiten möchte, muss sich bei den Castingagenturen bewerben. Man sollte genau recherchieren, welche Casting Directors in dem Bereich tätig sind, in dem man arbeiten möchte, und sich dann gezielt bewerben.

Jeder Casting Director freut sich über eine aktuelle Vita oder Fotos von Profischauspielern. Demobänder sollten nicht unaufgefordert und willkürlich verschickt werden, sondern der Bewerber sollte telefonisch oder per E-Mail anfragen, ob die Bewerbung per Post noch gewünscht ist, oder ob eine Mail mit Link zum Demoband im Internet ausreichend ist.

Da die Besetzer täglich etwa fünf bis zehn Bewerbungen erhalten, ist es wichtig, seine Unterlagen so zu präsentieren, dass sie auffallen und einen guten Eindruck hinterlassen.

Bewerbungen für den Bereich Film und Fernsehen bestehen in der Regel aus:

- einem Anschreiben
- einer Vita
- zwei bis drei Fotos
- einem Demoband

Vor der Erstellung der Bewerbung sollte man sich unbedingt Gedanken über sich selbst und seinen Typ machen. Was sind meine charakteristischen Merkmale, was stelle ich als Persönlichkeit dar und welche Rollen interessieren mich besonders? Wer gerne die über Leichen gehende Business-Frau spielen möchte, aber auf seinem Demoband mit der Rolle einer sanften Krankenschwester beginnt und auch auf den Fotos lieblich und weich erscheint, wird den Castern sein Wunschbild nicht vermitteln können.

Das **Anschreiben** sollte kurz und dennoch persönlich gehalten sein, die wichtigsten Arbeitsstationen können knapp dargelegt und somit dem Caster eine Vorstellung vom Bewerber vermittelt werden. Ziel des Anschreibens muss sein, den Casting Director neugierig auf den Schauspieler zu machen.

Da die Produktionsfirmen immer mehr sparen und gerne für Nebenrollen Schauspieler engagieren, die am Drehort wohnen, macht es Sinn, den Caster darauf aufmerksam zu machen, aus welchen Städten man buchbar ist.

> *»Bei uns ist es ganz wichtig, dass die Leute hier eine Wohnmöglichkeit besitzen. Wenn jemand flexibel ist und mir schon im Anschreiben oder im Gespräch mitteilt, dass er auf eigene Kosten anreisen und wohnen würde, ist das optimal.«*
>
> Kathy Moini, Besetzung *Verbotene Liebe*, Grundy Ufa, Köln

Eine **Vita** muss übersichtlich und ausführlich alle beruflichen Erfahrungen und Referenzen auflisten. Im August 2005 hat der Bundesverband Casting e. V. (www.castingverband.de) Informationen darüber zusammengestellt, welche Angaben in einer Vita enthalten sein sollten. Dazu gehören:

Angaben zur Person:

- *Alter, am liebsten das Geburtsdatum, sodass die Info auch noch nach einem Jahr gültig ist.*
- *Geburtsort, falls eine ungewöhnliche Vita, gerne erwähnen, z. B. aufgewachsen in Brasilien und Peking*
- *Nationalität: hier eventuell mehrere*
- *Falls jemand Ausländer ist, bitte vermerken, ob er eine uneingeschränkte Arbeitserlaubnis hat*
- *Größe*
- *Haarfarbe*
- *Augenfarbe*
- *Statur bzw. Kleidergröße*
- *Wohnort: hier angeben den Wohnort laut Steuerkarte (wichtig für Filmförderung)*
- *Weitere Wohnmöglichkeiten, bei denen für die Produktionen keine Reisekosten, Spesen und Hotelkosten anfallen*

Angaben zu Kenntnissen;

- *Sprachkenntnisse mit einer Erläuterung, wie gut die Sprachkenntnisse sind: z. B. Muttersprache, perfekt, sehr gut, gut, Schulkenntnisse*
- *Dialekte: unterschieden in Heimatdialekt und weitere Dialekte*
- *Sportarten: insbesondere solche, die nicht in kurzer Zeit zu erlernen sind: Reiten, Fechten, Kampfsportarten, Akrobatik, Einrad, Seiltanz, Jonglieren etc., Wandern ist als Auskunft für Filmzwecke uninteressant*
- *Instrumente: auch hier mit Angabe zum Können*
- *Tanzkenntnisse: z. B. Ballett, Stepp, Tango. Auch hier bitte mit Angabe zum Können und der Ausbildung*
- *Gesangskenntnisse: z. B. Oper, Musical, HipHop, Pop, auch hier Angabe zum Können und der Ausbildung*
- *Stimmlage*
- *Führerscheine: z. B. PKW, Motorrad, Laster, Motorboot, Segelschein, Pilotschein, Segelflugzeug*

- *Weitere Fähigkeiten: z. B. Pantomime, Gebärdensprache*

Weiterhin:

- *Schauspielausbildung oder/und eventuell weitere Ausbildungen*
- *Film- und Theaterpreise, die der Darsteller erhalten hat (auch Nominierungen)*
- *Bitte immer mit Jahreszahlen und chronologisch sortieren mit folgenden Infos:*
  – Theater, welche Häuser, Regisseure, Stücke, Rollen
  – Film, Regie, Produktion, Rollen
  – Fernsehen, Regie, Produktion, Sender, Rollen, bei Serien bitte kennzeichnen, ob es sich um eine durchgehende Rolle oder einen Episodenrolle handelt

Bundesverband Casting e. V.

Manche Schauspieler schreiben statt ihres Geburtsdatums auch ihr Spielalter in die Vita. Diese Altersspanne, die ein Schauspieler glaubwürdig verkörpern kann, sollte plus/minus drei bis fünf Jahre nicht unter- bzw. überschreiten. Wer viele Weiterbildungen und Workshops besucht hat, sollte nur die wichtigsten und angesehensten im Lebenslauf vermerken. Babypausen, kreative Auszeiten oder Auslandsaufenthalte kann man in die Vita aufnehmen, man muss es aber nicht. Sollte ein Schauspieler schon sehr viel gedreht haben, ist es vernünftig, nur die anspruchsvollsten Produktionen aufzulisten, damit die Vita nicht zu lang wird. Werbung und Soaps können in diesem Fall gestrichen werden. Wenn jemand oft mit den gleichen Regisseuren gearbeitet hat, macht dies einen guten Eindruck und zeigt, dass er immer wieder gerne geholt wird.

»Auf der Vita schaue ich, mit wem hat der Schauspieler gearbeitet, gibt es Regisseure, die wiederkommen?«

Sabine Schroth, Casting Director, München

Da eine Vita stets mehrere Seiten hat, sollten diese durchnummeriert werden und auf jeder neuen Seite der Name des Schauspielers und der Stand der Vita stehen. Der Link zur eigenen Webseite und der Link zum Demoband gehört ebenfalls in die Biografie.

Einen wichtigen Eindruck hinterlassen immer die **Fotos**; sie sind die Visitenkarte des Schauspielers. Hier gelten die gleichen Kriterien wie bei den Bewerbungsfotos fürs Theater.

> *»Das Foto muss neugierig machen auf den Schauspieler. Ich muss die Persönlichkeit und den Menschen darauf erkennen können.«*
>
> Anja Dihrberg, Casting Director, Berlin

Oft wirken Schauspieler anders, als sie selbst denken; deshalb sollte jeder mit Freunden und Kollegen darüber sprechen, wie diese ihn wahrnehmen und diesen Typ dann unterstreichen.

Die Qualität der Fotos kann gar nicht hoch genug eingeschätzt werden, deshalb sollten die Bilder von einem Profi gemacht werden. Anders als Verantwortliche im Theater nehmen Caster auch gerne Farbbilder.

> *»Farbfotos sind im Kommen. Ansonsten gilt: Keine Posen oder Rollen auf den Bildern spielen. Wir brauchen einen offenen, klaren Blick. Bitte keine Bilder mit Halbschatten im Gesicht. Auch Hände am Gesicht sind eher störend. Wir freuen uns über drei Fotos, ein neutrales, ein freundlich lachendes und ein Ganzkörperfoto.«*
>
> Clemens Erbach, Casting Director, Outcast, Köln

Die Fotos müssen die Natürlichkeit des Schauspielers wiedergeben, die Augen müssen zu sehen sein. Wichtig für Caster ist, dass die Schauspieler ihren Fotos auch wirklich ähnlich sehen.

> *»Schlimm ist es, wenn du einen Schauspieler zum Casting einlädst, und er kommt rein, und du denkst: Wer ist das?*
> *Fotos müssen authentisch sein. Stark nachretuschierte Aufnahmen, wie sie in Amerika oft üblich sind, gehen bei uns nicht.«*
>
> Mirko Beckmann, Besetzung *Alles was zählt*, Grundy Ufa, Köln

Jeder Schauspieler möchte sich vorteilhaft präsentieren, und gerade bei Frauen spielt das Aussehen eine große Rolle. Zu Falten oder kleinen Macken sollte jeder Schauspieler stehen, schließlich bewirbt er sich nicht als Fotomodell. Man sollte es vermeiden, auf Bildern mehr als einen Pickel zu retuschieren.

> *»Eine Schauspielerin soll auf dem Foto ruhig 10 bis 20 Prozent schöner sein als in Wirklichkeit. Wenn sie aber auf dem Foto 50 Prozent schöner ist, kann man es vergessen.«*
>
> Dana Cebulla, Casting Director, Tigercast, Köln

Wer noch keine professionellen Bewerbungsfotos hat, sollte sich von Kollegen oder Besetzern einen Fotografen empfehlen lassen. Auch hierbei gilt: Die Chemie muss stimmen. Ein persönliches Vorgespräch mit dem Fotografen ist ratsam, und nur wenn man sich mit ihm wohl fühlt, sollte man einen Termin für die Fotoaufnahmen verabreden.

Im Vorfeld muss geklärt werden, welche Dienstleistungen der Fotograf für welchen Preis anbietet. Wichtig ist, dass er digital fotografiert, damit die Bilder direkt im Format JPG oder TIF für Internetseite, Cover etc. vorliegen. Außerdem sollte geklärt sein, welche Nutzungsrechte der Fotograf abtritt. Dürfen die Fotos nur für Bewerbungen und die Internetseiten der Agentur benutzt werden oder können die Bilder gegen Nennung des Fotografennamens auch honorarfrei für kommerzielle Zwecke verwendet werden?

Meist bleiben die Negative bzw. Fotodaten beim Fotografen, und der Schauspieler muss für jeden Abzug Geld bezahlen. Aber dies ist gleichfalls Verhandlungssache und kann individuell abgestimmt werden.

Zum Fototermin sollte eine Kleiderauswahl mitgebracht werden, damit man verschiedene Outfits zusammenstellen kann. Für Frauen ist es ratsam, sich um eine Visagistin bemühen, es sei denn, man kann sich selbst sehr gut und kamerafreundlich schminken. Wem das Fotoshooting zu teuer wird, der kann versuchen, Fotografen oder Maskenbildner zu kontaktieren, die noch in der Ausbildung sind und sich über einen Auftrag für wenig Geld freuen.

Da auch die Abzüge der Fotos Geld kosten, sollte man sich bei den Castern erkundigen, wie viele Bilder sie benötigen und ob vielleicht Farbkopien ausreichen. Auf diesem Wege bringt man sich beim Casting Director gleich noch einmal in Erinnerung.

Das **Demoband** ist der zweite Türöffner. Das Showreel ist für Caster, Regisseure, Redakteure und Produzenten sehr wichtig, um sich einen Eindruck vom Schauspieler zu verschaffen.

Das Dilemma bei der Sache ist: Ohne Demoband bekommt ein Schauspieler keine Rollen, ohne Rollen aber auch kein Demoband.

Wer also noch kein professionelles Material für ein Demoband hat, sollte mit Kollegen oder einem Regiestudenten Aufnahmen für ein provisorisches Band machen. Dabei muss Folgendes beachtet werden:

- Auch ein provisorisches Demoband muss professionell sein. Man sollte Geld, Zeit und Mühe investieren, damit das Band später wirklich Beachtung findet.
- Auf einem Demoband möchte der Casting Director oder Schauspiel-

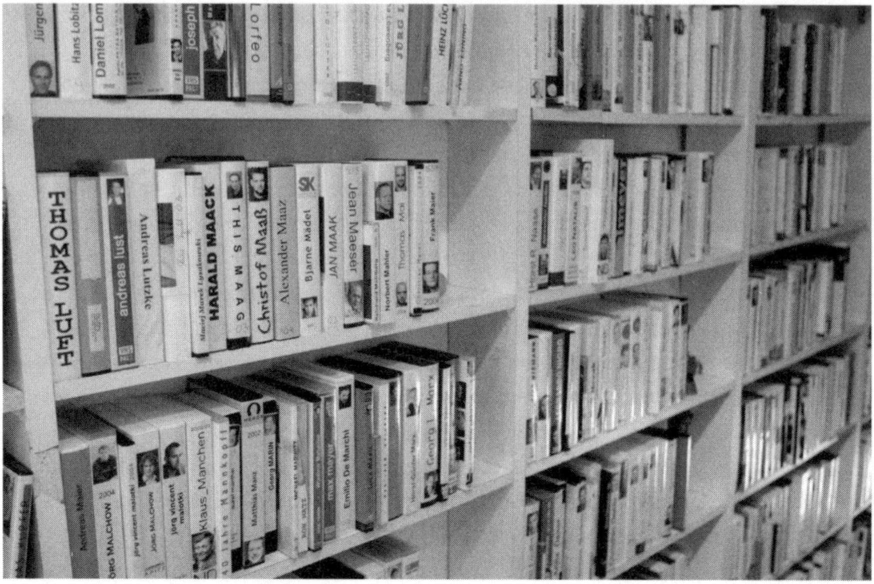

Archiv mit Demobändern

Foto: Ulrike Boldt

agent sehen, wie der Akteur Emotionen darstellt, ohne dass sie gespielt, aufgesetzt oder lächerlich wirken.

- Hysterie- und Panikszenen, Heulszenen und andere extrem-emotionale Situationen haben auf einem Band nichts zu suchen, denn oft wirken sie peinlich.
- Gearbeitet werden sollte mit typischen Film- oder Fernsehszenen, die einen persönlichen Bezug zu einem selbst haben.
- Der Schauspieler muss gut zu erkennen und zu hören sein. Haare im Gesicht oder Hände vor dem Mund verhindern dies.
- Beinhalten kann das Demoband zum Beispiel ein kurzes Interview mit Vorstellung und eine Spielszene. Diese Spielszene sollte weder eine Theaterszene noch ein Monolog sein.
- Wer Fremdsprachen perfekt beherrscht, sollte dies demonstrieren.
- Wer Sinn für Comedy hat, kann gerne eine komische Einlage bringen.
- Ein selbst gemachtes Demoband enthält keine Nacktszenen.
- Drei bis fünf Minuten Länge sind bei einem provisorischen Band ausreichend.

» Wer noch kein professionelles Band hat, sollte ein kurzes Interview aufnehmen oder sich eine ideenreiche und witzige

Geschichte einfallen lassen. Natürlichkeit, Fantasie und Humor kommen immer gut beim Betrachter an. Das Nachspielen von bekannten Filmszenen ist unvorteilhaft, da man sich dem direkten Vergleich mit berühmten und sehr guten Schauspielern stellt und diese nie toppen kann.«

Ursula Danger, Casting Director, Neue Deutsche Filmgesellschaft, Hamburg

Eine Möglichkeit, an Material zu kommen, bieten Workshops, bei denen man nach der Teilnahme ein Videoband erhält. Da dieses Material allerdings manchmal nicht genug Aussagekraft hat, ist es besser, wenn man sich selbst etwas ausdenkt. Jeder Casting Director wird sich freuen, wenn er sieht, dass der Schauspieler kreativ geworden ist und ein Band produziert hat, das seine Persönlichkeit widerspiegelt.

Darsteller, die noch kein Demoband haben, aber schon einmal zu einem Casting eingeladen wurden, können den Besetzer um das Material des Castings bitten. Ansonsten ist es äußerst sinnvoll, sich an sämtlichen deutschen Filmhochschulen als Schauspieler zu bewerben. Zwar können die Studenten, die hier ihre ersten Filmerfahrungen machen oder ihren Abschlussfilm drehen, keine Gagen bezahlen, aber es entstehen meist schöne Produktionen und man bekommt gutes und sorgfältig gedrehtes Material für sein Demoband.

Wer bereits Material aus Film- und Fernsehproduktionen besitzt, sollte vier oder fünf Szenen aussuchen. Diese Sequenzen zeigen idealerweise die unterschiedlichen Akzente und sind gut geeignet, um das Können des Schauspielers zu demonstrieren. Die Länge eines guten Profi-Demobandes ist variabel, die meisten Caster bevorzugen eine Spieldauer von fünf bis zehn Minuten. Wie lange eine Band betrachtet wird, ist von Fall zu Fall verschieden; manche Regisseure sehen sich intensiv das ganze Band an, andere nur Ausschnitte.

Um den Wert des eigenen Demobands einschätzen zu können, sollte sich der Schauspieler einmal in die Position des Betrachters versetzen. Wenn Casting Director und Regisseur bei einem Termin zehn Rollen zu besetzen haben, muss der Regisseur viel Material sichten.

»In stressigen Besetzungsphasen kann es schon einmal vorkommen, dass ich mit dem Regisseur zusammen 60 bis 100 Bänder am Tag gucke. Deshalb ist ein guter Anfang im Demoband ungeheuer wichtig.«

Sabine Schroth, Casting Director, München

Ein gutes Demoband erfüllt folgende Kriterien:

- Die Caster und Regisseure möchten schnell sehen können, wie jemand spielt und spricht, also fängt ein Demoband nie mit einem 30-sekündigen Trailer an. Die Short-Cuts können gerne an das Ende des Bandes gesetzt werden. Soll durchaus ein Intro mit visuellen Eindrücken des Schauspielers eingebracht werden, darf dieses nicht länger als fünf bis zehn Sekunden sein.
- Das aktuellste Material kommt an den Anfang. Wenn die neueste Sequenz nicht die gelungenste ist, müssen die besten Szenen nach vorne. Material, das älter als fünf Jahre ist, gehört nicht mehr auf das Band.
- Eine emotionale Szene sollte nicht direkt zu Beginn zu sehen sein. Ein besserer Einstieg ist eine neutrale Spielszene.
- Wenn in einer Szene der Dialogpartner mehr zu sehen ist als man selbst, sollte man versuchen, ihn herauszuschneiden. Der Inhalt der Szene muss jedoch verständlich bleiben.
- Das Material sollte Großaufnahmen beinhalten, man sollte darin Brüche spielen und die ganze Bandbreite seines Könnens zeigen.
- Kein Material von »Kunstfilmen« verwenden, in denen die Schauspieler nicht zu erkennen sind und der Inhalt nicht zu verstehen ist.
- Wer einen tollen Theaterausschnitt hat, in dem er großartig spielt und von dem auch die Aufnahmequalität gut ist, kann ihn an das Ende des Bandes setzen.
- Comedy oder Moderationsausschnitte gehören ebenfalls an den Schluss eines Bandes, es sei denn, jemand bewirbt sich konkret für solche Projekte.
- Am Anfang und am Ende des Demobands wird der Name eingeblendet. Zusätzlich sollte am Ende eine Kontakttelefonnummer des Schauspielers oder des Agenten gezeigt werden.

Außerdem sollte der Schauspieler wissen, dass manche Caster und Regisseure keine Soaps auf dem Band sehen möchten.

Zu Beginn jeder neuen Filmsequenz können Regie, Titel und Jahreszahl eingeblendet werden. Wem das zuviel Unruhe ins Bild bringt, sollte diese Informationen auf jeden Fall auf dem Cover unterbringen.

> *»Wenn auf dem Cover des Bandes nicht steht, was auf dem Band drauf ist, und ich zum dritten Mal dem Regisseur sagen muss, ich weiß leider nicht, von wann der Ausschnitt ist, hat man leider schlechte Karten.«*
>
> Sabine Schroth, Casting Director, München

Viele Schauspieler sind in dem Dilemma, dass sie zwar Material für ihr Demoband haben, aber die Szenen immer zu kurz sind oder sie in den Szenen nur als Zulieferer für den Hauptcast agieren.

> *»Hochschulfilme sind eine gute Möglichkeit, das herkömmliche Rollenmuster zu durchbrechen und auch mal in einer Hauptrolle zu zeigen, was man kann.«*
>
> Anja Dihrberg, Casting Director, Berlin

Heutzutage akzeptieren alle Caster die Demobänder im Internet. Im Gegensatz zu DVDs sind sie hervorragend dafür geeignet, dass die Entscheidungsträger sie überall ansehen können, egal, ob sie im Büro des Casters sitzen, in einer anderen Stadt oder sogar in einem andern Land. Im Demoband kann man verschiedene Kapitel einrichten, sodass der Caster in die unterschiedlichen Szenen und Unterkapitel springen kann. Weitere Kapitel wie Comedy, Moderation, eine Sprecherprobe, ein kurzes Interview, Fotos und Specials (z. B. Demonstration von Fremdsprachen und Dialekten) können ebenfalls effektiv angelegt werden. So hat der Casting Director eine größere Auswahl an Material und kann nach Gutdünken entscheiden, was er sehen möchte und wann er ein Kapitel überspringt.

Verschiedene Videoschnittprogramme machen es möglich, dass der Schauspieler sein Demoband selbst schneiden kann. Empfehlenswert ist dies aber nicht, da der Akteur selbst nicht objektiv an seine Szenen herangeht und die Sequenz oft zu langatmig wird. Sich einen Cutter oder eine Firma zu suchen, die das Band schneidet und die DVD herstellt, ist allemal besser. Zum Termin mit dem Cutter muss der Schauspieler sein gesamtes Material mitbringen, darüber hinaus Musik, die er unterlegen möchte, sowie digitale Fotos. Im Vorfeld sollte geklärt werden, ob der Cutter VHS-Kopien, BETA-Kassetten, DVDs oder Mini-DVs als Rohmaterial benötigt. Außerdem sollte jeder Schauspieler vorab zu Hause das Material sichten und sämtliche Szenen, die er benutzen möchte, mit Timecode aufschreiben. Das spart viel Zeit und somit auch Geld. Die Kosten für die Erstellung eines Demobands und die Kopien sind nicht fix, wie die Fotografen verlangen auch die Cutter jeweils andere Preise.

Zum Thema Videoband hat der Bundesverband Casting (www.castingverband.de) ebenfalls Infomaterial darüber zusammengestellt, was der Schauspieler beachten sollte:

> *»Die meisten Casting Directors ziehen DVDs vor. Sie haben den*

Vorteil, weniger Porto zu kosten und in den Regalen weniger Platz einzunehmen. Allerdings sollten auch DVDs in hohen Hüllen (DIN A5) stecken. Auch sollte es möglich sein, an der Schmalseite den Namen des Darstellers zu lesen.
DVDs haben allerdings den großen Nachteil, dass viele der billig hergestellten Discs zu Nichtabspielbarkeit auf den Geräten der Caster neigen. Aufwändige Herstellung und Tests auf diversen Playern und Computern sind sinnvoll. Auf aufwändige Menüführung kann verzichtet werden.
Auf der Hülle der Demos sollten ein Foto des Darstellers und eine Inhaltsangabe des Demos stehen, die folgende Auskunft enthält:
Jahreszahl, Titel der Produktion, Regie.
Sollte das Band eigens erstellte Szenen enthalten, so bitte auch diese mit Jahreszahlen erwähnen, z. B. Castingszene/Spielszene von 2004. Das gleiche gilt für Theaterausschnitte.
Eine Timecode-Übersicht zu den Szenen ist wünschenswert, sodass die Caster schnell auf eine gewünschte Szene spulen können. Sind fremdsprachige Szenen auf dem Band, bitte dies gesondert kennzeichnen, am besten mit Minutenangabe, wo die Szene zu finden ist. Die Länge des Gesamtbandes bitte in Minuten angeben. Auch sollte das Band eindeutig identifizierbar sein, also z. B. Schauspieler XY, Band 2/2005. So kann schnell Rücksprache genommen werden, ob wir das aktuelle Band des Darstellers haben.«

Bundesverband Casting e. V.

Nochmals betont werden muss, wie wichtig es ist, dass die DVD wirklich auf allen DVD-Playern oder Computern abgespielt werden kann.

»Wenn ich mit Regie, Redaktion und Produktion eine DVD sichte und die hakt oder springt, fällt sie natürlich sofort aus der Auswahl raus, und der Schauspieler hat einfach Pech gehabt. Zunehmend spielen auch Videostreams im Internet eine entscheidende Rolle.«

Clemens Erbach, Casting Director, Outcast, Köln

Wie und wo muss ich mich im Internet präsentieren?

Eine eigene Webseite ist ein unverzichtbares Werbemittel, das jeder Schauspieler nutzen muss.

Auf der eigenen Internetseite sollten folgende Inhalte zu finden sein:
- Vita (Theater und Film/Fernsehen)
- Fotogalerie
- Demoband (möglichst als Vollbild)
- Sprachprobe
- Fotos und Vita zum downloaden
- Specials
- Kontaktdaten

Auch zu den Internetseiten von Agenturen und Schauspielern bietet der Bundesverband Casting (www.castingverband.de) Informationen:

> *»Zum Runterladen der Viten von den Webseiten bitte sicherstellen, dass alle Infos zu einer Person auf einem Dokument erscheinen, sodass die Caster nicht getrennt die Personeneckdaten und die Viten runterladen müssen. Am liebsten als PDF-Datei, da dieses Format sich weltweit auf die jeweiligen Papiergrößen einrichtet.*
> *Fotos sollten getrennt herunterzuladen sein, am besten als JPG. Die Fotos sollten als Datei nicht zu groß sein, da wir sie an Regisseure weitermailen. Eine Größe von maximal circa 100 KB wäre ideal. Zu große Fotodateien sprengen Kapazitäten bei z. T. analogen Anschlüssen in Hotels.«*
>
> Bundesverband Casting e. V.

Jeder professioneller Schauspieler sollte auf den Internetseiten von schauspielervideos.de/crew-united.com und filmmakers.de mit einem Volleintrag vertreten sein.

Beide Schauspielerdatenbanken sind Besetzungswerkzeuge, die die meisten Caster, viele Regisseure, fast alle Sender sowie die großen Produzenten für ihre Recherche nutzen.

Neben diesen beiden Schauspielerdatenbanken haben sich auch noch die Portale Castforward (www.castforward.de), Vollfilm (www.vollfilm.com), Directorscast (www.directorscast.de) und für Schauspielstudenten die Studentenrolle (www.studentenrolle.de) etabliert.

Wie sieht eine gute Bewerbung als Sprecher aus?

Was bei Bewerbungen für Film und Fernsehen das Demoband, ist bei Bewerbungen für das Mikrofon die Sprecher-CD. Diese sollte professionell hergestellt sein und frei von Nebengeräuschen. Wer keinen Freund mit Mikrofon und guter Anlage hat, kann in der Regel für wenig Geld ein Tonstudio anmieten. Erscheint der Sprecher gut vorbereitet im Studio, kann er dort innerhalb von kurzer Zeit eine CD produzieren lassen.

Die Sprecher-CD sollte alle Talente des Sprechers demonstrieren. Auf die CD gehören:

- ein Beispiel für jede Textform (Hörspiel, literarischer Text, Sachtext)
- alle Fremdsprachen, Dialekte, Comicstimmen sowie Gesangseinlagen, die man sehr gut beherrscht

Es genügt, wenn jeder Track eine bis zwei Minuten lang ist. Werbespots sollten auf eine gesonderte CD gebrannt und ausschließlich an solche Studios geschickt werden, die sich auf Funkwerbung spezialisiert haben.

> *»Wir wollen natürlich hören, welche Bandbreite die Stimme hat. Eine professionell gemachte CD mit Stimmproben ist dafür geeignet. Für jedes neue Stimmbeispiel muss ein neuer Track angelegt werden. Wenn wir eine Stimme interessant finden, laden wir den Schauspieler zum Casting ein, denn gerade im Bereich Synchron sind wir immer auf der Suche nach gutem Nachwuchs. Beim Casting stellen wir eine reale Situation mit Cutter, Regie und Techniker nach. Wenn das Casting gut gelaufen ist, bekommt man eine kleine Rolle mit wenigen Sätzen und somit die Möglichkeit, sich zu beweisen.«*
>
> Oliver Fay, Geschäftführer Splendid Synchron GmbH, Köln

Das Cover einer Sprecher-CD sollte ebenso wie ein Demoband eine Inhaltsangabe enthalten, auch hier wirkt ein Bild ansprechend. Die meisten Studios wünschen sich die Verwendung von CD-Hüllen; DVD-Hüllen können viele Studios in ihren Regalen nicht vernünftig archivieren. Die CD-Hülle muss auf dem schmalen Rücken mit Name und Jahr beschriftet werden. Begleitend dazu sollte der Sprecher eine Standardbewerbung mit kurzem Anschreiben, Bild, Kontakt und Vita einreichen und gerne auf Lesungen etc. verweisen.

»Die Länge der CD ist eigentlich egal, so lange ich von einem Track in den nächsten springen und mir die unterschiedlichen Stimmproben schnell abrufen kann. Wenn uns dann die Stimme für den Hörfunk geeignet erscheint, kommt man in die Kartei, und wir melden uns bei Bedarf.«

Ulrich Korn, Besetzung Hörfunk, Westdeutscher Rundfunk Köln

Sprecher-CDs sollte man ebenfalls nicht wahllos verschicken, sondern die Studios und Sender anrufen und nach dem Ansprechpartner fragen. Vielen Besetzern reicht inzwischen auch der Versand der Hörbeispiele als mp3-Datei via Mail.

Vorsprechen, E-Casting, Casting und Vorstellungstermin

Das Vorsprechen oder Casting kann der direkte Weg zur Traumrolle sein. Wenn ein Vorsprechen jedoch nicht zum Erfolg führt, darf man sich auf keinen Fall entmutigen lassen; die Zukunft wird noch weitere Chancen bereithalten, und Absagen müssen professionell weggesteckt werden. Ein erfolgreiches Vorsprechen oder Casting hängt nicht nur vom Talent und Typ ab, sondern auch von den persönlichen Vorlieben der Entscheidungsträger. Vielleicht gefällt dem Regisseur, Caster oder Intendant etwas an einem Schauspieler nicht, was der Nächste toll finden wird.

Worauf bei jedem Casting oder Vorsprechen geachtet werden sollte:

- Vor dem Vorsprechen sollte man sich Gedanken über das Projekt, den Regisseur, das Theater machen und sich im Vorfeld die Frage beantworten, warum man das Engagement gerne annehmen möchte.
- Wer krank ist, sollte absagen, auch wenn es keinen Ausweichtermin gibt. Es ist besser, keinen Eindruck zu hinterlassen als einen schlechten.
- Die Rolle muss perfekt sitzen.
- Jeder sollte in der Nacht zuvor genug geschlafen haben, ohne Stress anreisen und überpünktlich im Theater oder beim Casting Director erscheinen.
- Genügend Zeit sollte eingeplant werden, falls man länger warten muss.
- Zu allen Kollegen und Mitarbeitern ist man freundlich und charmant.
- Im Gepäck befinden sich etwas Make-up, das Kostüm und eventuell benötigte Requisiten.
- Auch eine aktuelle Vita, Fotos und Demoband (beim Casting) sind griffbereit.
- Da nicht zuletzt der persönliche Eindruck eine Rolle spielt, ist das Auftreten, die Kleidung und die Art, wie mit den Kollegen kommuniziert wird, sehr wichtig.
- Faule Ausreden wie »Ich habe den Text zu spät bekommen« oder »Ich konnte mich nicht genügend vorbereiten« sind fehl am Platz. Sie wirken unprofessionell, und die Arbeitsgeber werden sich fragen, mit welcher Arbeitseinstellung der Schauspieler wohl seinen Beruf ausübt, sollte er tatsächlich ein Engagement bekommen.

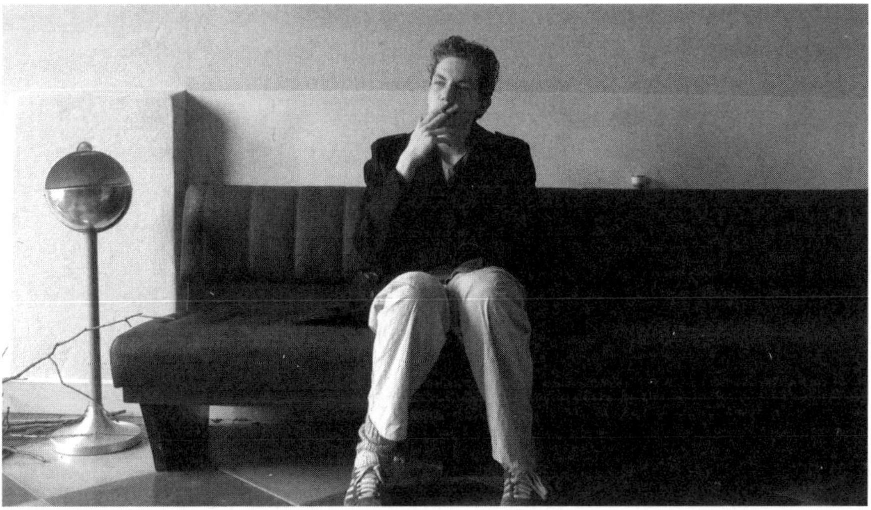

Foto: Danny Danisch

Warten auf das Vorsprechen

- Über die Qualität des Drehbuches oder des Theaterstückes sollte man nicht meckern. Wenn es einem nicht gefällt, sagt man vorher ab.
- Wer von vorneherein weiß, dass er im Zeitraum des Engagements andere Verpflichtungen hat, sagt das Vorsprechen ab.
- Wer aus Zeitgründen nur eine Rolle oder eine Szene vorspielen darf, wählt diejenige aus, in der er seine Fähigkeiten am besten zeigen kann.
- Kritik sollte man immer annehmen, prüfen und daraus lernen. Für jedes Feedback kann man dankbar sein, oft bekommt man nämlich gar keine Rückmeldung.
- Nicht alle Casting Directors haben die Zeit abzusagen, wenn man die Rolle nicht bekommen hat. Das sollte niemand persönlich nehmen. Es gilt hier die amerikanische Devise: Do not call us, we call you!

Das Vorsprechen am Theater

Junge Schauspieler werden gemeinhin auf Empfehlung, nach dem Vorsprechen für die Intendantenvermittlung und die ZAV oder nach einer schriftlichen Bewerbung zum Vorsprechen eingeladen. Jede Theaterleitung möchte durch das Vorsprechen Schauspieler finden, die das nötige Handwerk und Talent mitbringen und flexibel in der Rollengestaltung sind.

»Manchmal sind die Intendanten-Vorsprechen der Schauspielschulen zu geschickt inszeniert, sodass es immer sehr hilfreich ist, den Absolventen noch einmal für sich auf der eigenen Bühne zu sehen. Interessant und aufschlussreich ist es vor allem, mit dem Absolventen an einer Rolle zu arbeiten. Ob er Fantasie hat, wird dann sofort evident.«

Hermann Beil, Dramaturg, Berliner Ensemble

Des Weiteren geht jeder Intendant auch danach, ob der Schauspieler gut in das Ensemble passt und teamfähig ist.

»Die Persönlichkeit und der Mensch an sich ist für uns genauso wichtig wie das ÏGespür für Sprache und Situation. Der Schauspieler soll uns eine oder zwei Rollen vorsprechen, an diesen Rollen arbeiten wir dann mit ihm. Wir erwarten nichts Komödiantisches, schließlich ist die Rollen- und Szenenarbeit in einer Komödie genauso wie bei einer Tragödie.«

Martin Woelffer, Leiter Komödie & Theater am Kurfürstendamm,
Komödie Winterhuder Fährhaus Hamburg und Komödie Dresden

Beim Vorsprechen sucht jedes Theater andere Qualitäten; ein Privattheater stellt andere Anforderungen an seine Schauspieler als ein Kinder- und Jugendtheater.

»Schauspieler, die sich bei uns bewerben, müssen neben einem guten Handwerk auch das Interesse am Publikum – in unserem Fall an Kindern und Jugendlichen – mitbringen. Die Bewerber bekommen eine Woche vorher einen Text von uns, den sie vorbereiten sollen. Beim Vorsprechen selbst arbeiten wir dann 30 bis 45 Minuten mit ihnen. Sie sollten schnell reagieren und improvisieren können. Natürlichkeit ist sehr wichtig. Man muss viele verschiedene Rollen abdecken können, da unser Ensemble nicht sehr groß ist. Singen müssen die Schauspieler auch können, da wir oft musikalische Produktionen haben. Wer da nicht die nötige Technik gelernt hat, ist nach 15 Minuten heiser und kommt schnell an seine Grenzen.«

Volker Ludwig, Leiter des Grips Theaters, Berlin

Die meisten Theater haben ein Besetzungsgremium, bestehend aus Schauspielern, Dramaturgie und Leitung, das demokratisch darüber abstimmt, ob jemand genommen wird. Wenn das Gremium unsicher ist, wird der Schauspieler ein zweites Mal eingeladen.

Vorsprechtermine sind immer unangenehm, da man sich beweisen muss. Dennoch sollte man versuchen, das Vorsprechen mit einem professionellen Selbstbewusstsein zu genießen und es als Theateraufführung in eigener Sache zu werten.

Das E-Casting

Seite einem Jahr etablieren sich in Deutschland sogenannte E-Castings. Mit Hilfe einer Webcam bzw. einer Kamera und eines Computers bekommen Schauspieler die Möglichkeit sich dem Casting Director zu präsentieren, ohne explizit zu einem Casting eingeladen zu werden.

Über einen Mailaufruf der Caster oder seines Agenten erhält der Schauspieler einen Castingtext, den er mit Hilfe einer Kamera aufnimmt.

> *»Die Qualität der Aufnahme ist dabei nicht entscheidend. Es ist nur wichtig, dass man den Schauspieler gut sehen kann, ein heller Raum bei Tageslicht ist ideal. Auch das Schneiden des Materials oder das Aufstellen von mehreren Kameras ist nicht nötig! Eine Webcam erfüllt bereits alle Anforderungen.«*
>
> Clemens Erbach, filmmakers.de

Nach der Aufnahme lädt man den Film auf einen vom Caster bereit gestellten Server. Der Caster kann die Szene nun begutachten und entscheiden, ob der Schauspieler gut auf die Rolle passt und er den Schauspieler zu einem Live-Casting einladen möchte.

Das Casting für Film und Fernsehen

In der Regel erhält der Darsteller bei einem Casting für Film und Fernsehen seinen Text, das Drehbuch und eventuell ein Rollenprofil ein paar Tage vorher, sodass er sich im Vorfeld auf das Casting vorbereiten kann. Jeder Caster und Regisseur erwartet vom Schauspieler, dass er das Drehbuch ernsthaft durchgeht, sich Gedanken zur Rolle macht und analysiert, wofür die Person steht und was sie aus welchen Gründen will.

> *»Beim Casting erwarte ich erstklassige Vorbereitung. Bei allem, was man wissen muss und nicht weiß, kann der Schauspieler die*

Castingagentur anrufen und fragen. Egal, ob man unsicher ist, welche Szenen aus dem Drehbuch man lernen soll oder wie ein Fremdwort ausgesprochen wird, was man anziehen soll, immer fragen, fragen, fragen.«

Sabine Schroth, Casting Director, München

Sinnvoll ist es, sich zum Casting Kleidung mitzubringen, die zur Rolle passt. Immer steht ein Raum zur Verfügung, in dem man sich umziehen kann.

»Es gibt immer noch die Grundregel, dass die Kamera Kleidung, die tiefschwarz, blütenweiß oder flammenrot ist, nicht mag, und der Schauspieler darin ›absäuft‹. Kleingemusterte Sachen flimmern vor der Kamera und sind auch nicht zu empfehlen.«

Silke Klug-Bader, Besetzungsbüro Bavaria Film – Produktion *Marienhof* und *Sturm der Liebe*, München

Eine Frau sollte niemals ungeschminkt zum Casting gehen. In seltenen Fällen gibt es eine Maskenbildnerin, von der die Schauspieler geschminkt werden, meist aber muss sich jede selbst zu Hause natürlich und kamerafreundlich schminken und vor Ort noch abpudern. Bei Männern reicht es, wenn sie sich vor dem Casting kurz den Glanz von der Stirn pudern. Wenn es um eine Hauptrolle geht, ist der Regisseur immer beim Casting anwesend; es kann also nicht schaden, sich bei Kollegen, beim Casting Director oder im Internet über die bisherigen Arbeiten des Regisseurs zu informieren.

Man muss beim Casting auf längere Wartezeiten gefasst sein und darf sich dadurch nicht verunsichern lassen. Wenn der Regisseur gerade etwas anderes im Kopf hat und ihm deshalb der Namen des Schauspielers nicht einfällt, darf man das nicht persönlich nehmen.

»Beim Casting sollte man nicht ängstlich darauf warten, was man machen soll, sondern sagen: ›Ich habe mir was zu der Rolle und der Szene überlegt und möchte das gerne zeigen.‹ Also bitte immer dem Regisseur etwas anbieten und die Zeit nutzen. Wann hat man schon mal Zeit, in Ruhe mit einem Filmregisseur zu arbeiten?«

Sabine Schroth, Casting Director, München

Probeaufnahmen

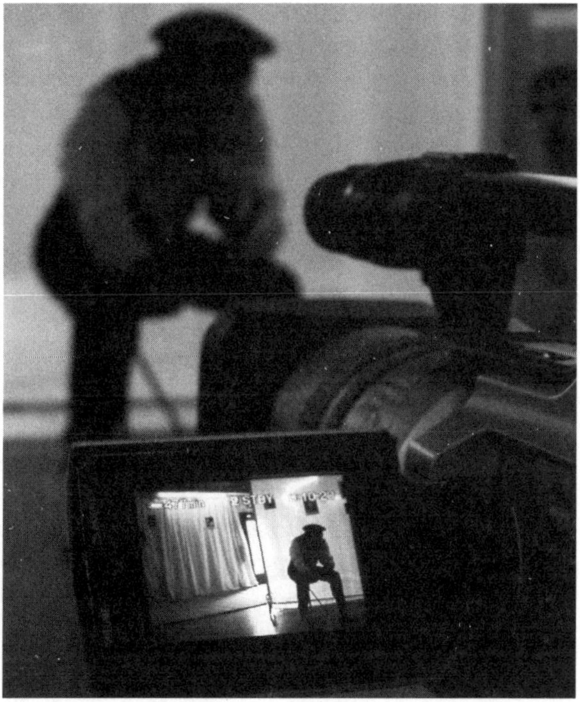

Foto: Danny Danisch

Jeder Schauspieler ist vor dem Casting aufgeregt; umso wichtiger ist es, dass er den Text perfekt beherrscht. Ein Black-out kann jedem einmal passieren, aber Entschuldigungen zu erfinden, wenn der Text nicht sitzt, ist unpassend, unglaubwürdig und vor allem unprofessionell.

> *»Angenehm ist es, wenn man vor den eigentlichen Probeaufnahmen die Möglichkeit hat, seinen Spielpartner kennen zu lernen und mit ihm in Ruhe die Szene durchzugehen.«*
>
> Hartmut Volle, Schauspieler, Frankfurt a. M.

Regisseure wollen mit Facettenreichtum überrascht werden und freuen sich, wenn sie gut mit einem Schauspieler arbeiten können und man sich versteht. Für sie ist es bei der Besetzung einer Hauptrolle wichtig, dass der Schauspieler einen Spielfilm tragen kann und die Fähigkeit hat, das Publikum an sich zu binden. Deshalb ist es klug, mehrere Variationen anzubieten und nicht auf die Anweisungen des Casting Directors oder Regisseurs zu warten.

»Ich freue mich immer, wenn mir ein Schauspieler etwas anbietet, das Hand und Fuß hat. Ansonsten ist es für mich immer wichtig zu sehen, ob der Schauspieler in einem Dialog dem Partner auch zuhört und mit wachen Augen durch die Szene geht. Ich will sehen, dass er die Situation, die er spielt, geistig und emotional erfasst hat. Schauspieler müssen vergessen, dass sie spielen. Ich will einen Dialog hören, keinen Text.«

Michael Kreindl, Regisseur, Köln

Letztendlich darf man aber nie vergessen, dass die Entscheidung für oder gegen einen Schauspieler oft einfach aufgrund des Typs getroffen wird.

»Die Probeaufnahmen sind kein Test, ob man etwas kann oder nicht. Der Regisseur erprobt eine gewisse Persönlichkeit und ein bestimmtes Gesicht in Zusammenhang mit der zu besetzenden Rolle. Manche Schauspieler haben die Vorstellung: Man geht zu einem Casting und ist so überzeugend, dass alle auf den Knien liegen. Aber so läuft das nicht, es ist oftmals einfach nur eine Typfrage, denn es geht letztendlich nicht darum, wie eindrucksvoll der Darsteller war, sondern ob er in die Geschichte des Filmes passt. Deshalb ist es kein Misserfolg, wenn man nicht genommen wird.«

Dieter Berner, Regisseur, Berlin

Vor dem eigentlichen Szenencasting wird oft ein Interview aufgenommen. Diese »Vorstellung« darf nicht unterschätzt werden, denn die Auftraggeber wollen einen Menschen engagieren, der Persönlichkeit hat und dem man gerne zuhört und zusieht.

»Manchmal plappern die Schauspieler beim Interview irgendetwas, und ich merke, dass sie gar keine Ernsthaftigkeit in ihrer Arbeit haben und den Beruf des Schauspielers nicht begreifen. Man sieht dann sehr früh, mit wem man eine gemeinsame Sprache finden kann und wer einen einfach nicht interessiert.«

Christine Kabisch, Regisseurin, Berlin

Von Vorteil ist es, wenn man sich schon einmal mit der Kamera aufgenommen hat und weiß, wie man im Film wirkt. Vor dem Interview muss geklärt werden, welcher Bildausschnitt aufgenommen wird; im Interview selbst sollte sich der Schauspieler zu Themen äußern, zu denen er etwas zu sagen hat und die seine Persönlichkeit vermitteln. Jeder ist sein eigenes Produkt, und das muss er gut verkaufen, ohne dass es künstlich und auswendig gelernt klingt. Jammern vor der Kamera ist Tabu; man sollte immer positiv, selbstbewusst und charmant bleiben.

Vor manchen Castings wird kein Text zugesandt, sondern man bekommt beim Castingtermin einen unbekannten Text in die Hand gedrückt, der innerhalb kurzer Zeit studiert werden muss. Bei diesen »Cold Readings«, die hauptsächlich in den USA üblich sind, geht es nicht darum, dass der Darsteller den Text perfekt beherrscht, sondern dass er spontan Ideen umsetzen kann.

Das Casting für Werbung

Werbecastings finden hauptsächlich in Berlin und Hamburg statt, und Reisekosten zum Casting werden so gut wie nie erstattet. In der Werbung werden meist viele Schauspieler und Models für eine Rolle eingeladen. Es ist sehr wichtig, sich unbedingt nach den Kleidungs- und Make-up-Vorgaben zu richten, die der Casting Director aufruft. Wenn eine Frau für einen Spot gesucht wird, der in der High Society spielt, sollte die Bewerberin nicht in verwaschener Jeans und T-Shirt zum Casting erscheinen, sondern sich der Rolle entsprechend kleiden. Wer sich nicht hundertpro-

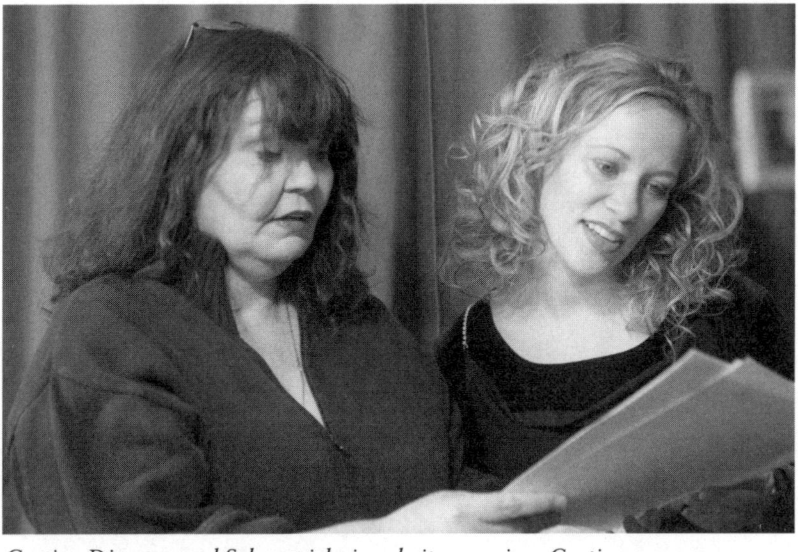

Foto: Ulrike Boldt

Casting Director und Schauspielerin arbeiten an einer Castingszene

zentig sicher ist, was er anziehen soll, kann den Casting Director anrufen und nachfragen, sonst liegt er mit seinem Styling vielleicht völlig falsch.

Die Teilnahme an einem Werbecasting ähnelt leider immer ein bisschen einem Lotteriespiel. Dementsprechend locker sollte man damit umgehen und es nicht auf sein Talent beziehen, wenn man nicht genommen wird. Oft kommt es einfach nur auf das Aussehen an, und da haben Models eben manchmal bessere Karten. Bei vielen Werbecastings muss man keinen Text oder keine Szene vorbereiten, sondern sich einfach nur vorstellen.

> *»Wir machen ein kurzes Vorstellungsgespräch mit dem Schauspieler, er soll kurz etwas über sich erzählen; wir wollen wissen, wie alt er ist und was er in den letzten drei Jahren im Bereich Werbung gemacht hat. Dabei soll man natürlich und sachlich sein, man muss nicht dreimal betonen, wie gerne man für das Produkt Werbung machen möchte. Dann muss sich der Schauspieler ins Profil drehen und seine Hände zeigen. Wenn er keine schönen Hände hat, ist das nicht schlimm, dann weiß der Kunde nur, dass er eventuell noch ein Handmodell engagieren muss.«*
>
> Dana Cebulla, Casting Director, Tigercast, Köln

Sollte man eine Szene oder den Text des Werbespots im Vorfeld erhalten haben, ist es selbstverständlich, dass alles hundertprozentig sitzt, auch wenn nur zwei Sätze zu sprechen sind. Wer der Meinung ist, er müsse sich nicht anstrengen, weil es sich »nur« um Werbung handelt, sollte überlegen, ob er nicht besser gleich zu Hause bleibt.

> *»Wir möchten, dass die Schauspieler Lust auf das Casting haben. Das ist eine wichtige Vorraussetzung dafür, dass ein Casting gut wird. Wer Scheu vor Werbung hat, sollte nicht kommen, denn man muss hinter dem Projekt stehen.«*
>
> Nadine Tröber, Tröber Casting, Berlin

Eine Szene in verschiedenen Varianten anzubieten, ist nie falsch; Regieanweisungen des Casters oder Regisseurs sollten immer ohne umständliche Diskussionen umgesetzt werden.

> *»Ich mag es, wenn jemand einfach zu sich steht, auch wenn er nervös ist. Manchmal muss man länger warten, bis man an der Reihe ist, und dann ist das Casting nach einer Minute zu Ende –*

weil man ja nur einen oder zwei Sätze spielen muss. Da denken viele dann: Wie – das war's schon? Und sie würden gerne noch einmal alles wiederholen, weil sie glauben, sie müssten besser spielen. Wenn der Caster aber ›okay‹ sagt, kann man ihm auch vertrauen, der Caster weiß schließlich, was er sucht.«

Ana Dávila, ana dávila casting berlin

Das persönliche Vorstellungsgespräch bei Castern

Bei einem Vorstellungsgespräch geht es nicht um die Vergabe einer speziellen Rolle, sondern darum, dass der Casting Director einen persönlichen Eindruck vom Schauspieler bekommt. Aus Zeitgründen vergeben leider immer weniger Besetzer Vorstellungstermine.

Der Schauspieler muss, will er ein persönliches Gespräch vereinbaren, hartnäckig wieder und wieder beim Casting Director nachfragen und diesen schon am Telefon auf sich neugierig machen. Wer schließlich einen Termin erhält, sollte sich auf diesen genauso vorbereiten wie auf ein Casting. Zu einem Vorstellungsgespräch kommt man ausgeschlafen, entspannt, pünktlich, nicht zu früh, aber auch nicht zu spät. Sollte sich jemand tatsächlich verspäten, ruft er rechtzeitig an und teilt die Verspätung mit. Hat ein Schauspieler mehrere Vorstellungstermine an einem Tag, sollte er sich immer genug Luft zwischen den Terminen lassen. Manchmal dauert ein Gespräch nur zehn Minuten, manchmal aber eine ganze Stunde. Zum Vor-

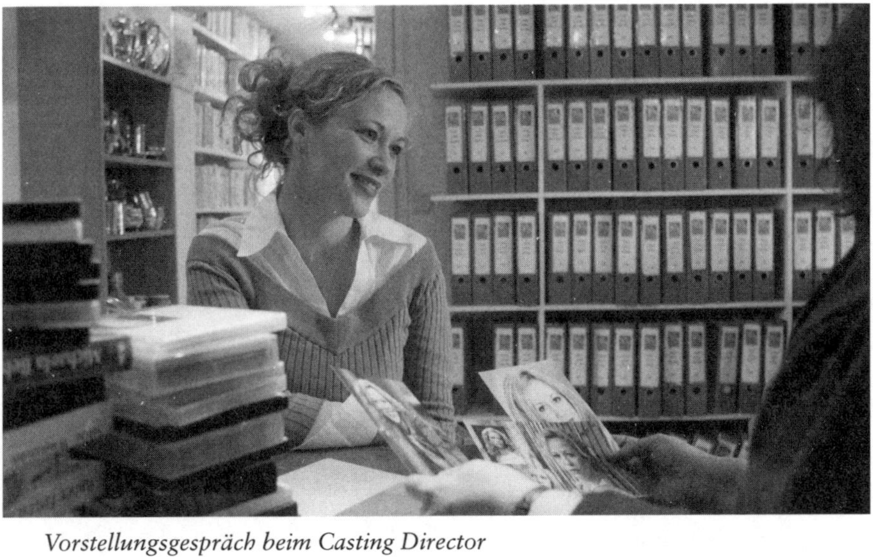

Foto: Ulrike Boldt

Vorstellungsgespräch beim Casting Director

stellungsgespräch sollte jeder das anziehen, worin er sich wohl fühlt. Typgerecht und gepflegt sollte die Bekleidung auf jeden Fall sein, fettige Haare, Schweißflecken und verqualmte Kleidung sind tabu. Wer mit einem Freund oder Kollegen unterwegs ist, sollte diesen selbstverständlich bitten, im Café zu warten, es sei denn, der Casting Director wurde vorher gefragt, ob noch jemand mitgebracht werden darf. Gute Manieren sind selbstverständlich, Unterwürfigkeit ist, ebenso wie Arroganz, fehl am Platz.

> *»Zum Vorstellungstermin sollte man gepflegt kommen, das muss keine Krawatte sein, aber ein frisches Hemd ist schon gut. Frauen sollten nicht ungeschminkt kommen, aber auch nicht zu viel Make-up auftragen. Man soll keine Rolle spielen, sondern eine private Lockerheit haben. Es ist ein gegenseitiges Beschnuppern, und ich möchte den Schauspieler authentisch kennen lernen. Wenn jemand schüchtern ist, ist dies kein Problem, Hauptsache, ich kann aktiv mit ihm kommunizieren.«*
>
> Stephen A. Sikder, Casting Director, Dreamteam, München

Darsteller, die zurzeit kein Engagement haben, sollten ehrlich darüber sprechen, aber dem Casting Director nichts vorjammern oder ihn moralisch dazu zwingen, dass er sie jetzt unbedingt besetzen muss. Viel konstruktiver ist eine optimistische, energiegeladene und charmante Ausstrahlung. Im Gespräch hat der Schauspieler die Chance, seine Persönlichkeit und seine Stärken zu zeigen; lügen allerdings sollte er dabei niemals.

Ein Gespräch mit einem Casting Director darf keine einseitige Konversation sein. Wem die Filmbranche noch sehr fremd ist, hat nun die Chance, dem Besetzer seine Fragen zu stellen. Außerdem sollte man sich vor jedem Vorstellungsgespräch über die Castingagentur informieren. Jeder Besetzer hat im Internet einen Auftritt, der genau darüber Auskunft gibt, was er im Augenblick castet oder vor Kurzem gecastet hat.

Klare Vorgaben, worüber bei einem derartigen Vorstellungsgespräch geredet wird, gibt es nicht. Sicher ist es sinnvoll, von seinen Leistungen und Erfolgen zu berichten, man sollte aber nicht seine gesamte Vita herunterbeten, denn schließlich kann der Casting Director diese Angaben auch nachlesen.

Zum Vorstellungsgespräch sollte der Eingeladene seine aktuellen Bewerbungsunterlagen mitbringen und gegebenenfalls gegen die ältere Version austauschen, die dem Caster vorliegt.

Nach dem Termin sollte das Gespräch reflektiert und Tipps oder Anregungen sollten notiert werden, um sie im Gedächtnis zu behalten.

Die Zeit zwischen den Engagements

Für Schauspieler, die gerade keine Arbeit haben, ist es wichtig, dass sie auf ihre seelische Ausgeglichenheit achten. Auch wenn es sehr schwer fällt, aber der Zeit ohne Engagement können durchaus positive Aspekte abgewonnen werden. Neben der vorrangigen Konzentration auf Bewerbungen und die Akquise neuer Jobs sollte man seine Hobbys genießen, seinen Freunden und der Familie Zeit widmen, weiter seinen Körper bzw. seine Stimme trainieren oder sich neue Fähigkeiten aneignen.

»Erfolg und Misserfolg gehören zusammen. Wenn man gerade kein Engagement hat, sollte man die Zeit nutzen, um die Misserfolge zu analysieren. Außerdem kann man seinen Körper trainieren, denn der Körper ist das Instrument des Schauspielers wie eine Geige das Instrument eines Musikers ist. Eigentlich gibt es bei Schauspielern keine beruflichen Pausen. Man muss sich immer wieder vorbereiten, auf das, was kommen kann, ins

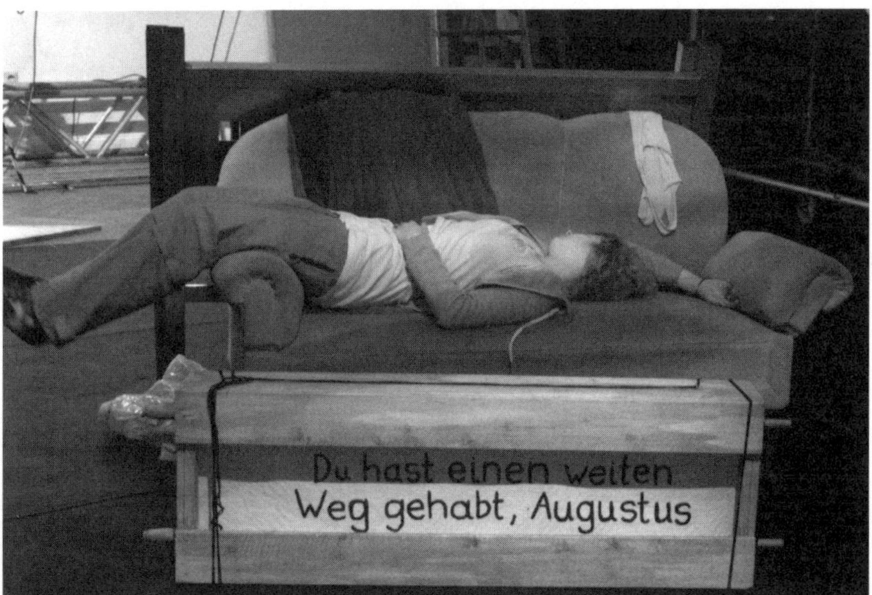

Foto: Danny Danisch

Pause vom Engagement

Theater gehen, lesen, sich bilden, seine Stimme schulen. In Wartezeiten darf man vor allem nicht den Kontakt zu den Auftraggebern und Kollegen verlieren. Man muss immer wissen, wo gerade ein passendes Fernseh- oder Theaterprojekt stattfindet, und darauf seine Energie lenken.«

Valentin Platareanu, Künstlerische Leitung,
Schauspielschule Charlottenburg, Berlin

In Lebenssituationen mit viel freier Zeit sollte man versuchen, seine Persönlichkeit weiterzuentwickeln und sich neue Ziele zu stecken. Was will ich in einem Monat, in zwei oder sechs Monaten erreicht haben? Wenn diese Ziele klar sind, müssen sie konsequent jeden Tag verfolgt werden, und man darf sich auch von Rückschlägen nicht entmutigen lassen. Dabei ist es sehr wichtig, an sich und die Sache zu glauben; denn nur wer an sich glaubt, kann dies auch nach außen transportieren. Orientieren sollte man sich dabei an Schauspielern, deren Talent und Karriere man nachahmenswert findet. Wer allerdings über Jahre hinweg Schwierigkeiten hat, ein Engagement zu finden, sollte auch nicht davor zurückscheuen, sich und sein Talent realistisch einzuschätzen und über andere berufliche Möglichkeiten nachzudenken. So schön der Beruf des Schauspielers ist, es gibt dazu Alternativen.

»Man sollte sich ein Limit setzen. Schaffe ich es, in fünf Jahren von meinem Beruf zu leben? Wenn nicht, dann muss man sich auf seine anderen Talente besinnen und etwas anderes machen.«

Ute Stein, Schauspielerin, Düsseldorf

Wo kann ich mich über Castings und die Entwicklung der Medien- und Theaterbranche informieren?

Viele Schauspieler fühlen sich schlecht informiert und wissen nicht, wie sie an Brancheninformationen kommen können. Aktuelle Informationen sind aber für jeden nötig, der sich einen Überblick über den Markt und seine Arbeitsmöglichkeiten verschaffen und »am Ball« bleiben will.

Informationen über die **Theaterlandschaft** erhält man:

- in den Feuilletons der Tageszeitungen
- in der monatlichen Theaterfachzeitung *Theaterheute*, die Kritiken, Porträts, Interviews, Daten und Termine, Reportagen und immer ein Theaterstück abdruckt (www.theaterheute.de)

- in der monatlichen Theaterfachzeitung *Die Deutsche Bühne*, die Berichte, Reportagen, Interviews, einen Premierenspiegel etc. beinhaltet (www.die-deutsche-buehne.de)
- in der Theaterfachzeitung *Theater der Zeit*, die Kritiken, Debatten, Interviews, Stücke in Erstveröffentlichung etc. publiziert (www.theaterderzeit.de)
- in dem Schauspielermagazin *Cast*, das Produktionsspiegel, Porträts von Schauspielern, Tipps für Schauspieler etc. beinhaltet (www.schauspielermagazin.de)
- im *Deutschen Bühnenjahrbuch*, ein Buch, das jede Spielzeit neu erscheint und sämtliche deutschsprachigen Theater mit allen dort Tätigen vom Intendanten, über die Schauspieler bis zum Bühnenmeister aufführt, mit Adressen und Telefonnummern (http://www.buehnengenossenschaft.de/publikationen/jahrbuch)
- im Internet unter www.theaterparadies-deutschland.de: Dieses Portal bietet unzählige Links zu Theaterensembles, Diskussionsforen, Fachzeitschriften, Festivals, Institutionen etc.
- im Internet unter www.buehnenverein.de: Die Seite des Bundesverbands für Theater und Orchester bietet ein umfassendes Informationsangebot rund ums Theater

Informationen über die **Medienbranche** sind erhältlich:
- in der Fachzeitschrift *Blickpunkt Film*, die in 52 Ausgaben pro Jahr Branchen-News, Termine, TV-Einschaltquoten, Analysen, Hintergrundberichte etc. enthält (www.blickpunktfilm.de)
- in der wöchentlichen Fachzeitschrift *Filmecho/Filmwoche*, die Produktionsspiegel, Berichte über Dreharbeiten, Artikel von Filmpremieren etc. abdruckt (www.filmecho.de)
- in dem Schauspielermagazin *Cast*, das Produktionsspiegel, Porträts von Schauspielern, Tipps für Schauspieler etc. beinhaltet (www.schauspielermagazin.de)

Produktionsspiegel mit Informationen darüber, wo zurzeit was gedreht wird, können im Internet eingesehen werden:
- im Branchenportal casting-network (ww.casting-network.de)
- auf der Seite der Hamburg Film Commission unter der Rubrik »Produktionsspiegel« (www.lbhh.de)
- auf der Regie.de-Seite unter der Rubrik »Produktionsnews« (www.regie.de)

- auf der Seite der Filmstiftung NRW unter der Rubrik »Produktionen in NRW« (www.filmstiftung.de)
- auf den Serviceseiten der Berlin Brandenburg Film Commission unter »Produktionsspiegel« (www.bbfc.de)
- auf den Seiten der Ufa (www.ufa.de/presse/ufacts/)
- und auf fast allen Seiten der deutschen Film- und Fernsehproduktionen

Fortbildung, Coaching, Work-outs und Netzwerke

Jeder Schauspieler muss sich auch nach Beendigung seiner Ausbildung weiterbilden, denn in diesem Beruf ist regelmäßiges Training genauso wichtig wie bei Tänzern oder Sängern. Wer fest im Engagement ist, hat meist nicht die Zeit, **Fortbildungen** zu besuchen; aber spätestens dann, wenn die Jobangebote spärlicher werden, sollte man über eine effektive Weiterbildung nachdenken.

Schauspieler, die immer wieder Unterricht nehmen, zeigen, dass ihnen ihr Beruf wichtig ist und sie am Puls der Zeit sind. Leider ist es in Deutschland oft noch verpönt, sich fortzubilden.

> *»Schauspieler sollten sich wirklich nicht schämen, wenn sie eine Weiterbildung machen. Deutschland muss sich ein Vorbild an den USA nehmen, da ist es selbstverständlich, dass Schauspieler sich fortbilden und coachen lassen. Das gehört da zum Alltag eines jeden Schauspielers.«*
>
> Dr. Jutta Wiegmann, Institut für Schauspiel, Film- und Fernsehberufe an der VHS Berlin Mitte, Berlin

Gerade während eines Leerlaufs sollte jeder die Zeit nutzen, um sein Arbeitsfeld zu erweitern und seine Professionalität mithilfe guter Lehrer zu steigern.

Sinnvoll sind Fortbildungen in folgenden Bereichen:
- Stimmtraining
- Rollenstudium
- Synchron- und Werbesprechen
- Kameraarbeit
- Selbstmarketing
- Castingtraining
- Moderation
- Personalitytraining

Die Angebotspalette reicht von Wochenendseminaren bis hin zu dreimonatigen Lehrgängen. Schauspieler, die in ihren bisherigen Berufsjahren keine Kameraerfahrung sammeln konnten, sind in einem Camera Acting Seminar gut aufgehoben. Wer auch als Sprecher tätig werden möchte, sollte einen Lehrgang im Synchron- oder Mikrofonsprechen machen.

Leider gibt es bundesweit einen unübersichtlichen Markt von Weiterbildungen, Lehrern, Kursen und Workshops. Viele Maßnahmen schaffen neue Schauspieler, statt diejenigen zu trainieren, die den Beruf bereits ausüben. Da es keine Instanz gibt, die das Preis-Leistungs-Verhältnis kontrolliert, ist Vorsicht geboten, damit nicht zu viel Geld für zu wenig Qualität bezahlt wird.

Folgende Punkte sollten vor einer Fortbildung geprüft werden:
- Was halten Fachpersonen, wie zum Beispiel Caster und Kollegen, von der Maßnahme und den Dozenten?
- Nehmen ausschließlich professionell ausgebildete Schauspieler an dem Lehrgang teil, oder werden auch semiprofessionelle Schauspieler angenommen, nur um die Kapazität des Lehrgangs ganz auszulasten?
- Besteht eine praxisorientierte Zusammenarbeit mit branchennahen Firmen?
- Haben die Dozenten die entsprechende Berufserfahrung? Kann ich von der Persönlichkeit und der Erfahrung des Dozenten profitieren?
- Wie groß ist die Gruppe? Ist mit dieser Anzahl von Schauspielern sinnvolles Arbeiten möglich?
- Haben die Dozenten einen guten Ruf und lieben sie die Arbeit mit Schauspielern?
- Wird die Maßnahme von der Bundesagentur für Arbeit oder der Gesellschaft zur Verwertung von Leistungsschutzrechten (GVL) gefördert?
- Liegt der Weiterbildung ein klares, praxisbezogenes und überzeugendes Konzept zugrunde?
- Wer sind die Initiatoren? Steht eine kompetente Institution hinter dem Angebot, oder handelt es sich um Einzelpersonen?
- Ist das Preis-Leistungs-Verhältnis realistisch?

Bei hochwertigen Weiterbildungen gibt es in der Regel mehr Bewerber als freie Plätze.

> *»Bei uns muss sich jeder Schauspieler mit Vita, Foto und wenn möglich auch Demoband bewerben. Die Bewerber müssen ent-*

weder eine professionelle Schauspielausbildung oder eine zweijährige Berufserfahrung vorweisen.«

Holger Borggrefe, Bereich Weiterbildung Schauspiel,
internationale filmschule köln gmbh

In den USA und Großbritannien ist es üblich, sich für die Vorbereitung auf Castings und Dreharbeiten einen **Coach** zu engagieren. Langsam setzt sich auch in Deutschland dieser Trend durch. Die Hilfen, die sich ein Schauspieler dadurch erwartet, sind vielfältig.

»Am Set gibt es viele Dinge, die einen vom Spielen ablenken können. Die vielen Menschen am Set, die Technik, das Warten. Um den Fokus auf die Situation und mein Spiel zu behalten, habe ich mit einem Coach gearbeitet. Dabei war die Hauptaufgabe: Emotionen ohne lange Proben immer wieder reproduzieren zu können, sodass sie auch nach 16 Wiederholungen punktgenau und intensiv sind. Das gibt einem sehr viel Sicherheit und Freiheit.«

Franca Berlin, Schauspielerin, Berlin

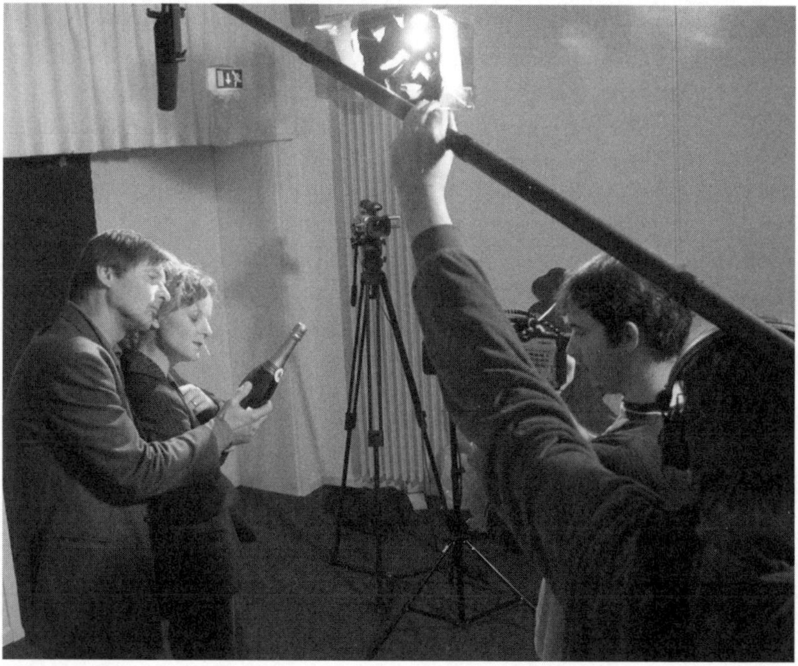

Foto: ifs internationale filmschule köln/Karlheinz Jardner

Camera Acting Seminar

Auch bei der Suche nach einem guten Coach sollte man auf Empfehlungen von Kollegen hören.

> *»Am Set hat ein Schauspieler mit Angst, Unsicherheit und der großen Verantwortung für die Rolle zu kämpfen, da er sich oft vom Regisseur allein gelassen fühlt bzw. es mit ihm zu keiner ausreichenden Zusammenarbeit kommt. Zeit für Proben gibt es selten. Ein guter Coach bringt seinen Schauspielern eine Technik bei, mit der sie sich so auf das Spiel konzentrieren können, dass sie die anderen Probleme vergessen. Und die Qualität eines Coachs beweist sich dann, wenn der Schauspieler sieht, dass die Technik funktioniert.«*
>
> Sigrid Andersson, Die Tankstelle, Berlin

Es gibt sowohl Einzel- wie auch Gruppencoachings. Das Gruppencoaching bietet den Vorteil, dass sich die Teilnehmer später auch zu einem **Netzwerk** zusammenschließen können; ein gutes Networking ist für den Schauspielerberuf sehr wichtig und hilfreich.

> *»Generell sind Schauspieler eine Berufsgruppe mit einem niedrigen Organisationsgrad: Der Netzwerkgedanke ist den meisten Schauspielern völlig fremd, es wird immer an Konkurrenz statt an Wettbewerb gedacht. Die Angst, dass ein Kollege einem eine Rolle wegnimmt, ist groß. Dass diese Angst in der Regel ungerechtfertigt ist, sehen die meisten dabei nicht.«*
>
> Wolfgang Klein, Sozialreferent, Berufsverband Deutscher Schauspieler IDS, München

Jeder Schauspieler sollte ein Netzwerk knüpfen, denn er braucht Förderer, Empfehlungen und ein wirksames Netz sozialer und beruflicher Beziehungen, um weiter zu kommen und mit Informationen versorgt zu werden. Dabei sollte man aber nicht nur versuchen, die Menschen zu erreichen, die für die Vergabe von Engagements zuständig sind, sondern auch diejenigen mit einzubinden, die vielleicht noch am Anfang ihrer beruflichen Karriere stehen. Aus vielen Produktionsfahrern wurden später Produktionsleiter und Produzenten.

Manche Institutionen, wie zum Beispiel die Internationale Filmschule Köln, bieten für Schauspieler ein wöchentliches Treffen an. Im Rahmen dieses Work-outs können sich Schauspieler mit Hilfe eines Dozenten gegenseitig ein Feedback geben und kontinuierlich trainieren. Auch der Berufsverband Deutscher Schauspieler organisiert Medientreffen und berät seine Darsteller zum Thema Netzwerke.

Ebenso kann man sich ohne eine Institution im Rücken mit Kollegen konstruktiv zu einem Netzwerk zusammenschließen.

Mitglieder eines guten Netzwerkes:
- unterstützen sich gegenseitig
- verhalten sich loyal untereinander, lösen sich vom Einzelkämpferdasein und machen sich von Konkurrenzgedanken frei
- sind ehrlich und kritisieren auch Fehler
- sind großzügig mit Tipps und Insiderinformationen und revanchieren sich für dieselbigen
- treffen sich regelmäßig, um sich für Castings und Vorsprechen gemeinsam vorzubereiten
- sind eigeninitiativ und stellen konstruktiv etwas auf die Beine (ein gemeinsames Theaterprojekt, eine Lesung)
- laden Fachleute von außen zu Vorträgen oder Diskussionen ein
- benutzen die Kollegen nicht zum Jammern und Lamentieren

Für die Rechte der Schauspieler setzt sich seit 2006 der Bundesverband der Film- und Fernsehschauspieler (www.bffs.de) ein. Der BFFS versteht sich als Interessenvertretung der Schauspieler mit dem Ziel, eine wahrnehmbare Lobby für die speziellen kulturellen und arbeitsrechtlichen Anliegen der Film- und Fernsehschauspieler zu sein.

Rund ums Geld: Von BAföG bis Versicherungen – was ist was?

Von Anfang an sollte ein Schauspieler immer auch auf die geschäftliche Seite seines Berufes achten. Gerade für freie Schauspieler ist der Überblick über Finanzen und Verträge wichtig. Eine vernünftige Ablage in Ordnern und/oder im PC ist auf jeden Fall empfehlenswert und spart kostbare Zeit bei der Suche. Verträge, Steuerunterlagen, Versicherungsnachweise, Auszahlungsbescheide der GVL, Korrespondenzen müssen unbedingt abgelegt werden. Reisepass oder Personalausweis sollten immer gültig sein, sodass man für einen Dreh im Ausland gewappnet ist.

Unter bestimmten Vorraussetzungen können Schauspielstudenten eine Förderung nach dem Bundesausbildungsgesetz (**BAföG**) bekommen. Über die Vorraussetzungen, die Höhe des Darlehens und die Art der Rückzahlung informiert das örtliche BAföG-Amt oder das Bundesverwaltungsamt (www.bundesverwaltungsamt.de) unter der BAföG-Hotline: 0911 – 943 8888. Auch die Internetseite www.bafoeg-rechner.de liefert gute Tipps für die Finanzierung des Studiums.

Jeder Student muss Mitglied einer **Krankenversicherung** sein. Normalerweise kann man sich über die Eltern mitversichern oder von dem sehr günstigen Tarif der studentischen Krankenversicherung profitieren, allerdings gelten diese preiswerten Tarife nur bis zu einem bestimmten Alter. Die eigene Krankenversicherung bietet hierzu Informationen.

Selbstständige Künstler und Publizisten können in die **Künstlersozialkasse** (www.kuenstlersozialkasse.de) eintreten. Das Besondere an der KSK ist, dass sie den Arbeitgeberbeitrag für ihre Mitglieder bezahlt, sodass die Schauspieler nur noch die Hälfte ihrer Sozialversicherungsbeiträge zur Renten-, Kranken- und Pflegeversicherung entrichten müssen. Voraussetzung für die Mitgliedschaft ist, dass die künstlerische Tätigkeit erwerbsmäßig und permanent ausgeübt wird und damit mindestens 3.900 Euro jährlich verdient werden. Berufsanfänger können in den ersten drei Jahren jedoch auch weniger verdienen. Leider gelten Schauspieler als weisungsgebunden, sodass es für sie sehr schwer ist, in die KSK aufgenommen zu werden.

Wer seine ersten Drehtage absolviert hat, sollte sich umgehend bei der **Gesellschaft zur Verwertung von Leistungsschutzrechten** (GVL) anmelden. Die GVL (www.gvl.de) ist die urheberrechtliche Vertretung von Schauspielern und nimmt für diese die Zweitverwertungsrechte wahr.

Wer an einer Fernsehproduktion oder einem Hörspiel künstlerisch als Schauspieler mitgearbeitet hat, bekommt als Erstverwertung die vertraglich abgestimmte Gage. Die GVL zieht zusätzlich von allen Einrichtungen eine Gebühr ein, die diese Produktion zum Beispiel in Hotels, Gaststätten oder Videotheken öffentlich wiedergeben. Diese Summe wird auf alle Mitglieder umgelegt und zum Ende des Jahres ausgeschüttet.

Konkret heißt das, dass man für jeden Drehtag von der GVL noch einmal eine Vergütung in Höhe von circa fünf Prozent der Gage erhält. Außerdem unterstützt die GVL ihre Mitglieder bei Weiterbildungen und übernimmt bis zu ein Drittel der Kosten für eine Fortbildung.

> *»Wir haben rund 13 000 Schauspieler in der GVL. Die Mitgliedschaft ist kostenlos. Um in den Genuss der Ausschüttung zu kommen, muss der Schauspieler bis Ende Juni seine Einkünfte des Vorjahres mit Verträgen und Gagenzetteln nachweisen. Dann bekommt er im Dezember eine prozentuale Ausschüttung. Weiterbildungen finanzieren wir mit bis zu 2.500 Euro jährlich.«*
>
> Dr. jur. Tilo Gerlach, Geschäftsführer GVL, Berlin

Die **Pensionskasse** (www.pensionskasse-rundfunk.de) der öffentlichrechtlichen Rundfunkanstalten dient der Alterssicherung der freien Mitarbeiter und somit auch der Schauspieler. Wenn ein Schauspieler ordentliches Mitglied der Pensionskasse und bei einer Produktion eines Anstaltsmitglieds beschäftigt ist, zahlen er sowie die Produktion automatisch in die Pensionskasse ein. Die Privatsender haben die Mitwirkung an diesem Versorgungswerk verweigert.

> *»Die Pensionskasse gewährt (...) nach einer mindestens fünfjährigen Zugehörigkeit Alters- und Hinterbliebenenrente sowie unter bestimmten Voraussetzungen eine Kapitalabfindung. Die Beiträge – in der Regel in Höhe von acht Prozent des Bruttohonorars – werden von den Mitgliedsanstalten und den freien Mitarbeitern je zur Hälfte getragen.«*
>
> Das ABC der ARD

Für Schauspieler, die fest und regelmäßig am Theater arbeiten, ist die **Genossenschaft Deutscher Bühnenangehöriger** (www.buehnengenossenschaft.de) wichtig. Die GDBA bietet ihren Mitgliedern kostenlos Rechtsschutz und Beratung bei beruflichen Angelegenheiten.

Die Bayerische **Versorgungsanstalt der deutschen Bühnen** (www.versorgungskammer.de) hilft Schauspielern, Lücken der gesetzlichen Rentenversicherung zu schließen. Bei der VddB ist automatisch pflichtversichert, wer ein festes Engagement an einem Theater hat, das Mitglied der VddB ist. Wenn die Beschäftigung an einer Mitgliedbühne endet, können sich Schauspieler mit einem Mindestbeitrag von monatlich 12,50 Euro freiwillig weiterversichern.

Wer auf Lohnsteuerkarte im Theater oder bei Filmproduktionen arbeitet, dessen **Steuer** wird automatisch abgeführt. Aufträge, die ohne Lohnsteuerkarte und mit Rechnung ausführt werden, müssen am Ende des Jahres beim Finanzamt angegeben und versteuert werden. Schauspieler, die ausschließlich freiberuflich arbeiten und ihre gesamte Gage am Jahresende bereits ausgegeben haben, können eine böse Überraschung erleben, wenn die Steuerforderungen vom Finanzamt bei ihnen eintreffen. Deshalb ist es ratsam, immer direkt ein Drittel bis die Hälfte seiner Einnahmen aus selbstständiger Arbeit auf ein gesondertes Konto zu überweisen, das nur zur Begleichung des Steuerbescheids vorgesehen ist.

Außerdem sollte man immer fleißig Quittungen, Rechnungen und Belege sammeln. Denn Ausgaben, die man für seine freiberufliche Tätigkeit aufwenden muss, werden mit den Einnahmen verrechnet, sodass sich die zu zahlenden Steuern verringern.

Gesammelt werden sollten alle beruflichen Quittungen für:

- Reisebelege (Taxi, Bahn, Flugzeug, Auto) zu Castings, Drehtagen, Aufführungen
- Parkgebühren
- Übernachtungskosten
- Kosten für Fotos, Demobänder und deren Vervielfältigung
- Porto
- Bürobedarf
- Bewirtungskosten
- Fort- und Weiterbildungskosten
- Agenturprovisionen
- Theaterkarten

Nicht jedes Finanzamt wird all diese Kosten anerkennen, aber einen Versuch ist es wert.

Wer professionelle Hilfe bei der Erstellung der Lohnsteuererklärung in Anspruch nehmen möchte, sollte sich an einen Steuerberater wenden, der sich gut mit künstlerischen Berufen auskennt.

Wie bin ich bei Arbeitslosigkeit finanziell abgesichert?

Die sozialrechtliche Situation von Schauspielern ist schlecht. Schauspieler gelten als unständig Beschäftigte und haben es seit der Einführung von Hartz IV sehr schwer.

> *»Arbeitslosengeld I bekommt, wer innerhalb eines Zeitraums von zwei Jahren 360 sozialversicherungspflichtige Arbeitstage nachweisen kann, wer also mindestens jeden zweiten Tag engagiert war. Diese Forderung ist für die meisten Schauspieler utopisch. Umso wichtiger ist es für jeden Schauspieler, bereit zu sein, seine Talente in verwandten Berufen einzusetzen.«*
>
> Johannes Klapper, ZAV (früher ZBF)

Wer die 360 sozialversicherungspflichtigen Tage also nicht nachweisen kann, bezieht Arbeitslosengeld II (Hartz IV). Diese zusammengelegte Arbeitslosen- und Sozialhilfe beträgt zurzeit 345 Euro pro Monat plus Wohn- und Kindergeld. Bestehende Lebensversicherungen, Ersparnisse (sofern sie 200 Euro pro Lebensjahr übersteigen), Bausparverträge oder etwaige Verdienste des Partners werden angerechnet.

Da die meisten Produktionen ihre Schauspieler nicht für den gesamten Vertragszeitraum beschäftigen, sondern ihn zu den einzelnen Drehtagen immer an- und abmelden, ist es für einen freischaffenden Schauspieler fast unmöglich, die 360 Arbeitstage zu erreichen.

Was für das Erreichen der sozialversicherungspflichtigen Tage zutrifft, gilt ebenso für die Anwartschaft auf die Rentenzeiten: Durch die kurzen Beschäftigungszeiten werden nur geringe Rentenbeiträge angespart, folglich muss mit einer geringen Rente im Alter gerechnet werden. Man sollte deshalb frühzeitig eine private Rentenvorsorge treffen.

Wer erfährt, dass sein Engagement bald auslaufen wird, muss sich umgehend arbeitslos melden und darf damit nicht bis zum letzten Arbeitstag warten. Mit dieser Regelung soll erreicht werden, dass es durch frühzeitige Vermittlungsbemühungen gar nicht erst zur Arbeitslosigkeit kommt.

Anhang

Adressen

1. Staatliche Schauspielschulen
2. Informationen zum Studiengang Schauspiel an deutschsprachigen staatlichen Schauspielschulen
3. Private Schauspielschulen
4. Casting Directors
5. Schauspielagenturen
6. Schauspielagenten der ZAV (Zentrale Auslands- und Fachvermittlung der Bundesagentur für Arbeit)
7. Sychronstudios
8. Schauspielschulen für Kinder und Jugendliche
9. Theater mit festem Ensemble
10. Internetseiten

Folgende Seiten geben meist nur eine Auswahl der jeweiligen Institutionen wieder. Die Autorin übernimmt keine Gewähr für Vollständigkeit.
Alle Adressen wurden im Januar 2014 kontrolliert. Sicherheitshalber sollte jedoch immer die Internetseite aufgesucht werden, bevor man die Institutionen anschreibt.

Die Autorin dankt Tina Thiele und dem Branchenportal casting-network für die Bereitstellung der Adressen.

casting-network
Das Branchenportal

1. Staatliche Schauspielschulen

Hochschule für Schauspielkunst
»Ernst Busch«
Schnellerstr. 104, 12439 Berlin
Telefon: (030) 75 54 17-0
www.hfs-berlin.de

Universität der Künste Berlin
Fakultät Darstellende Künste
Bereich: Studiengang Schauspiel
Fasanenstr. 1b, 10623 Berlin
Telefon: (030) 31 85-0
www.udk-berlin.de

Hochschule der Künste Bern (HKB)
Zikadenweg 35, CH – 3006 Bern
Telefon: 0041 (31) 84 84 990
www.hkb.bfh.ch

Folkwang Universität
Studiengang Schauspiel Bochum der Folkwang Universität der Künste Essen
Lohring 20, 44789 Bochum
Telefon: (0234) 325 04 44
www.folkwang-uni.de

Hochschule für Musik und Darstellende Kunst Frankfurt a. M.
Studiengang Schauspiel
Eschenheimer Landstr. 29–39
60322 Frankfurt a. M.

Telefon: (069) 15 40 07-0
www.hfmdk-frankfurt.de

Universität für Musik und Darstellende Kunst Graz
Studiengang Schauspiel
Leonhardstr. 15, A–8010 Graz
Telefon: +43 (316) 389-0
www.kug.ac.at

Hochschule für Musik und Theater Hamburg / Studiengang Schauspiel
Harvestehuder Weg 12, 20148 Hamburg
Telefon: (040) 428 48-24 06
www.hfmt-hamburg.de

Hochschule für Musik und Theater Hannover
Studiengang Schauspiel
Emmichplatz 1, 30175 Hannover
Telefon: (0511) 3100-1
www.hmt-hannover.de

Hochschule für Musik und Theater »Felix Mendelssohn Bartholdy«
Studiengang Schauspiel
Grassistr. 8, 04107 Leipzig
Telefon: (0341) 21 44-55
www.hmt-leipzig.de

Anton Bruckner Privatuniversität
Studiengang Schauspiel
Wildbergstr. 18, A – 4040 Linz
Telefon: +43 (732) 60 08 08-31
www.bruckneruni.at

Akademie für Darstellende Kunst Baden- Württemberg
Akademiehof 1 , 71638 Ludwigsburg
Telefon: (07141) 309 96-0
www.adk-bw.de

Bayerische Theaterakademie August Everding im Prinzregententheater
Studiengang Schauspiel
Prinzregentenplatz 12, 81675 München
Telefon: (089) 2185-2842
www.prinzregententheater.de

Otto Falckenberg Schule
Fachakademie für Darstellende Kunst der Landeshauptstadt München
Falckenbergstr. 2, 80539 München
Telefon: (089) 233370-82/-83
www.otto-falckenberg-schule.de

Hochschule für Film und Fernsehen »Konrad Wolf«
Studiengang Medienspezifisches Schauspiel
Marlene-Dietrich-Allee 11
14482 Potsdam-Babelsberg
Telefon: (0331) 6202-271
www.hff-potsdam.de

Hochschule für Musik und Theater Rostock
Institut für Schauspiel
Beim St.-Katharinenstift 8
18055 Rostock
Tel: (0381) 5108-0
www.hmt-rostock.de

Universität Mozarteum Salzburg
Abteilung für Schauspiel und Regie
Mirabellplatz 1, A–5020 Salzburg
Telefon: +43 (662) 61 98-56 10
www.moz.ac.at

Staatliche Hochschule für Musik und Darstellende Kunst
Urbanstr. 25, 70182 Stuttgart
Telefon: (0711) 212-46 20
www.mh-stuttgart.de

Konservatorium Wien Privatuniversität
Johannesgasse 4a, A–1010 Wien
Telefon: +43(1)512 77 47-89333/-89334
www.konservatorium-wien.ac.at

Max Reinhardt Seminar
Universität für Musik und Darstellende Kunst Wien, Abteilung Schauspiel und Schauspielregie
Palais Cumberland
Penzingerstr. 9, A – 1140 Wien
Telefon: 0043 (1) 7115528-01/-02
www.maxreinhardtseminar.at

Zürcher Hochschule der Künste
Gessnerallee 11, CH–8001 Zürich
Telefon: +41 (43) 446 53 26
www.zhdk.ch

2. Informationen zum Studiengang Schauspiel an deutschsprachigen staatlichen Schauspielschulen

Hochschule für Schauspielkunst »Ernst Busch« (www.hfs-berlin.de)
Leiter des Studiengangs Schauspiel: Prof. Michael Keller

Aufnahmekriterien:
- Erfüllte Schulpflicht, Regelalter 18–25 Jahre
- Besondere künstlerische Begabung hinsichtlich der berufsspezifischen Anlagen und Fähigkeiten
- Bei der Prüfung sollen zwei unterschiedliche Rollenausschnitte aus der dramatischen Literatur gezeigt werden. Weiterhin ein Lied, Song oder Chanson und ein Gedicht, eine Ballade oder ein Prosatext.

Kosten für die Aufnahmeprüfung: 30 Euro
Anzahl der Studienplätze: 23–25 pro Jahrgang
Verhältnis weiblich/männlich: ca. ein Drittel weiblich, zwei Drittel männlich
Studiendauer: 8 Semester

Lehrinhalte:
Das Grundstudium ist durch die Kontinuität und den Aufbaucharakter der Unterrichte gekennzeichnet. Das Hauptstudium ist projektbezogen orientiert. Gelehrt wird nach dem Konzept, das sich auf die besten Traditionen des deutschsprachigen Theaters stützt und die wichtigsten künstlerischen Impulse des Welttheaters in ihrer Weite und Vielfalt berücksichtigt. Insbesondere gründet sich der Unterricht auf die Erkenntnisse und Ergebnisse der Theaterarbeit Konstantin Stanislawskis und Bertolt Brechts: Deren schauspielmethodischer Ansatz wird differenziert und vielfältig angewandt. Im Schauspielunterricht soll der Studierende die Arbeit an sich selbst, an der Rolle und im Ensemble erfahren.
- Schauspielunterricht (Improvisationsseminar, Szenenstudium, Wahlrollen, Projektarbeit/Studioinszenierungen)
- Bewegungsunterricht (Bewegung, Tanz, Bühnenfechten, Akrobatik, Pantomime, Bewegungskurse)
- Sprecherziehung (Atemschulung, Stimmbildung, Artikulationsschulung, Ausdrucksschulung, gestische Arbeit am Text, projektbezogene Arbeit, Körperstimmtraining)
- Deutsche Verssprache/Versgeschichte/Diktion
- Musik
- Schauspielgeschichte und Dramaturgie
- Kunstgeschichte/Ästhetik
- Kulturgeschichte/Kultursoziologie

Kooperationen mit: u. a. Deutsches Theater Berlin; außerdem eigenes Theater: bat-Studiotheater
Finden Filmseminare statt? ja, im 3. Studienjahr
Finden Mikrofonkurse statt? ja
Dürfen die Studenten Theaterengagements oder Dreharbeiten während des Studiums annehmen? ab dem 3. Studienjahr

Universität der Künste Berlin (www.udk-berlin.de)
Leiter des Fachbereichs Theater: Prof. Karl-Ludwig Otto

Aufnahmekriterien:
Das Zulassungsverfahren besteht aus einer Vorauswahl und der zweistufigen Zugangsprüfung. Voraussetzung für die Zulassung zur Vorauswahl ist neben der Erfüllung der allgemeinen Bedingungen

1. die Erarbeitung von insgesamt vier szenischen Darstellungen. Zwei dieser Darstellungen sind mit besonderen Vorgaben verbunden: eine Darstellung muss aus dem Werk einer/eines jährlich neu vorgegebenen Autorin/Autors stammen; die Angabe erfolgt mit der Einladung zur Vorauswahl. Eine weitere Darstellung ist eine »Eigenarbeit«, sei es ein selbst geschriebener Monolog/eine selbst geschriebene Szene, sei es eine szenische Darstellung nonverbaler (z. B. körperlicher oder musikalischer) Art. Da es sich um eine Einzelprüfung handelt, müssen weitere Figuren auf der Bühne imaginiert werden. Erwartet werden **szenische** Darstellungen, keine Textrezitationen. Des Weiteren wird ein Liedvortrag erwartet.
2. die Vorlage einer schriftlichen Darstellung der Erarbeitung der Rolle der Pflichtautorin/des Pflichtautors (etwa in Form eines Arbeitsprotokolls, das über Erfahrungen und Probleme bei der Erarbeitung berichtet); Umfang etwa 2 bis 4 DIN A 4-Seiten.
3. Sollte es sich im Einzelfall zur Einschätzung der Begabung und der Fähigkeiten der Bewerberin/des Bewerbers als notwendig erweisen, kann die Vorauswahlkommission eine szenische Aufgabe in Form einer Improvisation oder einer kurzen Arbeit an einer der vorgestellten Rollen stellen.

Die Vorauswahlprüfung erfolgt durch Teil-(Vorauswahl-)Kommissionen der Zulassungskommission.
Die in der Vorauswahl ausgewählten Bewerberinnen und Bewerber nehmen an der ersten Stufe der Zugangsprüfung teil. Den nicht ausgewählten Bewerberinnen und Bewerbern bietet die Zulassungskommission am Ende jedes Prüfungstages die Möglichkeit eines kurzen Gesprächs, in dem die Gründe für das Nichtbestehen der Vorauswahlprüfung erläutert werden.
Die Vorauswahl erfordert einen Tag Anwesenheit.

Die Zugangsprüfung besteht:

1. in der ersten Stufe aus einem der Vorauswahl analogen Verfahren, jedoch vor der vollzähligen Zulassungskommission und auf der Bühne des universitätseigenen Theaters UNI.T. Nach erfolgtem Vorsprechen der Bewerberinnen/Bewerber wird eine Entscheidung über Teilnahme oder Nichtteilnahme an der zweiten Stufe der Zugangsprüfung getroffen. Diese Prüfungsphase erfordert einen Tag Anwesenheit.
2. in der zweiten Stufe aus in verschiedenen Fachkommissionen gestellten Aufgaben, die allein oder in Partnerarbeit mit anderen Bewerberinnen/Bewerbern bearbeitet werden. Schwerpunkte sind szenische Fantasie, Umgang mit Partnern in der Szene, Reaktions- und Improvisationsvermögen, aber auch die Überprüfung körperlicher, stimmlicher, sprecherischer sowie musikalisch-rhythmischer Voraussetzungen. Darüber hinaus wird in einem Gespräch das Interesse der Bewerberinnen/Bewerber an theoretischen Fragestellungen, ihr kritisches Urteilsvermögen und ihre Fähigkeit im Umgang mit Texten unterschiedlicher Gattungen (Epik, Lyrik, Dramatik) sowie zur Motivation für den Beruf erkundet. Die zweite Stufe der Zugangsprüfung erfordert drei Tage Anwesenheit.

Prüfungsgebühr 30 Euro (Nichtteilnahme am Verfahren begründet keine Rückzahlung!)

Anzahl der Studienplätze: 10
Verhältnis weiblich/männlich: möglichst 50:50
Studiendauer: 8 Semester

Lehrinhalte:
Das Studium gliedert sich in ein Grund- und ein Hauptstudium von jeweils 4 Semestern. Die Studieninhalte werden in vier Studienbereichen vermittelt.

1. Bereich »Spiel und Darstellung«
- Übungen zur Entwicklung der Spielfähigkeit in Bezug auf die individuelle körperliche, seelische und geistige Disposition und der Fähigkeit zur Kommunikation mit Partner und Gruppe
- theatrales Handeln, Gestaltung von Fremdverhalten und Aufbau der Figur
- unterschiedliche Spiel- und Darstellungsmethoden und -techniken
- Erfahrung mit Publikum verschiedener Zusammensetzung und Reflexion der Wirkung

2. Bereich »Körper und Bewegung«
- Übungen und Methoden zur Bewegungsbewusstheit und Bewegungsbildung
- tänzerische Techniken und Formen, Gesellschaftstanz, Afro Dance, historischer Tanz (bei Bedarf)
- Bühnenfechten und andere Kampftechniken, Akrobatik

3. Bereich »Atem – Stimme – Sprechen – Singen«
- Atem-, Stimm- und Lautbildung
- Übungen zur Differenzierung des Sprechausdrucks
- rhythmisch-musikalische Bildung, Singen
- Textarbeit, Analyse und sprecherische Interpretation von literarischen Texten
- Übungen zu situations- und rollendifferenziertem Sprechen als Bestandteil theatralen Handelns
- psychophysische und soziale Grundlagen des Sprechausdrucks
- Mikrofonpraxis: Medienspezifisches Sprechen

4. Bereich »Theaterwissenschaft und Dramaturgie«
- Dramen- und Theatergeschichte, Elemente und Formen des Dramas
- Analyse von Theateraufführungen, Lesen und Verstehen von dramatischen Texten
- dramaturgische Praxis, Entwurf und Reflexion der szenischen Arbeit im Rollen- und Projektstudium
- Ästhetik, Theorie und Konzeptionen des Theaters
- Berufskunde, Bühnen- und Vertragsrecht, Vermittlungspraxis

Kooperationen mit: diversen Berliner Theatern, z. B. Deutsches Theater, Maxim Gorki Theater
Finden Filmseminare statt? ja, mit unterschiedlichen Dozenten; außerdem Zusammenarbeit mit der Deutschen Film- und Fernsehakademie Berlin (dffb)
Finden Mikrofonkurse statt? ja
Dürfen die Studenten Theaterengagements oder Dreharbeiten während des Studiums annehmen? Im Grundstudium (1.–4. Semester) nicht, danach in Absprache mit der Studiengangsleitung, am besten in den vorlesungsfreien Zeiten.

Hochschule der Künste Bern (www.hkb.bfh.ch)
Leiter des Fachbereichs Theater: Wolfram Heberle

Aufnahmekriterien:
- Alle Bewerberinnen/Bewerber müssen physisch und psychisch belastbar sein. Das Eintrittsalter ist in der Regel zwischen 18 und 30 Jahren.
- Überdurchschnittlicher Arbeitswille, Disziplin und Durchhaltevermögen sind die

Voraussetzung für einen erfolgreichen Studienabschluss und für den individuellen Einstieg in die Berufspraxis.
- Vortest (1. Stufe des Auswahlverfahrens): ein kurzer Monolog aus der antiken oder der klassischen Theaterliteratur und ein kurzer Monolog aus der modernen Theaterliteratur ab Beginn des 20. Jahrhunderts
- Eignungsprüfung (2. Stufe): Zusätzliche Monologe nach Anweisung und die Beschreibung eines eigenständigen kleinen »Theaterprojekts«, welches eine oder mehrere andere künstlerische Disziplinen (bildende Kunst, Installation, Raum, Fotografie, Film, Musik, Klang, Text, Tanz, virtuelle Medien) mit einbezieht. Die Projektidee muss dabei nicht zwingend auf einen traditionellen Theaterraum ausgerichtet sein.

Kosten für die Aufnahmeprüfung: Vortest: 50 CHF, Eignungsprüfung: 100 CHF
Anzahl der Studienplätze: 12 pro Jahrgang
Verhältnis weiblich/männlich: 50:50
Studiendauer: 6 Semester Bachelor, 9–10 Semester Master

Lehrinhalte:
Die Vermittlung der handwerklichen Grundkompetenzen macht einen wesentlichen Teil des Studiums aus. Hinzu kommen Ausbildungsschritte zur Förderung der eigenen Autorenschaft, mit interdisziplinären Ansätzen, sowie zu Projekt- und Selbstmanagement. Ein Einblick in Alternativberufe zur Bühnenschauspielerin/zum Bühnenschauspieler soll einem allzu engen und elitären Berufsverständnis vorbeugen.
Die Ausbildung auf Bachelorstufe dient vor allem der Vermittlung von Grundkompetenzen in den Bereichen Körper, Stimme, Darstellung, Theorie, Medien und Toolbox. Kursangebote aus anderen Studiengängen der Hochschule der Künste in Bern verbreitern das fachliche Spektrum.

Kooperationen mit: Stadttheater Bern, Theater Biel-Solothurn
Finden Filmseminare statt? ja, von der Studienmitte an
Finden Mikrofonkurse statt? ja, von der Studienmitte an.
Dürfen die Studenten Theaterengagements oder Dreharbeiten während des Studiums annehmen? in der Regel nur als Praktikum, ab dem 4. Semester

Folkwang Universität Bochum/Essen
(www.folkwang-uni.de)

Aufnahmekriterien:
- Bewerber müssen das 18. Lebensjahr vollendet haben und sollten nicht älter als 24 Jahre sein.
- Die Eignungsprüfung besteht zunächst aus dem Zeigen von drei von Ihnen erarbeiteten Rollenausschnitten (insgesamt nicht länger als 20 Min.): eine klassische Rolle, eine moderne Rolle, einen selbsterdachten Monolog/ Spielszene mit einem Titel versehen.
- **Kosten für die Aufnahmeprüfung:** keine Kosten
- **Anzahl der Studienplätze:** 10 pro Jahrgang
- **Verhältnis weiblich/männlich:** überwiegend 50:50
- **Studiendauer:** 8 Semester

Lehrinhalte:
Ensemblearbeit, schauspielerischer Grundunterricht, Improvisation, Physical Theatre, Grundlagen szenisches Spiel, Eigenarbeit, Sprechen, Singen, Körperarbeit, Bewegungs-

lehre, Tanz, Fechten, Akrobatik Theatergeschichte, Theater-aktuell, Medienkunde, Begegnung mit bildender Kunst, Ensembleunterricht, Szenenarbeit, Rollenarbeit, Teilnahme an Regieprojekten, Shakespeare Projekt, Monolog- und Szenenarbeit, Contemporary Clowning, Funktionales Stimmtraining, Liedinterpretation, Arbeit vor der Kamera

Kooperationen mit: Schauspielhaus Bochum, Wuppertaler Bühnen, Grillotheater, Schauspiel Essen

Finden Filmseminare statt? Ja

Finden Mikrofonkurse statt? Ja

Dürfen die Studenten Theaterengagements oder Dreharbeiten während des Studiums annehmen? nach Absprache

Hochschule für Musik und Darstellende Kunst Frankfurt a. M. (www.hfmdk-frankfurt.de) Leiterin des Studiengangs Schauspiel: Prof. Marion Tiedtke

Aufnahmekriterien:

- Allgemeine Hochschulzugangsberechtigung (Abitur) kann ersetzt werden durch besondere künstlerische Begabung.
- Altersgrenze: Vollendung des 25. Lebensjahres
- In der Prüfung ist eine besondere Befähigung zur Darstellung zu zeigen, und zwar hinsichtlich Stimme, Sprache und gestischem Ausdruck. Im ersten Teil der Prüfung haben die Bewerber drei Textstellen ihrer Wahl vorzutragen, davon zwei aus der klassischen und eine aus der modernen Literatur. Die Prüfungskommission kann zusätzlich eine von ihr vorgeschlagene Improvisation oder eine andere Spielszene verlangen. Sie kann die Prüfung abkürzen. Soweit die Zulassung zum zweiten Teil der Prüfung erfolgt, besteht diese in einem probeweisen Arbeiten einzeln oder in Gruppen.

Kosten für die Aufnahmeprüfung: keine Kosten

Anzahl der Studienplätze: 8

Verhältnis weiblich/männlich: angestrebt sind 1/3 Frauen und 2/3 Männer

Studiendauer: 8 Semester

Lehrinhalte:

Dramaturgie, Theatergeschichte, Inszenierungsanalyse, Künstlerische Textgestaltung, Atem-, Stimm- und Sprechtechnik, Sprecherziehung, Mikrofonsprechen, Gesang, Fechten, Bühnenkampf, Körpertraining, Aikido, Feldenkrais, Tanz/Ballett, Rollen- und Szenenstudium, Bühnenrecht und Produktionsmanagement, Arbeit vor der Kamera, Projekte, Liederabende und Inszenierungen.

Dozenten:

Den Ausbildungsbereich leiten drei feste Professoren, darüber hinaus sind über zwanzig Lehrbeauftragte beschäftigt, die gleichzeitig noch im Theater arbeiten, da auf den Praxisbezug großen Wert gelegt wird. Jedes Semester werden zusätzlich Workshops mit Regisseuren, Schauspielern und anderen Künstlern aus verschiedenen Theatern angeboten.

Kooperationen mit: dem Hessischen Rundfunk, Kooperation mit der Angewandten Theaterwissenschaft in Giessen, der Goethe-Universität Frankfurt, der Hochschule für Gestaltung in Offenbach und mit allen hessischen Theatern inkl. Schauspiel Frankfurt im Rahmen der Hessischen Theaterakademie; enge Zusammenarbeit mit den Ausbildungsbereichen Regie und Tanz innerhalb der Hochschule.

Finden Filmseminare statt? ja, in Workshops ab dem 4. Semester

Finden Mikrofonkurse statt? ja, ab dem 5. Semester wöchentlich
Dürfen die Studenten Theaterengagements oder Dreharbeiten während des Studiums annehmen? ja, ab dem 3. Semester

Universität für Musik und Darstellende Kunst Graz (www.kug.ac.at)
Leiterin des Studiengangs Schauspiel: Prof. Dr. Evelyn Deutsch-Schreiner

Aufnahmekriterien:
Die Zulassungsprüfung besteht aus folgenden Teilen:
- drei selbst erarbeiteten Rollen aus der dramatischen Literatur, wobei ein Text dem klassischen Bereich entnommen sein sollte
- einer selbst erfundenen Spielsituation (Improvisation)
- dem Bestehen stimmlicher, musikalischer, sprachlicher und rhythmischer Tests
- der Eignung zur Arbeit im Ensemble

Eine Rolle sollte der älteren Literatur angehören, eine zweite der neueren Literatur, eine dritte sollte möglichst heiteren Charakters sein. Mindestens eine dieser Rollen sollte auch eine temperamentvolle, erregte Gestaltung verlangen. Der Bewerber muss seine Auswahl der Szenen begründen und den Charakter der Rolle erklären können. Die vierte Szene soll selbst erfunden und selbst gestaltet sein. Der Text kann, wenn nötig, dazu spontan improvisiert werden.

Kosten für die Aufnahmeprüfung: keine Kosten
Anzahl der Studienplätze: 10–12 pro Jahrgang
Verhältnis weiblich/männlich: ca. 50:50
Studiendauer: 8 Semester

Lehrinhalte:
Die Fächer umfassen: Dramatische Unterrichte, wie Rollengestaltung, Improvisation und Ensemble, Sprecherziehung, Körperlicher Ausdruck, Theatertanz, Akrobatik, Fechten, Kampfsport, Stimmbildung, Gesang, sowie theoretische Unterrichte, wie Dramaturgie, Theater- und Literaturgeschichte, Stück- und Rollenanalyse, Interpretationslehre. Wahlfächer können u. a. zu Kostümkunde, Masken- und Schminktechnik, Dramaturgie, Theatergeschichte, Musikkunde, Theater- und Vertragsrecht belegt werden. Darüber hinaus gibt es Übungen zum Hörspiel und zum Arbeiten vor der Fernsehkamera.

Kooperationen mit: Schauspielhaus Graz, Festival »Steirischer Herbst«
Finden Filmseminare statt? ja, im Rahmen des Studiums
Finden Mikrofonkurse statt? ja, im Rahmen des Studiums
Dürfen die Studenten Theaterengagements oder Dreharbeiten während des Studiums annehmen? ja, ab dem 3. Semester

Hochschule für Musik und Theater Hamburg (www.musikhochschule-hamburg.de)
Präsident: Prof. Elmar Lampson

Aufnahmekriterien:
- Zu Beginn des Studiums sollte man nicht älter als 24 und nicht jünger als 17 Jahre sein.
- In der Prüfung sollen Abschnitte aus drei verschiedenen Rollen der Stücke, die man

ausgewählt hat, vorgespielt werden. Die Abschnitte sollten nicht länger als 5 Minuten sein. Diese Rollen müssen der dramatischen Literatur entnommen sein, also keine Gedichte, Balladen, Lieder oder selbst geschriebene Szenen. Im ersten Teil der Aufnahmeprüfung werden zwei der vorbereiteten Rollen vorgespielt. Danach entscheidet die Prüfungskommission, ob der Bewerber zum zweiten Teil zugelassen wird. Im zweiten Teil der Aufnahmeprüfung werden erneut Abschnitte aus den im ersten Teil schon gespielten Rollen und auch aus der dritten vorbereiteten Rolle vorgespielt. Wenn die Aufnahmeprüfungskommission sich danach noch kein rechtes Bild machen kann, dann kann sie eine Improvisationsaufgabe stellen oder einer der Prüfer wird mit dem Bewerber an einer Rolle arbeiten. Die Kommission möchte sehen, ob ein Prüfling die Fähigkeit besitzt, fremden Text aus dem Handlungsvorgang organisch entstehen zu lassen, also eine Situation und ihre Vorgänge zu spielen.

Kosten für die Aufnahmeprüfung: 30 Euro
Anzahl der Studienplätze: 8–10
Verhältnis weiblich/männlich: meist 50:50
Studiendauer: 8 Semester
Kooperationen mit: Thalia Theater, Deutsches Schauspielhaus, Kammerspiele, Ernst-Deutsch Theater, Kampnagel u. a.
Finden Filmseminare statt: nein
Finden Mikrofonkurse statt: nicht grundsätzlich
Dürfen die Studenten Theaterengagements oder Dreharbeiten während des Studiums annehmen? ja

Hochschule für Musik und Theater Hannover (www.hmt-hannover.de)
Ansprechpartnerin: Petra Buchwald

Aufnahmekriterien:
Über die Zulassung zum Studium entscheidet ein Feststellungsverfahren, in dem die besondere künstlerische Befähigung nachgewiesen werden muss. Dafür bereitet die Bewerberin/der Bewerber aus drei verschiedenen, selbst gewählten Theaterstücken je einen kurzen Ausschnitt aus einer Rolle zum Vorspielen sowie ein deutschsprachiges Lied vor.

Kosten für die Aufnahmeprüfung: 30 Euro
Anzahl der Studienplätze: 10
Verhältnis weiblich/männlich: 50:50
Studiendauer: 8 Semester

Lehrinhalte:
Grundstudium (drei Semester): Im Mittelpunkt steht die Entdeckung und Entwicklung der schauspielerischen Persönlichkeit und des schauspielerischen Instrumentes. Im Grundstudium stehen Entspannung, Bewegungsarbeit, Atem- und Stimmbildung, Textarbeit und Sprachgestaltung spezielle Übungen im sensorischen und imaginativen Bereich sowie Erarbeitung von Szenen und Rollen im Vordergrund. Gleichzeitig werden in improvisatorischen Übungen und an Hand von erzählerischen Texten Versuche zur szenischen Situation gemacht. Während des ersten Studienjahres geht es besonders darum, in immer neuen Ansätzen imaginative Wege bewusst zu machen, die zu szenischem Leben führen, als Vorstufe zu reaktualisierbaren Situationen und Szenen. Im Theoriebereich werden Ursprung und Geschichte des Theaters, Schauspieltheorien sowie Möglichkeiten der Analyse von theatralischen Stoffen vermittelt.

Hauptstudium (fünf Semester): Während des Hauptstudiums, das nach dem Vordiplom mit dem 4. Semester beginnt, werden mindestens zwei große Theaterprojekte erarbeitet. Daneben wird ein ausführliches Arbeitsprogramm (Weiterführung des Trainings und der improvisatorischen Übungen, Rollenstudium, Textarbeit, Szenenarbeit, Rezitation, Gesang, Fechten sowie der theoretischen Fächer) erfolgen. Im letzten Studienjahr findet die Diplomproduktion statt. Des Weiteren ist die Diplomarbeit Bestandteil des Diploms. Nach bestandener Diplomprüfung verleiht die Hochschule den Hochschulgrad »Diplom-Schauspielerin«/»Diplom-Schauspieler«.

Kooperationen mit: Schauspiel Hannover, Film- und Theaterhochschule Łodz/Polen
Finden Filmseminare statt? nein
Finden Mikrofonkurse statt? nein
Dürfen die Studenten Theaterengagements oder Dreharbeiten während des Studiums annehmen? ab dem 4. Semester

Hochschule für Musik und Theater »Felix Mendelssohn Bartholdy« Leipzig (www.hmt-leipzig.de)
Leiterin des Fachbereichs Theater: Prof. Silvia Zygouris

Aufnahmekriterien:
- Höchstalter: 24 Jahre
- Eignungstest: Auswahl und Vorspiel von zwei Rollenausschnitten sowie Vortrag eines Gedichtes oder eines Liedes nach freier Wahl.
- Der bestandene Eignungstest berechtigt zur Teilnahme an der Aufnahmeprüfung. Diese besteht aus dem Vorspiel von drei Rollenausschnitten, Gruppenimprovisationen, Bewegung und der Prüfung der musikalischen Grundfähigkeiten.

Kosten für die Aufnahmeprüfung: Eignungstest: keine Kosten, Aufnahmeprüfung: 5 Euro
Anzahl der Studienplätze: 17–20
Verhältnis weiblich/männlich: ca. 6–7 Frauen, Rest Männer
Studiendauer: 8 Semester

Lehrinhalte:
Grundstudium: Schauspielunterricht, Körper und Bewegung, Sprecherziehung, Künstlerisches Wort, Musikausbildung, Theorie
Hauptstudium: Das Hauptstudium findet in Studios der Hochschule an profilierten Theatern statt. Die Studenten arbeiten mit erfahrenen Schauspielern an Szenenstudien, lernen unterschiedliche Arbeitsweisen von Regisseuren kennen, übernehmen kleinere und größere Rollen im Spielplan der Studio-Theater, probieren verschiedene Projekte und spielen in einer eigenen Studioinszenierung. Der theoretische Unterricht wird auf praktische Anforderungen abgestimmt.

Kooperationen mit: Schauspiel Leipzig, Staatsschauspiel Dresden, Städtisches Theater Chemnitz, Neues Theater Halle
Finden Filmseminare statt? Kamerakurs im 4. Semester
Finden Mikrofonkurse statt? Hörspielkurs im 4. Semester
Dürfen die Studenten Theaterengagements oder Dreharbeiten während des Studiums annehmen? nur mit einer besonderen Genehmigung

Anton Bruckner Privatuniversität Linz (www.bruckneruni.at)
Leiterin des Fachbereichs Theater: Univ. Prof. Margareta Pesendorfer

Aufnahmekriterien:

- Altersbegrenzung: 17–23 Jahre, Ausnahmen sind möglich.
- Nachweis der Begabung in den zentralen künstlerischen Fächern sowie physische und psychische Eignung.
- Das Vorsprechprogramm besteht aus mindestens drei Monologen bzw. Dialogen aus dramatischen Werken (davon ein klassischer und ein moderner Text). Zusätzlich können auch Gedichte, Prosatexte, Zeitungsartikel, Lieder, Selbstverfasstes vorgetragen werden. Die einzelnen Monologe, Texte, Szenen dürfen nicht länger als jeweils 5 Minuten dauern.

Kosten für die Aufnahmeprüfung: keine Kosten
Anzahl der Studienplätze: 6–8
Verhältnis weiblich/männlich: möglichst 50:50, aber je nach Talent variabel
Studiendauer: 4 Jahre

Lehrinhalte:
Improvisationen, Atem, Stimme, Textarbeit, Bewegungsunterricht, Rollengestaltung in Dialogsituation, Gesang, Tanz, Angewandte Dramaturgie, Rollen- und Stückanalyse, Theorie und Praxis der Bühnengestaltung, Theorie und Praxis des Bühnen- und Filmkostüms, Rollengestaltung und -studium.

Kooperationen mit: Linzer Landestheater, verschiedene internationale (Theater-)Festivals, Ars Electronica Center Linz, ok Zentrum für Gegenwartskunst, ORF Oberösterreich
Finden Mikrofonkurse statt? ja, Mikrofonsprechen und Synchronsprechen

Akademie für Darstellende Kunst Baden-Württemberg (www.adk-bw.de)

Aufnahmekriterien:
Bei einer Einladung zur ersten Prüfungsstufe der Eignungsprüfung erwartet die Prüfungskommission

- im praktischen Teil das Vorspielen von zwei selbständig erarbeiteten Rollenausschnitten sowie eines musikalischen oder akrobatischen Vortrags.
- ein Einzelgespräch zu Fragen aus dem Bereich der darstellenden Kunst von ca. 15 Minuten Dauer (über Ihre letzten Theaterbesuche, Sympathien und Antipathien bezüglich dramatischer Texte, Regisseure - eine spezielle Vorbereitung ist nicht notwendig)

Die Rollenausschnitte sollen einmal einer Szene der klassischen deutschsprachigen Dramatik entstammen, bevorzugt in gebundener Sprache/Versform, und einmal der neueren Dramatik. Die Dauer der Ausschnitte sollte unter sechs Minuten liegen.

Der musikalische Vortrag besteht aus einem Kinder- oder Volkslied, das nicht instrumentell begleitet wird, er kann gegebenenfalls durch einen akrobatischen Vortrag eigener Wahl ersetzt oder ergänzt werden.

Anzahl der Studienplätze: 12 pro Jahrgang
Verhältnis weiblich/männlich: überwiegend 50:50
Studiendauer: 6 Semester (Bachelor Studiengang)

Lehrinhalte:
Neben der Ausbildung in den grundlegenden Fähigkeiten (Sprechen, Singen, Bewegen) erfolgt die Ausbildung an der Akademie für Darstellende Kunst Baden-Württemberg wesentlich in themenbezogenen Modulen und Projekten. Gemeinsam mit den Partnern der Akademie für Darstellende Kunst werden innerhalb von Zeiträumen zwischen sechs Wochen und drei Monaten thematische Schwerpunkte gesetzt, die sowohl auf die theoretische (Dramaturgie, Theaterwissenschaft, Soziologie/Philosophie/Ästhetik) als auch die praktische (Szenenstudien, Wahlrollen, Filme, Aufführungen) Arbeit durchschlagen.

Finden Filmseminare statt? Ja
Finden Mikrofonkurse statt? Ja
Dürfen die Studenten Theaterengagements oder Dreharbeiten während des Studiums annehmen? Ja

Bayerische Theaterakademie August Everding München
(www.prinzregententheater.de)
Leiter der Abteilung Schauspiel: Jochen Schölch

Aufnahmekriterien:
Die Zulassungsprüfung umfasst das Vorspielen von drei selbstständig erarbeiteten Rollenausschnitten freier Wahl. Davon muss ein Text in gebundener Sprache sein. Ein Ausschnitt aus einem modernen Theaterstück ist erwünscht. Die Prüfungskommission stellt beim 1. Durchgang Aufgaben, um die inhaltliche Vorbereitung, Spielfantasie und Vorstellungskraft zu prüfen und um die (Schauspieler-)Persönlichkeit kennen zu lernen. Beim 2. Durchgang werden in Gruppen- bzw. Einzelarbeit folgende Begabungen getestet: Improvisation, Rollenarbeit, Partnerbezug, Sprachgestaltung, Musikalität und Rhythmik, Bewegung, stimmliche und körperliche Eignung.

Kosten für die Aufnahmeprüfung: keine Kosten
Anzahl der Studienplätze: durchschnittlich 10–11 pro Jahrgang
Verhältnis weiblich/männlich: in etwa 50:50
Studiendauer: 8 Semester

Lehrinhalte:
Die Ausbildung ist in folgenden Unterrichtsbereichen vorgesehen: Schauspielerische Grundlagen, Szenen- und Rollenunterricht, Sprecherziehung, Atemschulung, Stimmbildung, Musikalische Gestaltung und Liedinterpretation, Ensemblesingen, Aikido, Fechten, Bewegungsunterricht, Akrobatik, Rhythmisch-musikalischer Unterricht, individuelle Körperarbeit, Tanzformen, Improvisationsunterricht nach unterschiedlichen Methoden, Einführung in die Film- und Fernsehpraxis, Textanalyse und Werkinterpretation, Theatergeschichte, Betriebskunde/Bühnenrecht, Kunsttheorie

Kooperationen mit: Bayerisches Staatsschauspiel, Metropol-Theater München, Theater Ingolstadt und weitere Theater
Finden Filmseminare statt? ja, im 5. Semester
Finden Mikrofonkurse statt? ja, im 3. und 5. Semester
Dürfen die Studenten Theaterengagements oder Dreharbeiten während des Studiums annehmen? Ja, in der Regel ab dem 3. Semester – in Ausnahmefällen auch früher. Immer in enger Absprache mit dem Studiengang.

Otto Falckenberg Schule München (www.otto-falckenberg-schule.de)
Leiter des Studiengangs Schauspiel: Jochen Noch

Aufnahmekriterien:
- Alter: 17 bis 24 Jahre. Mittlere Reife oder eine entsprechende berufliche Vorbildung. Die deutsche Sprache muss akzentfrei beherrscht werden.
- Selbstständige Einstudierung von drei Rollenausschnitten aus Theaterstücken nach eigener Wahl (darunter ein Klassiker) und zusätzlich einen selbst erfundenen Monolog oder eine Szene. Ca. 3 Minuten pro Rolle.
- Bewerber, die die Vorprüfung bestanden haben, nehmen an einer mehrtägigen Prüfung teil. Probeunterricht in Improvisation, Körperarbeit, Rollenarbeit, Sprechen und Singen.

Kosten für die Aufnahmeprüfung: 25 Euro
Anzahl der Studienplätze: durchschnittlich 12 pro Jahrgang
Verhältnis weiblich/männlich: in etwa 50:50
Studiendauer: 8 Semester

Lehrinhalte:
Stimmbildung und Gesang, Sprecherziehung, Körperarbeit und Fechten sollen zur Basis des »technischen« Grundkönnens werden; Improvisationen und szenische Übungen dienen dazu, Körper und Sprache als wichtige Ausdrucksmittel des Schauspielers sinnlich zu erfahren und im Rollenspiel auszudrücken.
Zentrum der Ausbildung ist die differenzierte Arbeit an der Rolle. Theoretische Fächer wie Dramaturgie, Theater- und Literaturgeschichte stecken das Umfeld ab.

Kooperationen mit: Münchner Kammerspielen, Residenztheater München, Volkstheater München
Finden Filmseminare statt? nur unregelmäßig
Finden Mikrofonkurse statt? ja, beim Bayerischen Rundfunk im 3. Ausbildungsjahr
Dürfen die Studenten Theaterengagements oder Dreharbeiten während des Studiums annehmen? ja, ab dem 3. Semester

Hochschule für Film und Fernsehen »Konrad Wolf« Potsdam (www.hff-potsdam.de)
Leiter des Studiengangs Schauspiel: Dieter Berner

Aufnahmekriterien:
- Zur Zugangsprüfung werden alle Bewerberinnen/Bewerber eingeladen, die den Eignungstest bestanden haben.
- Bewerbungen zum Eignungstest sind das ganze Jahr hindurch möglich. Bewerber müssen ein Videoband oder eine DVD einreichen, auf dem sie sich vorstellen und einen filmischen Auftritt zeigen. Es kann auch ein Rollenausschnitt mit einfachsten Mitteln aufgenommen werden. Der Eignungstest geht der Zugangsprüfung voraus und hat das Ziel, die allgemeinen Voraussetzungen für den Beruf, wie körperliche und stimmliche Möglichkeiten, Äußerungsbedürfnis, Beobachtungsfähigkeit, Spieltrieb, Vorstellungskraft und Phantasie festzustellen.
- Der **Eignungstest** besteht aus:
  Vorstellen von drei selbstständig erarbeiteten Rollenausschnitten aus Stücken der Weltdramatik, (von denen wenigstens einer in gebundener Sprache notiert sein sollte)
  Vorstellen eines selbstständig erarbeiteten Gedichts
  Vorstellen eines selbstständig erarbeiteten Liedes

- **Zugangsprüfung:**
  praktisch/künstlerischer Teil: Prüfungen in den Fächern: Bewegung/Tanz, filmische Darstellung, Schauspiel, Musik, Sprecherziehung; Arbeitsproben in den Fächern Film und Bühne
  mündlicher Teil: Auswertende Gespräche zu den Prüfungen und Arbeitsproben, zur Berufsmotivation und zu spezifischen Interessen und Fragen der Bewerberinnen/Bewerber

Kosten für die Aufnahmeprüfung: 25 Euro
Anzahl der Studienplätze: 10 pro Jahrgang
Verhältnis weiblich/männlich: angestrebt sind 50:50
Studiendauer: 6 Semester

Lehrinhalte:
Exemplarisch im deutschsprachigen Raum, bildet der Studiengang Medienspezifisches Schauspiel auf der Basis einer fundierten Grundausbildung und eines soliden handwerklichen Könnens Schauspieler aus, deren besondere Fähig- und Fertigkeiten auf dem Gebiet medienspezifischer Darstellung liegen. Der Unterschied zu traditionellen Ausbildungsformen liegt in der klaren Orientierung auf den Medienbereich, ermöglicht aber den Einsatz in allen Sparten schauspielerischen Schaffens. Die Besonderheit und der Vorteil dieser Ausbildung liegen in der engen inhaltlichen und organisatorischen Vernetzung mit den anderen Studiengängen und in den technischen Möglichkeiten der HFF begründet.

Kooperationen mit: allen anderen Studienbereichen der Hochschule
Finden Filmseminare statt? durchgehend
Finden Mikrofonkurse statt? ja
Dürfen die Studenten Theaterengagements oder Dreharbeiten während des Studiums annehmen? ja, nach Absprache

Hochschule für Musik und Theater Rostock (www.hmt-rostock.de)
Sprecher des Instituts für Schauspiel: Prof. Olaf Umlauft

Aufnahmekriterien:
Die Eignungsprüfung wird in drei Teilen durchgeführt: Für den Teil 1 der Prüfung erwartet die Schule, dass sich die Bewerber mit je einem kurzen Rollenausschnitt aus einem klassischen und einem zeitgenössischen Stück vorstellen. Um einen möglichst umfassenden Eindruck von der schauspielerischen Eignung zu erhalten, soll auch der Vortrag eines Liedes (Song, Chanson o. ä.) und eines Gedichtes vorbereitet werden. Für den Teil 2 der Eignungsprüfung erwartet die Schule ein Angebot von mindestens drei Rollenausschnitten.
Im Teil 3 führt die Schule, neben einer erneuten Prüfung der schauspielerischen Eignung, einen Bewegungstest durch und unter Umständen prüft sie die stimmlich-sprachliche und musikalische Eignung. Zum Teil 3 der Prüfung sind ein Lebenslauf, ein Gesundheitszeugnis, eine Bescheinigung einer Phoniaterin/eines Phoniaters über stimmliche Eignung, das Schulabgangszeugnis, sowie 3 Passbilder mitzubringen.

Kosten für die Aufnahmeprüfung: 30 Euro
Anzahl der Studienplätze: 10–12 pro Jahrgang
Verhältnis weiblich/männlich: 40:60, meist 50:50
Studiendauer: 8 Semester

Lehrinhalte:
Die ersten vier Semester sind ein Grundstudium, das mit einem Kurs »Ensemble-Training« beginnt, dem sich ein Seminar »Schauspielerische Grundlagen« anschließt. Am Ende des 1. Semesters beginnen Szenenstudien. Ab dem 3. Semester werden größere Szenenkomplexe und Werkstattinszenierungen in der Öffentlichkeit vorgestellt.
Schauspielpraktika an Theatern, in Film und Fernsehen werden angestrebt.
Neben dem Hauptfach »Schauspiel« findet Unterricht in folgenden Fächern statt:
- Bewegung, Tanz, Akrobatik, Fechten, Pantomime
- Sprecherziehung, Diktion, Körper-Stimm-Training, Stimmbildung
- Musiktheorie, Chorsingen, Liedgestaltung
- Theaterwissenschaft, Philosophie, Literaturgeschichte und Kulturtheorie

Dieses Angebot wird durch fachbezogene Kurse (u. a. Spielen im Film, Kulturmanagement) ergänzt.

Kooperationen mit: Volkstheater Rostock, Staatstheater Schwerin
Finden Filmseminare statt? ja, am Ende des 3. und 6. Semesters
Finden Mikrofonkurse statt? nein
Dürfen die Studenten Theaterengagements oder Dreharbeiten während des Studiums annehmen? ja, ab dem 3. Semester

Universität Mozarteum Salzburg (www.moz.ac.at/schauspiel)
Abteilungsleitung: Univ. Prof. Amélie Niermeyer

Aufnahmekriterien:
Über die Zulassung zum Studium des Studienzweigs Schauspiel und des Studienzweigs Regie wird in einem Testverfahren entschieden, in dem die Begabung und die physische Eignung nachgewiesen werden muss.
Die 1. Runde der Aufnahmeprüfung besteht aus dem Vorspielen von mindestens einer von drei erarbeiteten Szenen (Monologe), aus selbst gewählten Theaterstücken sowie der Gestaltung eines Theaterliedes/Songs (A-capella-Vortrag). Im Einzelfall können vor Ort auch noch andere Aufgaben gestellt werden und weitere Rollen angesehen werden.
In den weiteren Runden werden den ausgewählten Bewerbern – neben dem erneuten Vorspielen aller Szenen und des Liedes sowie eventueller Arbeit daran – zusätzliche Aufgaben gestellt, die aber keiner besonderen Vorbereitung bedürfen.

Kosten für die Aufnahmeprüfung: 20 Euro
Anzahl der Studienplätze: ca. 10 für den Studienzweig Schauspiel
Verhältnis weiblich/männlich: 50:50 im Studienzweig Schauspiel
Studiendauer: 8 Semester

Lehrinhalte:
In der Abteilung für Schauspiel und Regie werden Schauspielerinnen/Schauspieler und Regisseurinnen/Regisseure ausgebildet. Ziel der Ausbildung sind Absolventen, die angesichts vielfältiger Anforderungen offen und souverän über ihre Mittel verfügen.
Eine solide handwerkliche Ausbildung ist Grundlage des Studiums: Wer spielen will, muss über sein Instrument verfügen können.
Sprachgefühl, stimmliche Ausdrucksmöglichkeiten, das Kennenlernen und Beherrschen des eigenen Körpers, musikalische, gesangliche, tänzerische und akrobatische Fähigkeiten werden von den Lehrenden der technischen Fächer in enger Abstimmung mit dem szenischen Unterricht entwickelt.
Die Auseinandersetzung mit zeitgenössischen ästhetischen und methodischen Ansät-

zen ist ebenfalls unverzichtbarer Bestandteil der Ausbildung. Neben den klassischen Techniken der Rollenaneignung werden Spielweisen erprobt, die z. B. ohne literarische Vorlage arbeiten, somit die Schauspielerinnen/Schauspieler als Schöpfer, weniger als Interpreten verstehen.

Kooperationen mit: Eine Zusammenarbeit mit den Salzburger Festspielen und dem Landestheater Salzburg erfolgt projektbezogen.
Finden Filmseminare statt? Im 5. Semester findet die Lehrveranstaltung »Spielen vor der Kamera« statt, in deren Rahmen ein vollständiger Kurzfilm erstellt wird.
Finden Mikrofonkurse statt? Im Verlauf des Studiums wird die Lehrveranstaltung »Mediensprechen« abgehalten.
Dürfen die Studenten Theaterengagements oder Dreharbeiten während des Studiums annehmen? Grundsätzlich ist dies, zumindest in höheren Semestern, möglich, es wird aber fallweise entschieden.

Staatliche Hochschule für Musik und Darstellende Kunst Stuttgart (www.mh-stuttgart.de)
Leiterin des Studiengangs Schauspiel: Prof. Franziska Kötz

Aufnahmekriterien:
- Vorspielen dreier kurzer Szenenausschnitte oder Monologe aus modernen und klassischen Rollen.
- Nicht vorbereitete Aufgaben: Kreative Ausführung von Improvisationsaufgaben (Dauer 15 Minuten), die von der Prüfungskommission gestellt werden.

Kosten für die Aufnahmeprüfung: 15 Euro
Anzahl der Studienplätze: 8 pro Jahrgang
Verhältnis weiblich/männlich: meist 50:50
Studiendauer: 8 Semester
Lehrinhalte:
Die Lehrveranstaltungen werden als Gruppen- und Einzelunterricht durchgeführt.
Fächer: Sprechen (Stimmbildung, Sprecherziehung), Bewegen (Körpertraining, Tanz, Tai-Chi), Darstellen (Interaktion, Improvisation, Rolle, Ensemble), Theorie des Theaters (Vorlesung, Seminar, Dramaturgische Übungen), Fechten, Musikalische Grundlagen und Gesang, Übungen zur Arbeit mit dem Mikrofon beim Rundfunk, Masken- und Schminkkurs
Unterrichtsprojekt mit der Baden-Württembergischen Filmakademie: Spielen vor der Kamera
Am Wilhelma Theater (Lehr- und Lerntheater) der Hochschule werden regelmäßig Inszenierungen mit den Studierenden produziert, deren Ziel die Überprüfung und Erweiterung schauspielerischer Mittel im Ensemblespiel und vor Publikum ist. Die Leitung dieser Projekte übernehmen erfahrene Regisseure.

Kooperationen mit: Staatstheater Stuttgart, Nationaltheater Mannheim, Düsseldorfer Schauspielhaus, SWR
Finden Filmseminare statt? im 7. Semester in Kooperation mit der Filmakademie Ludwigsburg
Finden Mikrofonkurse statt? im 7. Semester im Rahmen des Schulunterrichts
Dürfen die Studenten Theaterengagements oder Dreharbeiten während des Studiums annehmen? ja, solange es den Unterricht nicht nachhaltig beeinträchtigt und nach Prüfung der Schule

Konservatorium Wien Privatuniversität (www.konservatorium-wien.ac.at)
Studiengangsleitung: Dr. Karoline Exner

Aufnahmekriterien:
- Bewerber müssen das 17. Lebensjahr vollendet haben und sollten nicht älter als 23 Jahre sein.
- Zum auswendigen Vorspielen sind drei Szenen und/ oder Monologe nach eigener Wahl aus der klassischen und zeitgenössischen Dramatik vorzubereiten, wobei der/ die BewerberIn sich in möglichst unterschiedlichen Rollen präsentieren soll.
- Die Zulassungsprüfung dient der Überprüfung der Eignung der Studienplatz-AnwärterInnen in den Bereichen Bühnenpräsenz, Phantasie, Emotionalität und Kreativität. Gleichzeitig wird die physiologische, motorische, sprachlich-stimmliche, musikalisch-rhythmische und intellektuelle Eignung getestet.

Kosten für die Aufnahmeprüfung: 50 Euro
Studiendauer: 8 Semester (Bachelor Studiengang)

Lehrinhalte:
Stimmbildung, Gesang, Sprechen, Improvisation, Körpersprache, Bewegung, Fechten, Akrobatik, Gesellschaftstanz, Jazz, Suzuki, Theaterrecht, Dramaturgie, Performance Theater, Körpertraining, Theatergeschichte.

Kooperationen mit: Wiener Bühnen
Finden Filmseminare statt? Ja
Finden Mikrofonkurse statt? Ja
Dürfen die Studenten Theaterengagements oder Dreharbeiten während des Studiums annehmen? nach Absprache

Universität für Musik und Darstellende Kunst Wien
Institut für Schauspiel und Schauspielregie: Max Reinhardt Seminar
(www.maxreinhardtseminar.at)
Institutsvorstand: Prof. Hubertus Petroll

Aufnahmekriterien:
Die Zulassungsprüfung Darstellende Kunst gliedert sich für die Kandidaten in mehrere Abschnitte, die jeweils verschiedene Aufgabenstellungen beinhalten:
a) Szenische Präsentation zweier Rollenausschnitte (von vier vorzubereitenden).
b) Szenische Präsentation der verbliebenen beiden Rollenausschnitte.
c) Absolvierung verschiedener szenischer, körperlicher, musikalischer und theoretischer Tests.

Bewerber haben vier Vorsprechtexte vorzubereiten, die dem Prüfungssenat einen Eindruck von der Spannweite ihrer Begabung vermitteln sollen. Dabei kommt es nicht auf einen sprachlich gekonnten Vortrag an, sondern auf das Bemühen um erkennbare Gestaltung der jeweiligen Rollenfigur entsprechend der im Drama vorgegebenen Situation. Die Auswahl der Texte aus vier Theaterstücken (zwei klassische und zwei moderne; wobei 1930 als Trennlinie angesetzt wird) bleibt dem Bewerbern überlassen. Selbst verfasste Stücktexte, Prosa, Gedichte, Balladen, Lieder, Chansons etc. werden nicht anerkannt. Bewerber können, wenn sie es für erforderlich erachten, Spielrequisiten und Kostümteile zur Prüfung mitbringen.

Kosten für die Aufnahmeprüfung: keine Kosten
Anzahl der Studienplätze: 10–15 pro Jahr
Verhältnis weiblich/männlich: immer unterschiedlich
Studiendauer: 8 Semester

Lehrinhalte:
Ziel des vierjährigen Studiums ist eine Ausbildung, die den angehenden Schauspielern handwerkliches Können, Handlungsfähigkeit und intellektuelle Kompetenz für eine sich ständig wandelnde Theaterrealität verleiht.
Fächer u. a.: Sprachgestaltung, Rollengestaltung, Körperliche Gestaltung, Fechten, Fernseh- und Filmarbeit, Gesang, Stimmbildung, Kostümkunde, Schminken, Tanz

Kooperationen mit: Burgtheater, Volkstheater, Schauspielhaus in Wien
Finden Filmseminare statt? im 3. und 4. Studienjahr
Finden Mikrofonkurse statt? regelmäßig über vier Jahre verteilt
Dürfen die Studenten Theaterengagements oder Dreharbeiten während des Studiums annehmen? nur nach Einzelfallprüfung, abhängig von Seminarproduktionen

Hochschule Musik und Theater Zürich
Departement Theater (www.hmt.edu)
Leiter des Fachbereichs Theater: Prof. Hartmut Wickert

Aufnahmekriterien:
- Alter: 17–25 Jahre sowie Matura/Abitur oder abgeschlossene Berufslehre oder außerordentliche Begabung
- Vortest oder Theaterwerkstatt: a. eine Rolle aus der Vorschlagsliste der Hochschule, b. eine selbst gewählte Rolle aus der Theaterliteratur und c. eine selbst entwickelte Szene, d. (nur bei Theaterwerkstatt) ein Gedicht oder ein kurzer Prosatext
- Zugangsprüfung – nur nach bestandenem Vortest bzw. Theaterwerkstatt: Der erste Tag der Zugangsprüfung dient der Überprüfung von Kompetenzen in den Bereichen Bewegung, Atem/Stimme/Sprechen, Wahrnehmung, Szene, konzeptionelles Denken, Verwandlungsfähigkeit, Gestaltungswille, Selbstkompetenz. Am Ende dieses Prüfungstages wird mündlich mitgeteilt, ob man am zweiten Prüfungstag teilnehmen kann. Der zweite Tag ermöglicht den Expertinnen/Experten eine genauere Überprüfung ausgewählter Aufgabenbereiche sowie des Gelernten in diesen zwei Tagen.

Kosten für die Aufnahmeprüfung: Vortest: 40 Euro, Theaterwerkstatt 105 Euro, Zugangsprüfung: 80 Euro
Anzahl der Studienplätze: ca. 24, inkl. der Studierenden der Vertiefungen Theaterpädagogik und Regie
Verhältnis weiblich/männlich: in der Regel etwas mehr Frauen als Männer
Studiendauer: 3 Jahre Bachelor of Arts in Theater, 4,5 Jahre Master of Arts in Theater

Lehrinhalte:
Der Bachelor of Arts in Theater umfasst folgende Vertiefungen: 1. Schauspiel, 2. Theaterpädagogik, 3. Regie und 4. Szenografie.
Im ersten Studienjahr nehmen die Studierenden aus den drei Vertiefungen Schauspiel, Theaterpädagogik und Regie gemeinsam an allen Lehrveranstaltungen teil. Praktische Erfahrungen in den Fachbereichen Bewegung, Akrobatik und Wahrnehmung, Sprechen und Stimmentwicklung sowie Improvisation, szenische Übungen und poetisches

Handeln. In der Theorie setzen sie sich mit den Grundlagen für eine berufsspezifische Reflexionskompetenz auseinander.
Zweites Studienjahr für Studierende der Vertiefung Schauspiel: Die szenische Arbeit mit unterschiedlichstem Textmaterial steht im Zentrum. Vernetztes Arbeiten mit den Fachbereichen Bewegen, Sprechen und Theorie unterstützt die Studierenden beim Erwerb der erforderlichen Kompetenzen.
Drittes Studienjahr für Studierende der Vertiefung Schauspiel: Die Ausbildung wird mit Projekten gestaltet, so in mindestens einer Spielplanproduktion im Theater an der Sihl. Neben der kontinuierlich von einem Regisseur begleiteten Figurenarbeit werden die Wiederholbarkeit und die Publikumsrezeption zum Thema. Die Auswahl und Beschäftigung mit den Monologen für das Vorsprechen nimmt hier seinen Anfang und wird mit dem Intendantenvorsprechen im Masterstudium abgeschlossen.

Kooperationen mit: Theaterakademie Hamburg, Institut für angewandte Theaterwissenschaften Giessen
Finden Filmseminare statt? ja, Casting-Kurse für die Studierenden im 4. und 6. Semester
Finden Mikrofonkurse statt? ja, Sprachaufnahmen im 1., 3. und 5. Semester
Dürfen die Studenten Theaterengagements oder Dreharbeiten während des Studiums annehmen? ja, in Absprache mit der Studienleitung ab dem 3. Semester

3. Private Schauspielschulen

AACHEN
Theaterschule Aachen für Schauspiel und Regie
Theaterstr. 77, 52062 Aachen
Tel: (241) 4450645
www.theaterschule-aachen.de
post@theaterschule-aachen.de

ALFTER
Alanus Hochschule
Villestr. 3, 53347 Alfter
Tel.: (02222) 93211251
www.alanus.edu
schauspiel@alanus.edu

ASCHAFFENBURG
Actor's company – Ausbildungsstätte für Schauspiel
Ludwigstr. 7, 63739 Aschaffenburg
Tel.: (06021) 219811
www.schauspielausbildung.biz
info@ludwigstheater.de

BERLIN
art of acting
Neumagener Str. 25, 13088 Berlin
Mobil.: (0151) 18482236
www.art-of-acting.de
info@art-of-acting.de

Die Etage – Schule für die darstellenden und bildenden Künste e.V.
Ritterstr. 12–14, 10969 Berlin
Tel.: (030) 6912095
www.dieetage.de / buero@dieetage.de

Europäisches Theaterinstitut
Rungestr. 20, 10179 Berlin
Tel.: (030) 2785301
www.eti-berlin.de
info@eti-schauspielschule-berlin.de

Filmschauspielschule Berlin
Helmholtzstr. 2–9, 10587 Berlin
Tel.: (030) 31016571
www.filmschauspielschule.de
info@filmschauspielschule.de

Schauspielschule »Der Kreis« – Fritz-Kirchhoff-Schule
Glogauer Str. 6, 10999 Berlin
Tel.: (030) 8225124
www.fritz-kirchhoff-schule.de
post@fritz-kirchhoff-schule.de

International Network of Actors e.V.
Pestalozzistr. 5–8, 13187 Berlin
Tel.: (030) 41719262
www.inac-berlin.de / info@inac-berlin.de

Michael Tschechow Studio Berlin
Eisenbahnstr. 21, 10997 Berlin
Tel.: (030) 61108940
www.mtsb.de
office@mstb.de

Reduta Berlin (VdpS)
Gneisenaustr. 41, 10961 Berlin
Tel.: (030) 6935549
www.reduta-berlin.de
reduta@reduta-berlin.de

Schauspielschule Charlottenburg
Otto-Suhr-Allee 94, 10585 Berlin
Tel.: (030) 34097731
www.schauspiel-schule.de
info@schauspiel-schule.de

Starter, Berliner Schauspielschule für Film und Fernsehen
Oderberger Str. 22, 10435 Berlin
Tel.: (030) 44043284
www.starter-schauspielschule.de
kontakt@starter-schauspielschule.de

theakademie
Schlesische Str. 26 / Aufgang D 5. OG
10997 Berlin
Tel.: (030) 8621744
www.theakademie.de
info@theakademie.de

Theater Lux Berlin
Frankfurter Allee 35 Hof /
Aufgang Rigaer Str. 29
10247 Berlin
Tel.: (030) 49914555
www.lux-theater.de
kontakt@lux-theater.de

Theaterschule Berlin
Pestalozzistr. 53, 10627 Berlin
Tel.: (030) 34062696
www.theaterschule-berlin.de
info@theaterschule-berlin.de

TRANSform Schauspielschule
Salzufer 13/14, 10587 Berlin
Tel.: (030) 33242341
www.transform-schauspielschule.de
buero@teatrstudio.de

BURGHAUSEN
Athanor Akademie für Darstellende Kunst
Burg 27b, 84489 Burghausen
Tel.: (08677) 911155
www.athanor.de
administration@athanor.de

FREIBURG
Freiburger Schauspielschule im E-Werk
Ferdinand-Weiß-Str. 6a, 79106 Freiburg
Tel.: (0761) 381191
www.freiburger-schauspielschule.de
info@freiburger-schauspielschule.de

HAMBURG
artrium – studio für darstellende kunst
Thedestr. 99, 22767 Hamburg
Tel.: (040) 28055131
www.artrium-hamburg.de
info@artrium-hamburg.de

freie-schauspielschule-hamburg
Wandalenweg 28, 20097 Hamburg
Tel.: (040) 233223
www.freie-schauspielschule-hamburg.de
kontakt@fshamburg.de

Hamburger Schauspiel-Studio Frese
Große Bergstr. 264, 22767 Hamburg
Tel.: (040) 464626
www.schauspielstudio.de
info@schauspielstudio.de

ISDF – Institut für Schauspiel Drama und Film
Friedensallee 20, 22765 Hamburg
Tel.: (040) 60082670
www.schauspiel-hamburg.de
info@schauspiel-hamburg.de

iact – schauspielschule für film und theater
Wandsbeker Chaussee 62a
22089 Hamburg
Tel.: (040) 18125959
www.iact-hamburg.de
info@iact-schauspielschule-hamburg.de

Schauspielschule Bühnenstudio Hamburg
Hansastr. 35, 20144 Hamburg
Tel.: (040) 445814
www.schauspielschule-buehnenstudio.de
info@buehnenstudio.de

Schule für Schauspiel Hamburg
Oelkersallee 29a & 33, 22769 Hamburg
Tel.: (040) 4302050
www.schauspielschule-hamburg.com
info@schauspielschule-hamburg.com

Stage School Hamburg GmbH
Poolstr. 21, 20355 Hamburg
Tel.: (040) 3554070
www.stageschool.de
info@stageschool.de

Studio of Young Artists, SoYA Filmacting
Katharinenfleet 4, 20359 Hamburg
Tel.: (040) 37501599
www.soyaweb.com
mestetschkin@soyaweb.com

HAMELN
Akademie für Darstellende Künste Hameln
Wehrberger Str. 57, 31787 Hameln
Mobil: (0173) 8274173
www.adk-hameln.de
kontakt@adk-hameln.de

HÜRTH
Deutsches Zentrum für Schauspiel und Film
Hans-Böckler-Str. 163, 50354 Hürth
Tel.: (02233) 517622
www.schauspiel-zentrum.de
info@schauspiel-zentrum.de

KASSEL
Schauspielschule Kassel
Willi-Seidel-Haus / Mühlengasse 1
34125 Kassel
Tel.: (0561) 8619341
www.schauspielschule-kassel.de
info@schauspielschule-kassel.de

KOBLENZ
Centrum of Dramatic Arts
Clemensstr. 26–28, 56068 Koblenz
Tel.: (0261) 65276
www.schauspielschule-koblenz.com
info@schauspielschule-koblenz.com

KÖLN
ARTURO Schauspielschule
Dillenburger Str. 67, 51105 Köln
Tel.: (0221) 9123770
www.arturo-schauspielschule.de
info@arturo-schauspielschule.de

Film Acting School Cologne
Werderstr. 9, 50672 Köln
Tel.: (0221) 91235-80/-81
www.filmactingschool.de
info@filmactingschool.de

First Take Schauspielakademie
Brauweilerstr. 14, 50859 Köln
Tel.: (02234) 4357678
Firsttake-Schauspielakademie.de
info@firsttake-schauspielakadmie.de

Schule des Theaters im THEATER DER KELLER
Kleingedankstr. 6, 50677 Köln
Tel.: (0221) 2722099-12
www.schule-des-theaters.de
info@schule-des-theaters.de

Theaterakademie Köln
Sachsenring 73a, 50677 Köln
Tel.: (0221) 5509902
www.theaterakademie-koeln.de
info@theaterakademie-koeln.de

Film-/TV-Schauspielschule STA
Baltasarstr. 7, 50670 Köln
Tel.: (0221) 9171817
www.sta-schauspielschule.de
petermustafa@gmx.de

LANGENFELD
Stage School Salomon
Hauptstr. 67, 40764 Langenfeld
Tel.: (02173) 149145
stageschoolsalomon.de
info@stageschoolsalomon.de

LEIPZIG
Theaterfachschule Bongôrt-v. Roy d. Theater-Fabrik-Sachsen GmbH
Hans-Driesch-Str. 54, 04179 Leipzig
Tel.: (0341) 4425754
www.schauspielschule.info
info@schauspielschule.info

Theaterakademie Sachsen
Anna-Zammert-Str. 1
04509 Leipzig-Delitzsch
Tel.: (034202) 36070
www.akademie-schauspiel.de
info@addk-delitzsch.de

LUDWIGSBURG
On Stage Akademie für Schauspielkunst
Wilhelmstr. 9/1, 71638 Ludwigsburg
Tel.: (0711) 551359
www.onstageakadmie.de
info@onstageakademie.de

MAINZ
Schauspielschule der Theaterwerkstatt Mainz
Alte Ziegelei, 55128 Mainz
Tel.: (06131) 364314
www.schauspielschule-mainz.de
info@schauspielschule-mainz.de

MANNHEIM
Theaterakademie Mannheim
Holzbauerstr. 6–8, 68167 Mannheim
Tel.: (0621) 1247127
www.theaterakademie-mannheim.de
office@theaterakademie-mannheim.de

MEUSELWITZ
Medienakademie Thüringen
Brossener Dorfstr. 1
04610 Meuselwitz
Tel.: (03448) 752711
www.medienakademie-thueringen.de
action-and-more@t-online.de

MÜNCHEN
ARTEMiS-Schauspielstudio
Marlene Beck
Hans-Preißinger-Str. 8
81379 München
Tel.: (089) 97398655
www.artemis-theater.de
office@artemis-theater.de

die schauspielschule
Jürgen Reifschneider
Grafinger Str. 6, 81671 München
Tel.: (089) 97398655
www.die-schauspielschule-muenchen.de
info@die-schauspielschule-muenchen.de

I.S.S.A Internationale Schule für Schauspiel und Acting München
Ötztalerstr. 1b, 81373 München
Tel.: (089) 5328672
www.actorsschool.de
info@actorsschool.de

MFA – München Film Akademie
Regerstr. 27, 81541 München
Tel.: (089) 90542631
www.muenchen-film-akademie.de
info@muenchen-film-akademie.de

Neue Münchner Schauspielschule
Dachauer Str. 15 a – Rückgebäude
2. Etage, 80335 München
Tel.: (089) 348419
www.neuemuenchnerschauspielschule.de
mail@neuemuenchnerschauspielschule.de

Schauspiel München Berufsfachschule für Darstellende Kunst
Karlstr. 43, 80333 München
Tel.: (089) 72459115
www.schauspiel-muenchen.de
post@schauspiel-muenchen.de

Schauspielschule Zerboni
Paul-Heyse-Str. 28, 80336 München
Tel.: (089) 30659486
www.schauspielschule-zerboni.de
info@schauspielschule-zerboni.de

TheaterRaum München
Kurfürstenstr. 8, 80779 München
Tel.: (089) 89429093
www.theaterraum-muenchen.de
info@theaterraum-muenchen.de

Theaterschule Yorick
Quiddestr. 17, 81735 München
Tel.: (089) 672020
theaterschule .de
info@theaterschule.de

REGENSBURG
ADK Regensburg (VdpS)
Kumpfmühler Str. 14, 93047 Regensburg
Tel.: (0941) 586544-2
www.adk-regensburg.de/akademie/
cn-agentur@web.de

SAARBRÜCKEN
acting and arts Schauspielstudio
Dudweiler Landstr. 7
66123 Saarbrücken
Tel.: (0681) 70977730
www.acting-and-arts.com
pl@acting-and-arts.com

SIEGBURG
Schauspielschule Siegburg
Humperdinckstr. 27, 53721 Siegburg
Tel.: (02241) 591510
www.schauspielschule-siegburg.de
mail@schauspielschule-siegburg.de

STUTTGART
Live act Akademie der Schauspielkunst
Wörishofener Str. 54, 70372 Stuttgart
Tel.: (0711) 50420332
www.liveact-akademie.com/
m.leitzinger@liveact-akademie.com

TheaterAkademieStuttgart
Fuchseckstr. 7 (Schulungsräume)
70188 Stuttgart
Tel.: (0711) 267374
www.aka-stuttgart.com
info@aka-stuttgart.com

ULM
Akademie für darstellende Kunst Ulm
Fort Unterer Kuhberg 12, 89077 Ulm
Tel.: (0731) 387531
www.adk-ulm.de
info@adk-ulm.de

WIEN
1st filmacademy bilinguale Schauspielschule für Theater und Film
Gumpendorferstr. 132/1/8, A–1060 Wien
Tel.: (0043) 664-4734226
www.filmacademy.at
office@filmacademy.at

Schauspielakademie – Elfriede Ott – Studio der Erfahrungen
Zaunergasse 1–3, A–1030 Wien
Tel.: (0043) 664-3140302
www.ottstudio.at / office@ottstudio.at

Schule des Theaters
Ingrid Sturm
Hermanngasse 31/1, A–1070 Wien
Tel.: (0043) 699 10509546
www.schuledestheaters.at
schuledestheaters@schuledestheaters.at

WIESBADEN
Wiesbadener Schule für Schauspiel
Wellritzstr. 38, 65183 Wiesbaden
Tel.: (0611) 303526
www.schauspielschule-wiesbaden.de
info@schauspielschule-wiesbaden.de

ZINNOWITZ
Theaterakademie Vorpommern
Heringsdorfer Weg 1, 17454 Zinnowitz
Tel.: (038377) 3680
www.theaterakademie.info
info@theaterakademie.info

4. Casting Directors

BERLIN
ana dávila casting Berlin
Ana Dávila (BVC)
vollständige Adresse auf Anfrage
10437 Berlin
Tel.: (030) 28384468
www.anadavilacasting.de
info@anadavilacasting.de

Anja Dihrberg Casting-Berlin
Anja Dihrberg (BVC)
Gewerbehof in der alten Königsstadt / Haus D / DG
Saarbrücker Str. 24, 10405 Berlin
Tel.: (030) 27907730
www.dihrberg.de
casting@dihrberg.de

Anna Slater Casting
Anna-Lena Slater
Granseer Str. 1, 10435 Berlin
Tel.: (030) 53166165
www.annaslater.com
info@annaslater.om

bo rosenmüller casting
Boriana Rosenmüller (BVC)
Potsdamer Str. 81–83, 10785 Berlin
Tel.: (030) 25797772
www.bo-casting.de
bo@bo-casting.de

Böckenhauer Casting
Tina Böckenhauer (BVC)
Katzbachstr. 8, 10965 Berlin
Tel.: (030) 28047040
www.boeckenhauercasting.de
info@boeckenhauercasting.de

Bünker Casting GbR-Berlin / Leipzig / München
Uwe Bünker (BVC)
Einsteinufer 63a, 10587 Berlin
Tel.: (030) 3233522
www.buenker-casting.de
office@buenker-casting.de

Casting Annette Borgmann
Annette Lohmann
Am Pichelssee 28e, 13595 Berlin
Tel.: (030) 85600515
www.casting-annette-borgmann.de
annetteborgmann@t-online.de

Casting Company Berlin – Artists & Casting Management GmbH
Rolf Scheider & Julien Peltier
Kastanienallee 75, 10435 Berlin
Tel.: (030) 40301850
www.castingcompany.com
berlin@castingcompany.com

Casting Heide Woicke
Heide Woicke
Wilmersdorfer Str. 77, 10629 Berlin
Tel.: (030) 32707003
casting-berlin.de
info@casting-berlin.de

Casting Ulrike Müller
Ulrike Müller
Strelitzer Str. 50, 10115 Berlin
Tel.: (030) 83032181
www.casting-ulrikemueller.de
info@casting-ulrikemueller.de

Casting Uta Seibicke
Uta Seibicke
Christburgerstr. 30, 10405 Berlin
Tel.: (030) 28478391
www.seibicke-casting.de
uta@seibicke-casting.de

Castingby / Schmidt-Casting
Wolfgang Schmidt
Dardanellenweg 4, 12109 Berlin
Tel.: (030) 26371824
www.castingby.de
castingby@gmx.de

Cunningham Casting Agentur
Ivonne Weigelt
Strausberger Platz 1, 10243 Berlin
Tel.: (030) 44318898
ivonne@cunningham-agentur.de

Greta Amend Casting
Greta Amend
Eisenacher Str. 85, 10781 Berlin
Tel.: (030) 44017888
www.greta-amend-casting.de
info@greta-amend-casting.de

karen wendland casting
Karen Wendland
Torstr. 41, 10119 Berlin
Tel.: (030) 40301612
www.wendlandcasting.de
info@wendlandcasting.de

LEX NELSON media pool
Stefan Lincke
Romy Gawlik
Fischzug 9 c, 10245 Berlin
Tel.: (030) 69505501
www.lex-nelson.de / info@lex-nelson.de

Mai Seck Casting
Mai Seck
Rosenthalerstr. 39, 10178 Berlin
Tel.: (030) 41715115
maiseckcasting@aol.com

moja berlin GmbH
Heike Mössner
Christburger Str. 30, 10405 Berlin
Tel.: (030) 28478390
www.moja-berlin.com
heike@moja-berlin.com

moviecasting
Antje Scholz
Berlin
Mobil: (0170) 8676246
www.moviecasting-berlin.de
info@moviecasting-berlin.de

Odeonfilm/Novafilm
Dorothee Weyers (BVC)
Alt-Moabit 59–61, 10555 Berlin
Tel.: (030) 40055100
www.odeonfilm.de
weyers@odeonfilm.de

Opal Filmproduktion GmbH
Christiane Rölli
Hohenzollerndamm 150/151
14199 Berlin
Tel.: (030) 3277060
www.opalfilm.de
christiane.roelli@opalfilm.de

Astrid Rosenfeld
Hagenauerstr. 13, 10435 Berlin
rosenfelda@yahoo.com

Sabine Weimann Casting
Sabine Weimann
Berlin
Tel.: (030) 89047398
www.weimanncasting.de
Sabine@weimanncasting.de

silke koch . casting
Susann Reitz (freie Mitarbeiterin)
Torstr. 41, 10119 Berlin

Tel.: (030) 40301485
www.koch-reitz.de
info@koch-reitz.de

Lisa Stutzky
Schinkestr. 19, 12047 Berlin
Mobil: (01573) 6202392
stutzky.casting@gmail.com

simone bär – casting
Simone Bär
Hohenzollerndamm 201, 10717 Berlin
Tel.: (030) 7812788
www.castingstudio.de
info@castingstudio.de

suse marquardt besetzungsbüro
Suse Marquardt (BVC)
Breite Str. 43, 13187 Berlin
Tel.: (030) 4431893
www.susemarquardt.de
office@susemarquardt.de

Tröber Casting
Nadine Volkmann
Naunynstr. 68, 10997 Berlin
Tel.: (030) 61203569
www.troeber-casting.de
office@troeber-casting.de

URBAN Casting Berlin
Pujeh Taghdisi
Lychenerstr. 13, 10437 Berlin
Tel.: (030) 53090738
www.urbancasting-berlin.de
info@urbancasting-berlin.de

VOSTOK1 Casting
Britt Beyer
Postfach 040766, 10064 Berlin
Tel.: (030) 23455929
britt.beyer@snafu.de

DÜSSELDORF
Commercial Casting
Vera Thomsen
Tußmannstr. 17, 40477 Düsseldorf
Tel.: (0211) 44073950
www.commercial-casting.com
vera@commercial-casting.com

Filmcast
Sabine Schwedhelm (BVC)
Tußmannstr. 17, 40477 Düsseldorf
Mobil: (0173) 2415737
www.filmcastinfo.de
sabine@filmcastinfo.de

Kristin Diehle Casting
Kristin Diehle
Lorettostr. 33, Galeriehof 1. OG
40219 Düsseldorf
Tel.: (0211) 3036600
www.diehle-casting.de
contact@diehle-casting.de

ERFURT
Kinderfilm GmbH
Annekathrin Heubner
Richard-Breslau-Str. 9, 99094 Erfurt
Tel.: (0361) 6586621
www.kinderfilm-gmbh.de
heubner@kinderfilm-gmbh.de

Michael Krämer Casting
Michael Krämer
Andreasstr. 25a, 99086 Erfurt
Rel.: (0361) 6001995
www.kraemer-casting.de
info@kraemer-casting.de

FRANKFURT a. M.
Hessischer Rundfunk Fernsehen-
Besetzungsbüro
Ingrid Böhm
Bertramstr. 8, 60320 Frankfurt a. M.
Tel.: (069) 1552533
www.hr-online.de
Iboehm@hr-online.de

HAMBURG
Casting Heta Mantscheff
Heta Mantscheff (BVC)
Bismarckstr. 9, 20259 Hamburg
Tel.: (040) 4910677
www.casting-heta-mantscheff.de
Heta.Mantscheff@t-online.de

Congia Casting
Deborah Congia
Schulterblatt 58, 20357 Hamburg
Tel.: (040) 43170615
mail@congia-casting.de

ducksendswans Casting-Agentur
Schirin Hushahn
Katharinenstr. 30, 20457 Hamburg
Tel.: (040) 418330
www.ducksendswans.de
info@ducksendswans.de

Gallagher Casting Network /
Hamburg/Berlin/München/Köln
Birgitta Gallagher
Am Kiekeberg 16, 22587 Hamburg
Mobil: (0172) 8366744
www.gallaghercasting.com
info@gallaghercasting.com

Gitta Uhlig Casting
Gitta Jauch (BVC)
Erdmannstr. 10 , 22765 Hamburg
Tel.: (040) 829903
www.uhlig-casting.de
info@uhlig-casting.de

Karolina Matheis Casting & Coaching
Karolina Matheis
Noah Amos Aron Matheis
Stresemannstr. 375, 22761 Hamburg
Tel.: (040) 41269262
www.matheis-casting.de
office@matheis-casting.de

Marion Haack Casting
Marion Haack
Friedensallee 7 (Filmhaus)
22765 Hamburg
Tel.: (040) 41912831
www.marion-haack-casting.de
info@marion-haack-casting.de

ndF Castingbüro
Ursula Danger (BVC)
Jarrestr. 44b, 22303 Hamburg
Tel.: (040) 822277122
ursula.danger@ndf.de

Network Movie Film-und Fernsehproduktion
Rebecca Gerling
Steinhöft 11, 20459 Hamburg
Tel.: (040) 30068930
gerling.r@networkmovie.de

pd-Casting – Kinder/Jugend und Nachwuchscasting
Patrick Dreikauss
Legienstr. 10, 22111 Hamburg
Tel.: (040) 71404121
www.pd-casting.de / info@pd-casting.de

Silke Fintelmann Casting
Silke Fintelmann
Avenariusstr. 19, 22587 Hamburg
Tel.: (040) 89019583
silke.fintelmann@t-online.de

Solá Ferrer Casting
Pedro Solá Ferrer
Stresemannstr. 375, 22761 Hamburg
Tel.: (040) 896808
www.sfcasting.de / pedro@sfcasting.de

Stefanie Arndt Casting
Stefanie Arndt
Annenstr. 4, 20359 Hamburg
Tel.: (040) 31761482
www.stefaniearndtcasting.com
info@stefaniearndtcasting.com

Tina Vogt Casting
Tina Vogt
Susannenstr. 21a, 20357 Hamburg
Tel.: (040) 481073
www.tinavogtcasting.de
tina@tinavogtcasting.de

KÖLN

Anja Dihrberg Casting-Köln c/o Pauls Büro
Anja Dihrberg (BVC)
Hochstadenstr. 33, 50674 Köln
Tel.: (0221) 3975940
www.dihrberg.de / casting@dihrberg.de

Dana Cebulla Casting
Dana Cebulla
Severinstr. 68–70, 50678 Köln
Mobil: (0172) 2917259
www.tigercast.de
dana@tigercast.de

Die Besetzer Casting für Film, Fernsehen & Werbung
Iris Baumüller (BVC)
Neue Maastrichter Str. 12–14

50672 Köln
Tel.: (0221) 2853936
www.diebesetzer.de
casting@diebesetzer.de

FINALCAST GmbH
Emrah Ertem
Elisabeth-Treskow-Platz 6a | Rheinauhafen
50678 Köln
Tel.: (0221) 29814220
www.finalcast.de / office@finalcast.de

Marc Schötteldreier Casting
Marc Schötteldreier (BVC)
Adolf-Fischer-Str. 6, 50670 Köln
Tel.: (0221) 88848844
www.mscasting.de
marc@mscasting.de

Mediabolo TV Casting GmbH
Dirk Lattemann
Friesenstr. 5–15, 50670 Köln
Tel.: (0221) 92581513
www.mediabolo.de
dirk.lattemann@mediabolo.de

Mirko Beckmann Casting
Mirko Beckmann
Postfach 270117, 50508 Köln
Tel.: (0221) 973260
mirko.beckmann@googlemail.com

Network Movie Film-und Fernseh-produktion
Sandra Köppe
Im Mediapark 6a, 50670 Köln
Tel.: (0221) 948880
contact@networkmovie.de

outcast
Clemens Erbach (BVC)
Ebertplatz 21, HGB, 1. OG
50668 Köln
Tel.: (0221) 973260
www.outcast.de / outcast@outcast.de

Susanne Ritter Casting
Susanne Ritter
Kleine Witschgasse 1, 50676 Köln
Tel.: (0221) 8690783
www.ritter-casting.de
info@ritter-casting.de

Regina Tiefenthaller
Köln
Mobil: (0176) 32204204
regina.tiefenthaller@pandorafilm.com

UFA SERIAL DRAMA GmbH (Unter uns / Alles was zählt)
Tina Rindersbacher
Butzweilerstr. 255
50829 Köln-Ossendorf
Tel.: (0221) 2502770
www.unteruns.de
tina.rinderspacher@ufa.de

UFA SERIAL DRAMA GmbH (Verbotene Liebe)
Kathy Urban
Butzweilerstr. 255
50829 Köln-Ossendorf
Tel.: (0221) 2501831
www.daserste.de/verboteneliebe
kathy.urban@ufa.de

Elke Vogt
Sürtherstr. 101, 50996 Köln
Mobil: (0172) 7855559
elkevogt@me.com

LEIPZIG
Casting Mareth&Rölcke GbR
Maria Rölcke und Cornelia Mareth
Käthe-Kollwitz-Str. 1, 04109 Leipzig
Tel.: (0341) 14909514/-15
mail@cmr-casting.de

Karimah El-Giamal
Dittrichring 17
04109 Leipzig
Tel.: (0341) 96253939
kontakt@karimah-elgiamal.de

Saxonia Media Filmproduktion GmbH
Ines Rahn
Anke Rauschenbach (Sekretärin Casting)
Altenburger Str. 7, 04275 Leipzig
Tel.: (0341) 35001250
www.saxonia-media.de
ines.rahn@saxonia-media.de

LUDWIGSBURG
Filmakademie Baden-Württemberg
Anna Schoeppe

Akademiehof 10, 71638 Ludwigsburg
Tel.: (07141) 969390
www.filmakademie.de
castingbuero@filmakademie.de

gincast
Virginia Maria Schmidt
Solitudeallee 10, 71636 Ludwigsburg
Mobil: (0178) 2135131
www.gincast.de / mail@gincast.de

MAINZ
ZDF Besetzungsbüro | PM fiktionale Programme
Helga Heich
Postfach 4040, 55100 Mainz
Tel.: (06131) 702425
www.zdf.de / Heich.H@zdf.de

ZDF Besetzungsbüro | PM fiktionale Programme
Michael Ludwig
ZDF Straße 1, 55100 Mainz
Tel.: (06131) 703987
www.zdf.de
ludwig.mi@zdf.de

MÜNCHEN
Bockhoff Casting
Maja Bockhoff-Cachera
Postfach 440311, 80752 München
Tel.: (089) 88907415
www.casting-bockhoff.de
mail@casting-bockhoff.de

An Dorthe Braker Castingbüro
An Dorthe Braker (BVC)
Belfortstr. 3, 81667 München
Tel.: (089) 4484022
andorthe@braker.de

Brigitta Hughes Casting
Brigitta Hughes
Tizianstr. 129, 80638 München
Tel.: (089) 282290
www.hughes-casting.com
brigitta@hughes-casting.com

Carpe-stellas-casting
Gilla Pallmann
Kufsteinerstr. 4, 81679 München
Tel.: (089) 182458
www.carpe-stellas.com
director@carpe-stellas.com

Casting Association Team GmbH-München
Florian Neubauer (BVC)
Petra Geidobler
Linprunstr. 38, 80335 München
Tel.: (089) 185077
www.catcasting.com
team@catcasting.com

Daniela Tolkien Castingbüro
Daniela Tolkien (BVC)
Belfortstr. 3, 81667 München
Tel.: (089) 32195648
tolkien@tolkien-casting.de

Dream Team Munich e.K.
Stephen A. Sikder (Casting Director, BVC, 2. Vorsitzender)
Sendlingerstr. 33a, 80331 München
Tel.: (089) 2366620
www.dreamteammunich.de
info@dreamteammunich.de

Franziska Aigner Casting
Franziska Aigner
Herzogstr. 62, 80803 München
Tel.: (089) 9829965
www.franziska-aigner-casting.de
mail@franziska-aigner-casting.de

Hansen Casting
Hanna Hansen
Türkenstr. 48,80799 München
Tel.: (089) 28808907
www.hansen-casting.de/
hanna@hansen-casting.de

Lore Blössl
München
lb@tv60film.de

Nessie Nesslauer Casting
Nessie Nesslauer
München
mail@nesslauer-casting.de

Roxy Film GmbH
Kathrin Küntzel-Sedler
Friedrichstr. 17, 80801 München

Tel.: (089) 38888337
Kathrin.sedler@roxyfilm.de

Sabine Schroth Casting
Sabine Schroth
Erkweg 8, 81927 München
Tel.: (089) 4891417
schrothcasting@gmx.de

Stefany Pohlmann Casting
Stefany Pohlmann
Schulstr. 58, 80634 München
Tel.: (089) 26022461
www.pohlmann-casting.de
orga@pohlmann-casting.de

Bavaria Fernsehproduktion GmbH (Serien)
Silke Klug-Bader
Gwendolyn Clayton
Bavariafilmplatz 7
82031 München | Grünwald-Geiselgasteig
Tel.: (089) 64993054
www.bavaria-fernsehproduktion.de
s.klug-bader@bavaria-film.de
Gwendolyn.Clayton@bavaria-film.de

Bavaria Fernsehproduktion GmbH
Siegfried Wagner (BVC)
Bavariafilmplatz 7
82031 München | Grünwald-Geiselgasteig
Tel.: (089) 64992648
www.bavaria-fernsehproduktion.de
Siegfried.wagner@bavaria-film.de

Bavaria Fernsehproduktion GmbH
Tanja Seehofer
Bavariafilmplatz 7
82031 München | Grünwald-Geiselgasteig
Tel.: (089) 64992462
Tanja.Seehofer@bavaria-film.de

Cornelia von Braun Casting
Cornelia von Braun (BVC)
Grünwalder Weg 28d
82041 München | Oberhaching
Tel.: (089) 67346925
cornelia@von-braun.de

MÜNSTER
supremeCast
Bärbel Bodeux
Zumsandestr. 28, 48145 Münster
Tel.: (0251)39477760
www.supremecast.de
contact@supremecast.de

NECKARTENZLINGEN (bei Stuttgart)
MM CASTING / Manolya Mutlu
Neckarburg 6
72654 Neckartenzlingen (bei Stuttgart)
Tel.: (07127) 922747
www.mm-casting.de
info@mm-casting.de

POTSDAM
Ufa Fiction
Ingrid Cuenca (BVC)
Dianastr. 21, 14482 Potsdam-Babelsberg
Tel: (0331) 7060409
www.ufa.de
ingrid.cuenca@ufa.de

UFA SERIAL DRAMA GmbH (Entwicklungsprojekte)
Heike Liebermann
Dianastr. 21, 14482 Potsdam-Babelsberg
Tel.: (0331) 7060305
heike.liebermann@ufa.de

UFA SERIAL DRAMA GmbH (GZSZ)
Heidi Krell (BVC)
Dianastr. 21, 14482 Potsdam-Babelsberg
Tel.: (0331) 7060664
gzsz.rtl.de
Heidi.krell@ufa.de

UFA SERIAL DRAMA GmbH (Leitung: Castingabteilung)
Charlotte Siebenrock (BVC)
Dianastr. 21, 14482 Potsdam-Babelsberg
Tel.: (0331) 7060664
www.ufa.de
charlotte.siebenrock@ufa.de

UFA GmbH
Nina Haun (BVC)
Alrun Seifert (Casting-Assistentin)
Dianastr. 21, 14482 Potsdam-Babelsberg
Tel.: (0331) 7060-566/564
nina.haun@ufa.de

WIEN

Castingvienna
Stephanie Kern
Ebergassingerstr. 20, A–2432 Wien
Mobil: (0043) 664 2532287
www.castingvienna.com
steffi@castingvienna.com

Eva Roth Casting
Eva Roth
Wiedner Haupstr. 45, A–1040 Wien
Tel.: (0043) 1 2082279
www.castingbuero.at
roth.evy@aon.at

Englander & Fleischhacker Casting
Lucky Englander, Fritz Fleischhacker (BVC)
Gruenangergasse 1, A–1010 Wien
Tel.: (0043) 15136290
casting@utanet.at

Judith Limberger Casting
Judith Limberger
Bennoplatz 1/8, A–1080 Wien
Tel.: (0043) 699 12185586
www.limbergercasting.com
judith@limbergercasting.com

nicole schmied casting
Nicole Schmied (BVC)
Assistentin: Doris Kammerer
Marokkanergasse 23/1, A–1030 Wien
Tel.: (0043) 1 8764899
www.schmiedcasting.at
office@schmiedcasting.at

Lisa Oláh Casting
Lisa Oláh (BVC)
Margaretenstr. 41/8, A–1040 Wien
Mobil: (0043) 676-7284433
lisa@olah.at

Rossmann casting
Marion Rossmann
Rötzergasse 8/2, A–1170 Wien
Mobil: (0043) 664-8498675
www.rossmanncasting.com
marionrossmann@me.com

westendcasting
Rita Waszilovics
Schwendergasse 41, A–1150 Wien
Tel.: (0043) 1 890427013

ZÜRICH

Susan Müller-Casting
Susan Müller
Dienerstr. 7, CH–8004 Zürich
Tel.: (0041) 44 2421091
www.susanmueller-casting.ch
info@susanmueller-casting.ch

Glaus Casting
Corinna Glaus (BVC)
Freiestr. 80, CH–8032 Zürich
Tel.: (0041) 44 2621249
www.glauscasting.ch
info@glauscasting.ch

Kettenbach Casting
Patrizia Kettenbach
Bremgartnerstr. 18, CH–8003 Zürich
Tel.: (0041) 43 9600784
www.kettenbachcasting.ch
patrizia@kettenbachcasting.ch

Swisscasting
Ruth Hirschfeld (BVC)
Spiegelgasse 29, CH–8001 Zürich
Tel.: (0041) 442615701
www.swisscasting.ch
rh@swisscasting.ch

5. Schauspielagenturen

BERLIN

1A Management
Kastanienallee 75, 10435 Berlin
Tel.: (030) 40301850
www.1amanagement.com
contact@1amanagement.com

40 Räuber – Management
Zionskirchstr. 59, 10119 Berlin
Tel.: (030) 91708062
www.40-räuber.de
office@40-räuber.de

A&C Media Community e.K.
Wilmersdorfer Str. 95, 10629 Berlin
Tel.: (030) 30106921
www.mediacommunity-berlin.de
info@mediacommunity-berlin.de

Above the Line-Berlin (VdA)
Wielandstr. 5, 10625 Berlin
Tel.: (030) 2887730
www.abovetheline.de
buero-berlin@abovetheline.de

Actors Delight
Karlsbader Str. 5b, 14193 Berlin
Mobil: (0171) 2678841
www.actorsdelight.de
post@actorsdelight.de

ACTORSgarden
Fritschestr. 27/28, 10585 Berlin
(keine Angabe zu Telefon)
www.actorsgarden.com
mail@actorsgarden.com

actors pool (VdA)
Egestorffstr. 25 b, 12307 Berlin
Tel.: (030) 8184771
www.actors-pool.de
info@actors-pool.de

Agentur Braun
13178 Berlin
Tel.: (030) 25091001
www.schauspielagentur-braun.de
mail@schauspielagentur-braun.de

Agentur Caspar
Postfach 920123, 12415 Berlin
Mobil: (0174) 8700555
www.agentur-caspar.de
mail@agentur-caspar.de

Agentur David
Selchowerstr. 33, 12049 Berlin
Tel.: (030) 34540561
www.agenturdavid-online.de
marikadavid@gmail.com

Agentur Astrid Rahn (VDSA)
Bölschestr. 68, 12587 Berlin
Tel.: (030) 4565807
www.agenturastridrahn.de
kontakt@agenturastridrahn.de

Agentur aziel (VdA)
Pfarrstr. 107, 10317 Berlin
Mobil: (0176) 23117421
www.agentur-aziel.de
info@agentur-aziel.de

Agentur Barbara Neuffer (VdA)
Derfflingerstr. 14, 10785 Berlin
Tel.: (030) 49872952
www.agenturneuffer.de
info@agenturneuffer.de

Agentur Christel Vonk
Derfflinger Str. 14, 10785 Berlin
Tel.: (030) 23095444
www.agentur-vonk.de
mail@agentur-vonk.de

agentur dorandt
Lobeckstr. 30–35, 10969 Berlin
Tel.: (030) 71576940
www.agentur-dorandt.de
mail@agentur-dorandt.de

Agentur Egmont Berlin (VdA)
Bismarckstr. 85, 10627 Berlin
Tel.: (030) 31504893
www.egmont70.de
egmont70@t-online.de

Agentur einfach anders
Calandrellistr. 34, 12247 Berlin

Tel.: (030) 46997588
www.agentur-einfachanders.de
info@agentur-einfachanders.de

Agentur Evi Bischof (VdA)
Rheinsberger Str. 23, 10435 Berlin
Tel.: (030) 85974765
www.evi-bischof.com
agentur@evi-bischof.com

Agentur Feinschliff
Kastanienallee 79, 10435 Berlin
Tel.: (030) 42082550
www.agenturfeinschliff.de
post@agenturfeinschliff.de

Agentur Flammenmehr (VdA)
Parallelstr. 24, 12209 Berlin
Tel.: (030) 49989380
www.flammenmehr.de
kathrin@flammenmehr.de

Agentur Frank Splanemann (VdA)
Schwedter Str. 45/46, 10435 Berlin
Tel.: (030) 44358729
www.splanemann.de
frank.splanemann@t-online.de

Agentur GESICHTER GbR
Schliemannstr. 41, 10437 Berlin
Tel.: (030) 40574996
www.agentur-gesichter.de
kontakt@agentur-gesichter.de

Agentur FTM Film Theater Medien
Senefelder Str. 13, 10437 Berlin
Mobil: (0176) 29575985
www.filmtheatermedien.de
filmtheatermedien@email.de

Agentur Hübchen
Pariser Str. 20, 10707 Berlin
Tel.: (030) 44341848
www.agentur-huebchen.de
info@agentur-huebchen.de

Agentur International Actors
Güntzelstr. 41, 10717 Berlin
Tel.: (030) 28506140
www.international-actors.de
info@international-actors.de

Agentur Julia Krüger
Himbeersteig 45, 14129 Berlin
Tel.: (030) 46993471
www.agentur-krueger.de
info@agentur-krueger.de

Agentur Kaltschmid
Schivelbeiner Str. 2, 10439 Berlin
Tel.: (030) 32666050
www.agenturkaltschmid.de
info@agenturkaltschmid.de

Agentur Karin Schieck (VDSA)
Urbanstr. 174, 10961 Berlin
Tel.: (030) 65799040
www.agentur-schieck.de
info@agentur-schieck.de

Agentur Kelterborn (VDSA)
Schwedter Str. 77, 10437 Berlin
Tel.: (030) 37592999
www.agenturkelterborn.com
info@agenturkelterborn.com

Agentur Kick (VdA)
Luxemburger Str. 1, 13353 Berlin
Tel.: (030) 40527996
www.agentur-kick.de
nela@agentur-kick.de

Agentur Lux (VdA)
Bamberger Str. 33, 10779 Berlin
Tel.: (030) 21968860
www.agenturlux.de / lux@agenturlux.de

agentur magnet
Rosenthaler Str. 40–41, 10178 Berlin
Tel.: (030) 27581073/74
www.agenturmagnet.de
hello@agenturmagnet.de

Agentur Matthies (VdA)
Eisenacherstr. 69 / I., 10823 Berlin
Tel.: (030) 78710293
www.agentur-matthies.de
office@agentur-matthies.de

Agentur Neuzeit
Karl-Marx-Str. 36, 12043 Berlin
Tel.: (030) 26323030
www.agenturneuzeit.de
office@agenturneuzeit.de

Agentur Osman (VdA)
Liselotte Herrmann Str. 36
10407 Berlin
Tel.: (030) 68815051
www.agenturosman.de
osman@agenturosman.de

Agentur Reed (VdA)
Schliemannstr. 32, 10437 Berlin
Tel.: (030) 6759894
www.agentur-reed.de
schliemann@agentur-reed.de

Agentur Monica Holzheim
Konstanzer Str. 9, 10707 Berlin
Tel.: (030) 88921890
www.agentur-holzheim.de
info@agentur-holzheim.de

Agentur Mosblech (VdA)
Sternallee 16, 12587 Berlin
Tel.: (030) 64094770/-71
www.agenturmosblech.de
agenturmosblech@t-online.de

Agentur Petra Nathan
Schillerstr. 26, 13158 Berlin
Tel.: (030) 71301306
www.agentur-nathan.de
office@agentur-nathan.de

Agentur Reimann (VdA)
Claudiusstr. 7, 10557 Berlin
Tel.: (030) 8526018
www.agentur-reimann.de
info@agentur-reimann.de

Agentur Retzlaff
Kurfürstenstr. 34, 10785 Berlin
Tel.: (030) 42780456
www.agenturretzlaff.de
info@agenturretzlaff.de

Agentur Ross || alle-spielen-mit.de
Zingerleweg 4b, 14089 Berlin
Tel.: (030) 80908515
www.agenturross.de
info@agenturross.de

Agentur Samuel
Hufelandstr. 25, 10407 Berlin
Tel.: (030) 42852830
www.agentur-samuel.de
ms@agentur-samuel.de

Agentur Scherf
Stubnitzerstr. 26, 13189 Berlin
Tel.: (030) 44327390
www.agenturscherf.de
info@agenturscherf.de

Agentur Schlag (VdA)
Joseph Haydn Str. 1, 10557 Berlin
Tel.: (030) 327793-4
www.schlag-agentur.de
post@schlag-agentur.de

Agentur Schneider (VdA)
Friedelstr. 27, 12047 Berlin
Tel.: (030) 62987838
www.agentur-schneider-berlin.de
office@agentur-schneider-berlin.de

Agentur Schwanenberg
Gleimstr. 43, 10437 Berlin
Tel.: (030) 54490232
www.agentur-schwanenberg.de
mail@agentur-schwanenberg.de

Agentur SEVEN
Helmholtzstr. 2–9, 10587 Berlin
Tel.: (030) 39063880
agentur-seven.de
office@agentur-seven.de

Agentur Siewert und Knittel GbR(VdA)
Raabestr. 16, 10405 Berlin
Tel.: (030) 48623462
www.siewertundknittel.de
agentur@siewertundknittel.de

agentur starke
Raabestr. 30, 12305 Berlin
Tel.: (030) 88776611
www.agenturstarke.de
info@agenturstarke.de

Agentur Tatsch (VDSA)
Rosa-Luxemburg-Str. 3, 10178 Berlin
Tel.: (030) 5532436
www.agenturtatsch.de
mail@agenturtatsch.de

Agentur Ute Nicolai (VDSA)
Goßlerstr. 2, 12161 Berlin
Tel.: (030) 8244048
www.agentur-nicolai.de
NicolaiAgt@aol.com

Agentur VIOLKA
Wiclefstr. 2, 10551 Berlin
Tel.: (030) 89569721
www.violka.de / agentur@violka.de

agenturpauly. (VdA)
Oderberger Str. 40, 10435 Berlin
Tel.: (030) 44737256
www.agenturpauly.eu
office@agenturpauly.eu

Agentur Vogel (VdA)
Dieffenbachstr. 33, 10967 Berlin
Tel.: (030) 78898892
www.agenturvogel.de
mail@agenturvogel.de

Alexander Pat – Agentur für Schauspieler
Schillerstr. 68, 10627 Berlin
Tel.: (030) 31014761
www.alexander-pat.de
info@alexander-pat.de

Andi Slawinski – Schauspielmanagement
Elisabethkirchstr. 13, 10115 Berlin
Tel.: (030) 120769231
www.andislawinski.de
mail@andislawinski.de

Anja Joos Management
Stresemannstr. 27, 10963 Berlin
Tel.: (030) 28869913
www.anjajoos-management.de
info@anjajoos-management.de

Anke Balzer – Agentur für Schauspieler (VdA)
Joachimstr. 17a, 10119 Berlin
Tel.: (030) 4017027
www.ankebalzer.de / abalzer@snafu.de

Bahl For Actors – Schauspielagentur
Anklamer Str. 4, 10115 Berlin
Tel.: (030) 48827545
www.bahl-for-actors.de
info@bahl-for-actors.de

Birgit Menzel - Die Agentin
Pariser Str. 12 – Gartenhaus
10719 Berlin
Mobil: (0173) 5346052
www.die-agentin.com
birgit.menzel@die-agentin.com

Büro Michael Schöbel
Torstr. 106, 10119 Berlin
Tel.: (030) 4737560
www.the-berliner.com
info@the-berliner.com

Cifarelli Talent Consulting (VdA)
Fidicinstr. 32, 10965 Berlin
Tel.: (030) 91519173
www.talentconsultingberlin.de
info@talentconsultingberlin.de

Cinova
Akazienstr. 27, 10823 Berlin
Tel.: (030) 31509015
www.cinova.de / film@cinova.de

ColibriAgentur für Schauspieler (VdA)
Roedernstr. 4, 12459 Berlin
Tel.: (030) 70039779
colibriagentur.de
katja.lorenz@colibriagentur.de

COMMITMENT - Agentur für Film, Fernsehen & Theater (VdA)
Fritz-Reuter-Str. 4, 10827 Berlin
Tel.: (030) 25938707
www.commitment.de
mail@commitment.de

connex management
Hohenzollerndamm 2, 10717 Berlin
Tel.: (030) 80583011/-12
www.connexberlin.de
office@connexberlin.de

Creative Pioneers Management
Alt-Moabit 55c, 10555 Berlin
Tel.: (030) 3927506
www.creative-pioneers.com
management@creative-pioneers.com

Das Imperium talent agency
Torstr. 129, 10119 Berlin
Tel.: (030) 28879520

www.dasimperium.com
georg@dasimperium.com

die agenten (VdA)
Ackerstr. 11b, 10115 Berlin
Tel.: (030) 28884330
www.die-agenten.de
news@die-agenten.de

Dirk Fehrecke Agentur (VdA)
Ludwigkirchplatz 2, 10719 Berlin
Tel.: (030) 7017340
www.fehrecke.com
dirk.fehrecke@fehrecke.com

doell*s
Rosenheimer Str. 38, 10781 Berlin
Tel.: (030) 21005100
www.doells.de / mail@doells.de

Dos Santos Entertainment
Roßweiner Ring 8, 12627 Berlin
Tel.: (030) 68080373
www.agentur-dossantos.de
kontakt@dossantos-entertainment.com

Eberstein – Agentur für Schauspieler
Müllenhoffstr. 2, 10967 Berlin
Tel.: (030) 81492474
www.agentur-eberstein.com
contact@agentur-eberstein.com

ep kuenstlermanagement
Diedenhofer Str. 4, 10405 Berlin
Tel.: (030) 44013599
www.ep-kuenstlermanagement.de
ep@ep-kuenstlermanagement.de

FangfrischSCHAUSPIEL
Potsdamer Str. 83, 10785 Berlin
Tel.: (030) 69538690
www.fangfrischschauspiel.de
info@fangfrischschauspiel.de

FastForward Management: Michaela
Marmulla Gaby Rudolph GbR (VdA)
Driesener Str. 29, 10439 Berlin
Tel.: (030) 530897-61/-63
www.fastforward-management.de
info@fastforward-management.de

film&faces
Lyckallee 47, 14055 Berlin
Tel.: (030) 3080500
www.filmandfaces.de
mail@filmandfaces.de

Fischer & Fink (VdA)
Köpenickerstr. 48/49, 10179 Berlin
Tel.: (030) 44046192
www.fischer-fink.com
info@fischer-fink.com

fitz+skoglund agents (VDSA)
Linienstr. 218, 10119 Berln
Tel.: (030) 20095310
www.fitz-skoglund.de
office@fitz-skoglund.de

Friends Connection
Ritterstr. 56, 10969 Berlin
Tel.: (030) 48495439
www.friendsconnectionberlin.de
info@friendsconnectionberlin.de

Girke Management
Nymphenburgerstr. 4
10825 Berlin
Tel.: (030) 32105422/-23
www.girkemanagement.de
info@girkemanagement.de

Gold Berlin
Senefelder Str. 26, 10437 Berlin
Tel.: (030) 32664427
www.goldberlin.de
kontakt@goldberlin.de

Goldbaum Management
Zionskirchstr. 59, 10119 Berlin
Tel.: (030) 29493606
www.goldbaum-management.de
info@goldbaum-management.de

Hobrig – Agentur für Schauspieler (VdA)
Nantestr. 70, 13127 Berlin
Tel.: (030) 91149861
www.agenturhobrig.de
hobrig@agenturhobrig.de

Hoestermann-Agentur für Schauspieler
(VdA)
Gneisenaustr. 94, 10961 Berlin

Tel.: (030) 69501881
www.hoestermann.de
mail@hoestermann.de

Impact – die Schauspielagentur
Nymphenburger Str. 2, 10825 Berlin
Mobil: (0173) 2093840
www.agentur-impact.de
info@agentur-impact.de

Inka Stelljes – Schauspieleragentur (VdA)
Joseph-Haydn-Str. 1, 10557 Berlin
Tel.: (030) 25359902
www.inka-stelljes.de
agentur@inka-stelljes.de

JB – Management Jürgen Blume
Kantstr. 120, 10625 Berlin
Tel.: (030) 80581492
www.jb-management.de
info@jb-management.de

joma schauspielmanagement
Otto-Suhr-Allee 65, 10585 Berlin
Mobil: (0176) 66111117
www.joma-berlin.de
agentur@joma-berlin.de

Just Imagine
Calvinstr. 23d, 10557 Berlin
Tel.: (030) 39909020
www.just-imagine-gmbh.de
preview@just-preview.de

Karismo International Actors
Torstr. 41, 10119 Berlin
Tel.: (030) 48494893
www.karismo.de / info@karismo.de

la strada
Ludwigkirchplatz 2, 10719 Berlin
Tel.: (030) 60031276
www.lastrada-agentur.de
mail@lastrada-agentur.de

La Winter
Mahlsdorfer Str. 22, 12555 Berlin
Tel.: (030) 74772417
la-winter.de / info@la-winter.de

LabelNoir
Paul-Robeson-Str. 43, 10439 Berlin
Mobil: (0176) 76799395
www.labelnoir.net/mitarbeiter.html
dela@labelnoir.net

LoboMedia
Passauerstr. 8, 10789 Berlin
Tel.: (030) 2360910
www.lobomedia.de
office@lobomedia.de

LuckyPunch
Postfach 121128, 10605 Berlin
Tel.: (030) 64837965
www.luckypunch-berlin.de
info@luckypunch-berlin.de

Magnolia. Agentur für Schauspieler
Lefèvrestr. 17, 12161 Berlin
Tel.: (030) 28508207
www.agenturmagnolia.de
pehle@agenturmagnolia.de

Management Erika Goldschmidt (VDSA)
Damaschkestr. 33, 10711 Berlin
Tel.: (030) 3236421
www.managementgoldschmidt.de
info@management-goldschmidt.de

Management Ramona Mohren (Verband der Schauspieler-Agenturen)
Balsaminenweg 66, 12623 Berlin
Tel.: (030) 56700586
www.management-ramonamohren.de
info@management-ramonamohren.de

MDV Management
Weserstr. 59, 12045 Berlin
Tel.: (030) 2515950
Mdvmanagement.jimdo.com
contact@mdv-management.de

Medienconnection
Komandantenstr. 14, 12205 Berlin
Tel.: (030) 25047180
www.medienconnection.de
info@medienconnection.de

MMI – MovieMind International UG
Bayerische Str. 4, 10707 Berlin
Tel.: (030) 21961810
www.moviemind.de
info@moviemind.de

more than actors
Wiclefstr. 9, 10551 Berlin
Tel.: (030) 39889420
more-than-actors.de
office@more-than-actors.de

OrientelArtists
Bismarckstr. 44, 10627 Berlin
Tel.: (030) 81037289
oriental-artists.de
contact@oriental-artists.de

Pegasus GmbH (VdA)
Bleibtreustr. 38/39, 10623 Berlin
Tel.: (030) 2849760
www.pegasus-agency.de
info@pegasus-agency.de

PLATYN
Brehmestr. 61, 13187 Berlin
Tel.: (030) 43910036
www.platyn.com / info@platyn.com

players (VdA)
Sophienstr. 21, 10178 Berlin
Tel.: (030) 2851680
www.players.de / mail@players.de

proXauf – Die Agentur (VdA)
Postfach 450360, 12173 Berlin
Tel.: (030) 31160108
www.proxauf.de
agentur@proxauf.de

public heroes
Pestalozzistr. 3, 10625 Berlin
Tel.: (030) 54710730
www.public-heroes.de
info@public-heroes.de

pure actors and presenters
Danziger Str. 135, 10407 Berlin
Tel.: (030) 45305255
www.pure-actors-and-presenters.de
info@pure-actors-and-presenters.de

Red Carpet Actors UG
Geitnerweg 7b, 12209 Berlin
Tel.: (030) 24536000
www.redcarpet-actors.com
agentur@redcarpet-actors.com

reitzenstein | management
Danzigerstr. 138, 10407 Berlin
Tel.: (030) 20215010
www.reitzenstein-management.de
info@reitzenstein-management.de

rw-management
Körnerstr. 18, 10785 Berlin
Tel.: (030) 41991026
www.rw-management.com
regina.weber@rw-management.com

Sascha Wünsch Management für Film und Fernsehen (VdA)
Stubenrauchstr. 57, 12161 Berlin
Tel.: (030) 85966673
www.sascha-wuensch.de
agentur@sascha-wuensch.de

Schauspielagentur Berger
Kirschnerweg 5, 12353 Berlin
Mobil: (0178) 1974373
www.schauspielagentur-berger.de
office@schauspielagentur-berger.de

Schauspielagentur Nathalie Danilow
Katzbachstr. 8, 10965 Berlin
Tel.: (030) 78954856
www.ndanilow.de
mail@ndanilow.de

Schumann Management
Kronenstr. 68, 10117 Berlin
Tel.: (030) 29009009
www.schumann-management.com
office@schumann-management.com

Schwarz Berlin
Ludwigkirchplatz 2, 10719 Berlin
Tel.: (030) 70173414
www.schwarzberlin.com
info@schwarzberlin.com

Siegel-Models-Berlin
Heimstr. 22, 10965 Berlin
Tel.: (030) 77206761
www.siegelmodelsberlin.de
siegel@siegelmodelsberlin.de

So & Anders Peopleagentur
Wiclefstr. 9, 10551 Berlin
Tel.: (030) 53045950

www.soundanders.com
info@soundanders.com

spielformat Schauspielagentur
Stephanstr. 16a, 10559 Berlin
Tel.: (030) 57707673-0
www.spielformat.de
sw@spielformat.de

Spielkind Talent Agency (VdA)
Zimmerstr. 11, 10969 Berlin
Tel.: (030) 2593880
www.spiel-kind.com
office@spiel-kind.com

Spielkunst
Haßlingerweg 22, 13409 Berlin
Tel.: (030) 9759400
www.spielkunst-berlin.de
langhans@spielkunst-berlin.de

TALENT-SCOUT Management International
Giesebrechtstr. 10, 10629 Berlin
Mobil: (0171) 4861200
www.talent-scout-international.eu
info@talent-scout-international.eu

ten4you (VdA)
Marienstr. 19–20, 10117 Berlin
Tel.: (030) 28482150
ten4you.de / ten@ten4you.de

trusted agents agentur für medien e. K. (VdA)
Joseph-Haydn-Str. 1, 10557 Berlin
Tel.: (030) 80496522
www.trusted-agents.de
mail@trusted-agents.de

Ulrich Meinhard Management :: umcp (VdA)
Leonhardtstr. 11, 14057 Berlin
Tel.: (030) 3246711
www.umcp.de / office@umcp.de

Underplay
Lychener Str. 21, 10437 Berlin
Tel.: (030) 43739647
www.underplay.de
record@underplay.de

Vamos! Actors
Heimstr. 22, 10965 Berlin
Tel.: (030) 76904001
www.vamosactors.de
info@vamosactors.de

Velvet (VdA)
Dieffenbachstr. 33 / 3. Hof Aufgang C
10967 Berlin
Tel.: (030) 3926078
www.agentur-velvet.de
info@agentur-velvet.de

Vollpension Medien GmbH
Einsteinufer 63
10587 Berlin
Tel.: (030) 330063722
www.vollpension-medien.de/schaupieler.html
info@vollpension-medien.de

Wasted Management
Dieffenbachstr. 33, 10967 Berlin
Tel.: (030) 37580005
www.wasted-management.de
wasted.mgmt@tma-mv.net

Gunda Kniggendorf Management Film und Musik
Meseberger Dorfstr. 17
16775 Berlin | Gransee
Tel.: (03306) 202770
www.gundakniggendorf.de
mail@gundakniggendorf.de

Marabu Media Management
Schönfließer Str. 25 H-K
16540 Berlin | Hohen Neuendorf
Tel.: (03303) 509023
www.marabu-media-management.de
office@marabu-media.de

Agentur Divina
Schlehdornweg 2
14532 Berlin | Kleinmanchow
Tel.: (033203) 86086
www.divina.at / office@divina.at

Agentur AP!TZ (VdA)
Wacholderweg 3
15712 Berlin | Königs Wusterhausen
Tel.: (03375)215804

www.agentur-apitz.de
info@agenturapitz.de

Style & Class Event GmbH
Machaweg 8
14532 Berlin | Kleinmachnow
Tel.: (033203) 8650-11
www.style-class.de
susanne.mertins@style-class.de

Agentur Kling
Amselweg 8, 14557 Berlin | Michendorf-Wilhelmshorst
Tel.: (033205) 62854
www.agentur-kling.de
mail@agentur-kling.de

agentur adam
August-Bebel-Str. 27
14482 Berlin | Potsdam
Tel.: (0331) 97996976
www.agenturadam.de
info@agenturadam.de

RIETZ Management
Dieselstr. 18
14482 Berlin | Potsdam-Babelsberg
Tel.: (0331) 70460344
www.rietz-management.de
kontakt@rietz-management.de

Agentur Wendel
Kurfürstenstr. 5
14467 Berlin | Potsdam
Tel.: (030) 80106888
www.agenturwendel.de
agentur@agenturwendel.de

BOCHUM
Agentur Britta Imdahl (VdA)
Paddenbett 6, 44803 Bochum
Tel.: (0234) 9789773
www.imdahl.com
info@imdahl.com

Agentur Volker Störzel (VdA)
Königsallee 140, 44789 Bochum
Tel.: (0234) 311999
www.agentur-stoerzel.de
info@agentur-stoerzel.de

BONN
S2 Management
Burbacher Str. 79, 53129 Bonn
Tel.: (0228) 18007476
www.s2-management.de
kontakt@s2-management.de

callmyagent Schauspielagentur Gisela Stutzke
Pastor-Hochhard-Str. 6
53757 Bonn | St. Augustin
Tel.: (02241) 2090397
www.cmya.de
gistutzke@googlemail.com

BREMEN
Agentur Nielsen (VDSA)
Geeren 24, 28195 Bremen
Tel.: (0421) 4919572
www.agenturnielsen.de
kontakt@agenturnielsen.de

DRESDEN
Heads
Marienallee 2, 01099 Dresden
Tel.: (0351) 3114901
www.agentur-heads.de
mail@agentur-heads.de

DÜSSELDORF
Agentur Kristina Schwarz
Karweg 15, 40589 Düsseldorf
Tel.: (0211) 6009365
www.kristina-schwarz.de
info@kristina-schwarz.de

Allure – Die Künstleragentur
Niederkasseler Str. 33, 40547 Düsseldorf
Tel.: (0211) 4685167
agentur-allure.de
info@agentur-allure.de

eichhornculturdialog GmbH
David Eichhorn
Am Wiedenhof 2a, 40489 Düsseldorf
Tel.: (0211) 4089920
www.agentur-eichhorn.de
info@agentur-eichhorn.de

Frank Oliver Schulz-Agentur für Film I Fernsehen I Theater
Kaiserswerther Markt 29

40489 Düsseldorf
Tel.: (0211) 2408700
www.frank-oliver-schulz.de
mail@frank-oliver-schulz.de

Vordenker & Freigeist Management
Malkastenstr. 17, 40211 Düsseldorf
Tel.: (0211) 17523996
www.vordenkerundfreigeist.com
info@vordenkerundfreigeist.de

FRANKFURT a. M.
Absolut Actors Management
Falkstr. 51, 60487 Frankfurt a. M.
Tel.: (069) 97786352
www.absolutactors.de
management@absolutactors.de

Agentur Thul :: Characters
Dehnhardtstr. 59
60433 Frankfurt a. M.
Mobil: (0160) 93878877
www.thul-characters.de
office@thul-characters.de

GEESTHACHT
benjamin ahlborn management
Postfach 2021, 21498 Geesthacht
Tel.: (04152) 839111
www.benjaminahlborn.de
mail@benjaminahlborn.de

HALLE
HARB-CONNECTION (VdA)
An den Quellen 5, OT Wallendorf
06258 Halle | Schkopau
Tel.: (034639) 806755
www.harb-connection.de
office@harb-connection.de

HAMBURG
A1 Team GmbH
Rothenbaumchaussee 209
20149 Hamburg
Tel.: (040) 45060616
www.a1-team.com
info@a1-team.com

AB Glanz
Neuer Pferdemarkt 1, 20359 Hamburg
Tel.: (040) 85359-108
www.ab-glanz.ed / info@ab-glanz.de

ABsolutely FABulous
Am Kiekeberg 16, 22587 Hamburg
Tel.: (040) 46005942
www.absolutely-fabulous.de
info@absolutely-fabulous.de

actors communication
Postfach 13 03 73, 20103 Hamburg
Mobil: (0172) 1519133
www.actorscommunication.de
kontakt@ckac.de

Agentur Gäbel
Ulmenstr. 18c, 22299 Hamburg
Tel.: (040) 2792252
www.agenturgaebel.de
info@agenturgaebel.de

Agentur Gehrmann
Gaußstr. 19e, 22765 Hamburg
Tel.: (040) 39906407
www.agentur-gehrmann.de
mg@agentur-gehrmann.de

Agentur Gottschalk & Behrens
Gaußstr. 176, 22765 Hamburg
Tel.: (040) 4327663
www.gottschalk-behrens.com
info@gottschalk-behrens.de

agentur norbert schnell (VdA)
Abendrothsweg 23, 20251 Hamburg
Tel.: (040) 41623300
www.agentur-norbert-schnell.de
info@agentur-norbert-schnell.de

Agentur Patricia Horwitz
Erdmannstr. 10, 22765 Hamburg
Tel.: (040) 4800526
www.patriciahorwitz.de
mail@patriciahorwitz.de

agentur regine schmitz
Osterstr. 124, 20255 Hamburg
Tel.: (040) 87976982
www.agentur-regine-schmitz.de
info@regine-schmitz.com

Agentur Reuter
Rothenbaumchaussee 73
20148 Hamburg
Tel.: (040) 89067960

www.agentur-reuter.com
mail@agentur-reuter.com

Agentur Schott & Kreutzer
Weidenallee 37a, 20357 Hamburg
Tel.: (040) 39909915
www.schott-kreutzer.de
info@schott-kreutzer.de

Agentur Spirit
Bahrenfelder Str. 197, 22765 Hamburg
Tel.: (040) 39109066
www.spiritspirit.de / info@spiritspirit.de

agenturFILMGOLD
Patrick Naschlenas
Haubachstr. 19, 22765 Hamburg
Tel.: (040) 38907957
www.agenturfilmgold.de
info@agenturfilmgold.de

bremer&rump (VdA)
Auf der Heide 1b, 22393 Hamburg
Tel.: (040) 41333370
www.bremer-rump.de
agentur@bremer-rump.de

cdreikauss management – agentur für schauspieler
Legienstr. 10, 22111 Hamburg
Tel.: (040) 73674243
www.cdreikauss-schauspieler.de
info@cdreikauss-schauspieler.de

CKS Actorsagency Hamburg
Tesdorpfstr. 19, 20148 Hamburg
Tel.: (040) 94792046
www.actorsagency-hamburg.de
vlasta@actorsagency-hamburg.de

cornette Artists
Heynstr. 19, 20249 Hamburg
Tel.: (040) 570097-20
www.cornette.de / info@cornette.de

Edison Marketing + Management Services
Amundsenstr. 38, 22767 Hamburg
Tel.: (040) 85108714
edison-management.de
info@edison-management.de

F.A.M.E. Film & Medien Entertainment GmbH Actors Management
Banksstr. 2a, 20097 Hamburg
Tel.: (040) 67587937
www.fame-management.de
info@fame-management.de

Family Style Ltd.
Glockengießerwall 26, 20095 Hamburg
Tel.: (040) 809081352
www.familystyle.eu / info@familystyle.eu

FC Norden 02
Film Characters
Bahrenfelder Str. 156, 22765 Hamburg
Tel.: (040) 38011750
www.fcnorden.de / spieler@fcnorden.de

FEM management for film
St.Pauli Hafenstr. 140, 20359 Hamburg
Tel.: (040) 28050709
www.forfilm.de
fem.management@forfilm.de

Funke & Stertz-Medien Agenten
Schulterblatt 58, 20357 Hamburg
Tel.: (040) 4321610
www.funke-stertz.de
mail@funke-stertz.de

haieundreiher schauspieleragentur
Alte Berner Str. 3, 22147 Hamburg
Tel.: (040) 39909699
www.haieundreiher.de
buero@haieundreiher.de

Hansafilm Young Talents (VdA)
Ruhrstr. 6b, 22761 Hamburg
Tel.: (040) 35730700
www.hansafilm-youngtalents.com
agency@hansafilm.com

Karena Kanamüller Management
Isestr. 25, 20144 Hamburg
Tel.: (040) 42101883
www.kanamueller-management.de
karena@kanamueller-management.de

klostermann & thamm gbr – agentur für schauspieler
Königstr. 32, 22767 Hamburg
Tel.: (040) 57009694

www.klostermann-thamm.de
office@klostermann-thamm.de

Künstleragentur Sandra Rudorff
Am Eichenplatz 8, 22549 Hamburg
Tel.: (040) 58968964
www.sandrarudorff.de
agentur@sandrarudorff.de

Ohene-Dokyi Management
Rehhoffstr. 16, 20459 Hamburg
Tel.: (040) 30330985
www.ohene-dokyi-management.de
mail@ohene-dokyi-management.de

qualifyer – agentur für schauspieler
Bernhard-Nocht-Str. 89–91
20359 Hamburg
Tel.: (040) 38614632
www.qualifyer.de / info@qualifyer.de

RAKETE management
Rütgerweg 4, 22763 Hamburg
Tel.: (040) 8801103
www.rakete-management.de
info@rakete-management.de

Schauspielagentur Gipfelstürmer
Hamburger Berg 22, 20359 Hamburg
Tel.: (040) 32969770
www.agentur-gipfelstürmer.de
kontakt@agentur-gipfelstürmer.de

Schümann-Struck Schauspielerberatung
Rothenbaumchaussee 189
20149 Hamburg
Mobil: (0171) 952-0175/-4937
www.schuemann-struck.de
office@schuemann-struck.de

twentyone – Agentur für Schauspiel
Susannenstr. 26, 20357 Hamburg
Tel.: (040) 7975578-0
www.agentur-twentyone.de
infoagentur-twentyone.de

Uta Hansen Management (VdA)
Schulterblatt 58, 20357 Hamburg
Tel.: (040) 4391641
www.uta-hansen.de
Agentur@uta-hansen.de

Windhuis. Agentur für Theater, Film und Fernsehen (VdA)
Eidelstedter Weg 47, 20255 Hamburg
Tel.: (040) 54809054
www.agentur-windhuis.de
info@agentur-windhuis.de

Agentur FilmArtists. Agentur für Film und Fernsehen
Hauptstr. 7
21514 Hamburg | Hornbek
Tel.: (04158) 888663
www.filmartists.de / office@filmartists.de

Actors Connection (VdA)
Kuckucksberg 9
22952 Hamburg | Lütjensee
Tel.: (04154) 79390
www.actorsconnection-agentur.de
info@ac-a.de

Agentur Breilmann
Toppenstedter Kirchweg 11
21376 Hamburg | Salzhausen
Tel.: (04172) 961803
www.agentur-breilmann.de
webmaster@agentur-breilmann.de

HOHENKIRCHEN
Frederking Management
Esterwagnerstr. 6
85635 Höhenkirchen-Siegertsbrunn
Tel.: (08102) 987960
www.frederking-management.de
mail@frederking-management.de

KIEL
Romana Klein Schauspielagentur für Film, TV & Werbung
Büsumer Weg 51, 24106 Kiel
Tel.: (0431)3890625
www.romanaklein.de
info@romanaklein.de

KÖLN
7 Punkt 7
Gotenring 57, 50679 Köln
Tel.: (0221) 981740
www.7punkt7.de / info@7punkt7.tv

Agentur Aggias
Hebbelstr. 82a, 50968 Köln

Tel.: (0221) 3104996
www.aggias.de
agentur@aggias.de

Agentur Ahrweiler (VdA)
Neue Maastrichter Str. 12
50672 Köln
Tel.: (0221) 731843
www.agentur-ahrweiler.de
info@agentur-ahrweiler.de

Agentur BIZZybody
Mühlengasse 1, 50667 Köln
Tel.: (0221) 2581443
www.agentur-bizzybody.de
info@agentur-bizzybody.de

Agentur Blue-Box
Wiener Weg 8, 50858 Köln
Tel.: (0221) 3790153
www.agentur-bluebox.de
info@agentur-bluebox.de

Agentur C. Keiler
Wilhelm-von-Capitaine-Str. 20
50858 Köln
Tel.: (0221) 9484791
www.agentur-christinakeiler.de
info@agentur-christinakeiler.de

Agentur Caci
c/o unit-medienhaus
Lindenstr. 14, 50674 Köln
Tel.: (0221) 46756233
www.agentur-caci.de
info@agentur-caci.de

agentur factory (VdA)
Am Braunsacker 44, 50765 Köln
Tel.: (0221) 5904525
www.agenturfactory.de
mail@agenturfactory.de

Agentur Heike Siegel
Reiherstr. 44, 50997 Köln
Tel.: (02233) 7134888
www.heikesiegel.com
heikesiegel@heikesiegel.com

Agentur J.S. Productions Köln
Postfach 1320, 50241 Köln | Pulheim
Tel.: (0221) 5070510
www.jsproduction.de
j.s.production@t-online.de

Agentur Marita Stimberg
Am Rinkenpfuhl 49, 50676 Köln
Tel.: (0221) 2718566
www.maritastimberg.de
marita.stimberg@t-online.de

Agentur Peter Fley (VdA)
Maybachstr. 155–157, 50670 Köln
Tel.: (0221) 16924986
www.peterfley.com / info@peterfley.com

Agentur Thomas Wernicke (VdA)
Aquinostr. 15, 50670 Köln
Tel.: (0221) 737151
www.thomas-wernicke.eu
agentur@thomas-wernicke.eu

alaimoactors (VdA)
Maastricher Str. 22, 50672 Köln
Tel.: (0221) 16916995
www.alaimoactors.de
info@alaimoactors.de

Allendorf Riehl GmbH
Sabine Friedichs (verantwortlich für den Bereich TV)
Kaesenstr. 17, 50677 Köln
Tel.: (0221) 39910
www.allendorf-riehl.de
info@allendorf-riehl.de

Arturo Agency
Dillenburger Str. 67, 51105 Köln
Mobil: (0163) 3304966
www.arturoagency.de
info@arturoagency.de

Attori
Rolandstr. 69, 50677 Köln
Tel.: (0221) 3978865
www.attori.de
attori-agentur@t-online.de

Barbarella Entertainment
Aachener Str. 26, 50674 Köln
Tel.: (0221) 9515900
www.barbarella.de / mail@barbarella.de

Büro für Schauspieler Jutta Schafmeister (VdA)
Große Witschgasse 19, 50676 Köln
Mobil: (0172) 2938200
www.jutta-schafmeister.de
info@jutta-schafmeister.de

Charactors (VdA)
Metzer Str. 35, 50677 Köln
Tel.: (0221) 9378970
www.charactors.de
office@charactors.de

connACT
Blumenthalstr. 18, 50670 Köln
Tel.: (0221) 3103905
www.connact.de / einsle@connact.de

Crossover
Riehler Platz 5, 50668 Köln
Tel.: (0221) 9730840
www.crossover.de / info@crossover.de

Daniel Navarro Management
Rubensstr. 1–3, 50676 Köln
Tel.: (0221) 16899297
www.loenne-navarro.com
dn@loenne-navarro.com

Die Alternative
Roonstr. 26, 50674 Köln
Tel.: (0221) 97132714
www.die-alternative.tv
info@die-alternative.tv

Excentric Artist Management e.K.
Friesenwall 84, 50672 Köln
Tel.: (0221) 58871552
www.excentricmanagement.com
malte.hentschel@
excentricmanagement.com

Go East-Agentur für osteuropäische Schauspieler
Otto-Fischer-Str. 21, 50674 Köln
Tel.: (0221) 28275572
www.goeastagentur.de
info@goeastagentur.de

hb management
Marsiliusstr. 36, 50937 Köln
Tel.: (0221) 3551750
www.hb-management.info
mail@hb-management.info

Heimann.s Agentur
Hochstadenstr. 33, 50674 Köln
Tel.: (0221) 8469120
www.heimanns-agentur.de
info@heimanns-agentur.de

HPR Künstler & Medien GmbH
Schanzenstr. 30, 51063 Köln
Tel.: (0221) 788722-0
www.hpr.de / anja.kronenberg@hpr.de

Jondral Künstler-Management
Schanzenstr. 39 / Geb. E1, 51063 Köln
Tel.: (0221) 93338-100
www.jondral.de
info@jondral.de

kick.management GmbH
Burgunderstr. 8, 50677 Köln
Tel.: (0221) 338625
www.kick-management.de
uve.lammers@kick-management.de

l'agenzia Media
Rather Str. 8, 50259 Köln | Pulheim
Tel.: (02238) 9585067
www.i-agenzia.de / info@l-agenzia.de

LOM-HUGO winkels
Machabäerstr. 31, 50668 Köln
Tel.: (0221) 1689784
www.l-o-m.com
hugo.winkels@l-o-m.com

Martin Glahn Management
Manderscheider Str. 8, 50937 Köln
Tel.: (0221) 9419438
www.martinglahn.de
mail@martinglahn.de

Pool Position Management GmbH
Eifelstr. 29, 50677 Köln
Tel.: (0221) 9318060
www.pool-position.net
Jennifer.Beging@pool-position.net

Ravenrocker
Aachener Str. 28, 50674 Köln
Tel.: (0221) 9894840

www.ravenrocker.de
info@ravenrocker.de

Schauspielagentur 60plus
Carole Schmitt und Ulrike Boldt
Unter den Ulmen 112, 50968 Köln
Tel.: (0221) 27610730
www.schauspieler60plus.de
office@schauspieler60plus.de

Schönhauser Promotion GmbH
Cäsarstr. 58, 50968 Köln
Tel.: (0221) 3480840
www.schoenhauser-promotion.de
info@schoenhauser-promotion.de

yasemin balaban management
Moltkestr. 67–69, 50674 Köln
Tel.: (0221) 525303
www.proAct-agentur.de
mail@yb-management.com

z management
Marsiliusstr. 36, 50937 Köln
Tel.: (0221) 9349424
www.z-management.info
kontakt@z-management.info

zentralbüro – agentur für theater, film & fernsehen (VdA)
Apostelnstr. 11, 50667 Köln
Tel.: (0221) 29076870
www.zentralbuero.com
lampugnani@zentralbuero.com

Public-People
Am Alten Bahnhof 24
50354 Köln | Hürth
Tel.: (02233) 7134223
www.public-people.de
info@public-people.de

LEIPZIG
Schumann Management, Büro Leipzig
Däumlingsweg 28, 04277 Leipzig
Tel.: (0341) 2276157
www.schumann-management.com
alex@schumann-management.com

MANNHEIM
BG Artists & Services
Scheffelstr. 19
68526 Mannheim | Ladenburg
Tel.: (06203) 922424
www.bgartists.de / contact@bgartists.de

MARSBERG
REX GmbH
Bülberg 1, 34431 Marsberg
Tel.: (02992) 977190
www.rex-gmbh.de / fiege@rex-gmbh.de

MEERBUSCH
Agentur 50plus
In der Loh 21, 40668 Meerbusch
Tel.: (02150) 910239
www.schauspieler50plus.de
office@schauspieler50plus.de

Agentur Ulrike Boldt
In der Loh 21, 40668 Meerbusch
Tel.: (02150) 206562
www.agentur-ulrike-boldt.de
office@agentur-ulrike-boldt.de

MEINERZHAGEN
Dopamin Models / Schauspielerabteilung
Stettiner Str. 26, 58540 Meinerzhagen
Tel.: (02354) 904821
www.dopaminmodels.com
info@dopaminmodels.com

MÜNCHEN
Above the Line-München (VdA)
Theresienstr. 31, 80333 München
Tel.: (089) 5990840
www.abovetheline.de
mail@abovetheline.de

ACTORS & TALENTS
Tangastr. 60, 81827 München
Tel.: (089) 64282139
www.actorsandtalents.de
info@actorsandtalents.de

Actors Management (VdA)
Frans-Hals-Str. 7, 81479 München
Tel.: (089) 7901316
www.actorsmanagement.de
gaetani@actorsmanagement.de

Agentur Alexander (VDSA)
Lamontstr. 9, 81679 München
Tel.: (089) 476081

www.agentur-alexander.de
mail@agentur-alexander.de

Agentur Carola Studlar (VdA)
Agnesstr. 47, 80798 München
Tel.: (089) 1223510
www.studlar.de / agentur@studlar.de

Agentur Claudia Böck
Bert-Brecht-Allee 13, 81737 München
Tel.: (089) 6709724
www.agenturboeck.de
cb@agenturboeck.de

Agentur ContrAct
Infanteriestr. 19, Haus 5
80797 München
Tel.: (089) 30798600
www.agentur-contract.de
info@agentur-contract.de

Agentur de Pablos
Breisacherstr. 25, 81667 München
Tel.: (089) 4482095
www.agenturdepablos.de
info@agenturdepablos.de

Agentur Dietrich – Claudia Spies (VDSA)
Schleißheimer Str. 6, 80333 München
Tel.: (089) 229433
www.agentur-dietrich.de
mail@agentur-dietrich.de

Agentur Ebisch
Schellingstr. 124, 80798 München
Tel.: (089) 28996610
www.agenturebisch.de
mail@agenturebisch.de

Agentur Gotha (VDSA)
Elisabethstr. 19, 80796 München
Tel.: (089) 20321707
www.agentur-gotha.de
info@agentur-gotha.de

agentur hahlweg
Heinar-Kipphardt-Weg 15
81927 München
Tel.: (089) 215529150
www.agentur-hahlweg.de
mailagentur-hahlweg.de

Agentur Heppeler (VdA)
Steinstr. 54, 81667 München
Tel.: (089) 4488484
www.agentur-heppeler.de
mail@agentur-heppeler.de

Agentur Jovanovic (VDSA)
Theresienstr. 124, 80333 München
Tel.: (089) 184091/-92
www.agentur-jovanovic.de
info@agentur-jovanovic.de

Agentur Kick Schauspielervermittlung
Ottilienstr. 70, 81827 München
Tel.: (089) 43748349
www.agentur-kick.de
office@agentur-kick.de

Agentur Lentz – Peter Reinholz (VDSA)
Herzogstr. 66, 80803 München
Tel.: (089) 28777960
www.agentur-lentz-reinholz.de
p.reinholz@agentur-lentz-reinholz.de

Agentur notabene
Laufzorner Str. 22, 82031 München
Tel.: (089) 649140-41/42
www.agentur-notabene.de
mail@agentur-notabene.de

Agentur Schauspielplatz
Regerstr. 27, 81541 München
Tel.: (089) 905482-11
www.schauspielplatz.de
email@schauspielplatz.de

Agentur Sibylle Flöter (VdA)
Am Glockenbach 7, 80469 München
Tel.: (089) 8954290592
www.agenturfloeter.de
mail@agenturfloeter.de

Agentur Silke Rein
Heinrich-Lübke-Str. 9
81737 München
Tel.: (089) 299911
www.agentur-silke-rein.de
kontakt@agentur-silke-rein.de

ATR agentur tanja rohmann
Pestalozzistr. 42, 80469 München
Tel.: (089) 20206211

www.a-t-r.net
office@agentur-tanja-rohmann.de

B.K.Management
Von-der-Vring-Str. 41, 81929 München
Tel.: (089) 93932540
www.bkmanagement.de
bettinakleine@web.de

Büro Antje Schmieder
Grillparzerstr. 45, 81675 München
Tel.: (089) 92896938
buero-antjeschmieder.de
buero@antjeschmieder.de

CREATIVE MOVIE ACTORS
Waldschulstr. 71, 81827 München
Tel.: (089) 43779270
www.cma-actors.de
info@cma-actors.de

Das Licht geht an!
Breisacherstr. 12, 81667 München
Mobil: (0176) 49117541
daslichtgehtan.com
mail@daslichtgehtan.com

German Actors Agency
Maximilianstr. 13, 80539 München
Tel.: (089) 203006-188
www.germanactorsagency.jimdo.com
reception@german-actors-agency.com

Judith Sutter Management
Belfortstr. 8, 81667 München
Tel.: (089) 20351864/66
www.sutter-management.de
info@sutter-management.de

Management-Lautenbacher
Rumfordstr. 35, 80469 München
Tel.: (089) 298124
www.management-lautenbacher.de
info@management-lautenbacher.de

Mittermayer – Agentur & Schauspieler Management
Infanteriestr. 19 / Haus 6, 2. OG
80797 München
Tel.: (089) 12717377
www.agentur-mittermayer.de
mail@agentur-mittermayer.de

MPA actors management
Kranichweg 20, 81827 München
Tel.: (089) 81059911
www.actors-management.com
info@actors-management.com

MR Marc Rosenberg
Gleichmannstr. 7, 81241 München
Tel.: (089) 82020066
www.mr-management.de
agentur@mr-management.de

München Musical
Klenzestr. 44, 80469 München
Tel.: (089) 57086677
www.matthias-gentzen.com
gentzen@aol.com

RAKETE management
Gollierstr. 14a, 80339 München
Tel.: (089) 97397712
www.rakete-management.de
info@rakete-management.de

Scenario
Rambergstr. 5, 80799 München
Tel.: (089) 34020927
www.agentur-scenario.de
mail@agentur-scenario.de

Set-Agentur
Theodor-Lipps-Str. 4b,
80997 München
Tel.: (089) 14335810
www.set-agentur.de
kontakt@set-agentur.de

Shock The Monkey
Schellingstr. 109a, 80798 München
Tel.: (089) 54271080
www.shockthemonkey.de
info@shockthemonkey.de

Tatjana Lobbes Management
Brabanter Str. 20, 80805 München
Tel.: (089) 41177016
www.lobbesmanagement.de
contact@lobbesmanagement.de

Baumbauer Actors (VDSA)
Bräuhausweg 7, 82335 München | Berg
Tel.: (081) 51448852

Mobil: (0151) 24051834
www.baumbaueractors.com
pb@baumbaueractors.com

Actors & Models
Zellweg 3
83620 München | Feldkirchen-Westerham
Tel.: (08063) 2006918
www.actors-models.de
gaby@actors-models.de

unit | one – Agentur Christian Kemme (VdA)
Mühlthaler Weg 16
82131 München | Gauting-Königswiesen
Tel.: (089) 45229040
www.agentur-unitone.de
christian.kemme@agentur-unitone.de

Experts Agentur
Isardamm 16c
82538 München | Geretsried
Tel.: (08171) 96263
www.experts-agentur.de
office@ilgmann-management.de

Management Rehling (VDSA)
Kirchenstr. 17c
82110 München | Germering
Tel.: (089) 21963662
www.managementrehling.com
irmgard@scheermann.de

united actors | agency
Dr.-Max-Str. 10
82031 München | Grünwald
Tel.: (089) 649113-45
www.ua-a.net / contact@ua-a.net

Agentur Mattes – Sonja Vogel (VDSA)
Wallbergstr. 15
85635 München | Höhenkirchen
Tel.: (08102) 8018999
www.agentur-mattes.de
mail@agentur-mattes.de

Agentur de la Berg
Ebenhauser Str. 7
82057 München | Icking
Tel.: (08178) 3681
www.agentur-delaberg.de
service@agentur-delaberg.de

Agentur Fuhrmann
Lindenstr. 8a
84424 München | Isen-Pemmering
Tel.: (08124) 9099894
www.agentur-fuhrmann.de
info@agentur-fuhrmann.de

Agentur Wandinger
Firkenweg 5
85774 München | Unterföhring
Tel.: (089) 37954754
www.agentur-wandinger.de
mail@agentur-wandinger.de

Redseven Artists & Events GmbH
Medienallee 7
85774 München | Unterföhring
Tel.: (089) 95077051
www.redseven.de/artists
Katrin.Langenkaemper@redseven.de

Agentur Hein-Schlossmacher (VDSA)
Valerystr. 16a
85716 München | Unterschleißheim
Tel.: (089) 3108230
www.agentur-hein-schlossmacher.de
info@agentur-hein-schlossmacher.de

Schauspiel Management Joa van Overstraaten
Agentur für Film und Fernsehen
Postfach 1320
82503 München | Wolfratshausen
Tel.: (08171) 3864434
www.schauspielmanagement.de
mail@schauspielmanagement.de

NÜRNBERG

Noris Media Management
Postfach 2117
90711 Nürnberg | Fürth
Tel.: (09127) 598368
www.norismediamanagement.com
info@norismediamanagement.com

OFFENBACH

Kircher Management
Schlesierstr. 15, 63069 Offenbach a. M.
Mobil: (0172) 6810515
www.kircher-management.de
norbert.nki.kircher@arcor.de

POTSDAM
agentur adam (VdA)
August-Bebel-Str. 27
14482 Potsdam-Babelsberg
Tel.: (0331) 97996976
www.agenturadam.de
info@agenturadam.de

WIEN
Actors & Company, A&C Künstler-agentur GmbH
Horneckg. 6/4, A–1170 Wien
Tel.: (0043) 1 4856151
www.actors.company.at
office@actors.company.at

Actors Support
Dammstr. 24/50, A–1200 Wien
Tel.: (0043) 1 60004840
www.epa.at/actors-support
actors-support@epa.at

Agentur Evi Bischof (VdA) – Büro Wien
Rockhgasse 4/29, A–1010 Wien
Tel.: (0043) 1 5128208
www.evi-bischof.com
agentur@evi-bischof.com

Agentur Fürst
Schillochweg 49/ Haus 2, A–1220 Wien
Tel.: (0043) 0664-1920696
www.agenturfuerst.at
mail@agenturfuerst.at

AMT
Liniengasse 18, A–1060 Wien
Tel.: (0043) 1-4095944
www.amtvienna.com
amt@amtvienna.com

Brainchild Actors Studio
Dürergasse 7, A–1060 Wien
Tel.: (0043) 1-2082761
www.brainchild.at
head@brainchild.at

Conactor
Stolzenthalergasse 3/9, A–1080 Wien
Tel.: (0043) 12 085485
www.conactor.at
cornelia.albrecht@conactor.at

Daniela Stibitz
Himmelstr. 11/6, A–1190 Wien
Tel.: (0043) 1 3286360
www.stibitz-management.at
office@stibitz-management.at

Doris Fuhrmann management (VdA)
Fleischmarkt 28, A–1010 Wien
Tel.: (0043) 1 5133732
www.fuhrmannmanagement.com
office@fuhrmannmanagement.com

Glanzlichter
Trattnerhof 2, A–1010 Wien
Tel.: (0043) 1 5332077
www.glanzlichter.at
buero@glanzlichter.at

Performing Center Austria
Zieglergasse 7, A–1070 Wien
Tel.: (0043) 1-5235656
www.performingcenter.at
artists@performingcenter.at

Petra Torky Management
Wehrgasse 22/12, A–1050 Wien
Tel.: (0043) 664 5201847
www.petra-torky.com
office@petra-torky.com

React Talent Management
Zollergasse 2/1/TOP 53
A–1070 Wien
Tel.: (0043) 699 11103678
www.reactmanagement.com
office@reactmanagement.com

Tanja Siefert, Agentur für Schauspieler
Horneckgasse 6/4, A–1150 Wien
Tel.: (0043) 1 4814100
www.agentursiefert.at
mail@agentursiefert.at

Vienna People
Mariahilferstr. 101/1/3/24
A–1060 Wien
Tel.: (0043) 1 5950505
www.viennapeople.at
office@viennapeople.at

Management Rehling (VDSA)
Rathausstr. 67
A–3492 Wien | Etsdorf am Kamp
Tel.: (0043) 2273577199
www.managementrehling.com
ar@managementrehling.com

WÜRZBURG
Künstleragentur Vollmond
Mariannhillstr. 2c, 97074 Würzburg
Tel.: (0931) 6668131
www.kuenstlerbuero-vollmond.de
info@kuenstlerbuero-vollmond.de

ZÜRICH
Bolay Management
Zürich | Affoltern am Albis
Tel.: (0041) 76 5466778
www.bolaymanagement.com
mb@bolaymanagement.com

6. Schauspielagenten der ZAV (Zentrale Auslands- und Fachvermittlung der Bundesagentur für Arbeit)

ZAV-Berlin (Bühne)
Birgit Durand, Peter Junkuhn und Beate Darius
Friedrichstr. 39, 10969 Berlin
Tel.: (030) 555599 6810
www.zav.arbeitsagentur.de
zav-berlin-kv@arbeitsagentur.de

ZAV-Berlin (Film/Fernsehen)
Sonja Sommer, Christiane Karlauf, Thomas Melzer und Xue Zhao
Friedrichstr. 39, 10969 Berlin
Tel.: (030) 555599 6810
www.zav.arbeitsagentur.de
zav-berlin-kv@arbeitsagentur.de

ZAV-Hamburg (Bühne)
Rüdiger List und Irene Pesel
Gotenstr. 11, 20097 Hamburg
Tel.: (040) 2840150
www.zav.arbeitsagentur.de
zav-hamburg-kv@arbeitsagentur.de

ZAV-Hamburg (Film/Fernsehen)
Kerstin Knudsen und Monika Kolbe
Goten Str. 11, 20097 Hamburg
Tel.: (040) 28401522
www.zav.arbeitsagentur.de
zav-hamburg-kv@arbeitsagentur.de

ZAV-Köln (Bühne)
Volkmar Kampmann, Sven Nichulski und Carmen Plate
Innere Kanalstr. 69, 50823 Köln
Tel.: (0221) 554030
www.zav.arbeitsagentur.de
zav-koeln-kv@arbeitsagentur.de

ZAV-Köln (Film/Fernsehen)
Kerstin Erle, Ines Duda und Ruth Höhl
Innere Kanalstr. 69, 50823 Köln
Tel.: (0221) 554030
www.zav.arbeitsagentur.de
zav-koeln-kv@arbeitsagentur.de

ZAV-Leipzig (Bühne)
Cornelia Oehme
Rosa-Luxemburg-Str. 23, 04103 Leipzig
Tel.: (0341) 33731135
www.zav.arbeitsagentur.de
zav-leipzig-kv@arbeitsagentur.de

ZAV-München (Bühne)
Sabine Hug, Hermann Malzer und Uschi Herzog
Georg-Habel-Str. 5, 81241 München
Tel.: (089) 3817070
www.zav.arbeitsagentur.de
zav-muenchen-kv@arbeitsagentur.de

ZAV-München (Film/Fernsehen)
Cornelia Hartmann, Daniel Philippen, Roswitha Polosek, Freya Blank und Renate Schuster
Georg-Habel-Str. 5, 81241 München
Tel.: (089) 3817070
www.zav.arbeitsagentur.de
zav-muenchen-kv@arbeitsagentur.de

ZAV-Stuttgart (Bühne)
Alexander Seer und Frank Wilmes
Neckarstr. 84, 70190 Stuttgart
Tel.: (0711) 9412424
www.zav.arbeitsagentur.de
zav-stuttgart-kv@arbeitsagentur.de

7. Sychronstudios

BERLIN

Arena Film GmbH & Synchron KG (BVDSP)
Hohenzollerndamm 150, 14199 Berlin
Tel.: (030) 8973670
produktion@arena-synchron.com
www.arena-synchron.com

Berliner Synchron GmbH (BVDSP)
Mühlenstr. 52–54, 12249 Berlin
Tel.: (030) 767870
www.berliner-synchron.de
info@berliner-synchron.com

Blackbird Music – Musik- und Filmsynchron Produktions GmbH (BVDSP)
Rheingaustr. 30, 12161 Berlin
Tel.: (030) 7908330
blackbird-music.com
info@blackbird-music.com

Cinephon Filmproduktions GmbH (BVDSP)
Mühlenstr. 46–54, 12249 Berlin
Tel.: (030) 7755041
info@cinephon.de / www.cinephon.de

Deutsche Synchron Filmgesellschaft GmbH (BVDSP)
Oberlandstr. 26–35, 12099 Berlin
Tel.: (030) 757620
www.deutsche-synchron.de
muentefering@deutsche-synchron.de

Eurosync GmbH (BVDSP)
Wilhelminenhofstr. 83–86, 12459 Berlin
Tel.: (030) 53013584
www.eurosync.de / Media@EuroSync.de

FFS Film- und Fernsehsynchronisation GmbH (Berlin) (BVDSP)
Hauptstr. 9, 910827 Berlin
Tel.: (030) 7879170
www.ffs-synchron.de
info@ffs-synchron.de

Interopa Film GmbH (BVDSP)
Harzer Str. 39, 12059 Berlin
Tel.: (030) 6898960
www.interopa.de / info@interopa.de

MME Music Mix Effects Studios + Sound 'n Picture Produktion GmbH (BVDSP)
Oberlandstr. 10–14, 12099 Berlin
Tel.: (030) 6289280
www.media-factory.de
info@media-factory.de

RC Produktion (BVDSP)
Hohenzollerndamm 150, 14199 Berlin
Tel.: (030) 30096060
www.rcproduction.de
office@rcproduction.de

Scalamedia GmbH (BVDSP)
Straße am Flugplatz 6a, 12487 Berlin
Tel.: (030) 63222679
www.scalamedia.de
info@scalamedia.de

Studio Funk GmbH & Co KG Berlin (BVDSP)
Skalitzerstr. 104, 10997 Berlin
Tel.: (030) 6114074
www.studiofunk.de
studiofunk.berlin@studiofunk.de

Taunus Film GmbH Synchron Berlin
Stromstr. 5, 10555 Berlin
Tel.: (030) 26558435
www.taunusfilmsynchron.de
info@taunusfilmsynchron.de

Telesynchron Film GmbH
Mühlenstr. 52–54, 12249 Berlin
Tel.: (030) 76705422
www.telesynchron-film.de
info@telesynchron-film.de

TV+Synchron Berlin GmbH
Moriz Seeler Str. 5–7, 12489 Berlin
Tel.: (030) 6775324
www.tv-synchron.de
info@tv-synchron.de

VSI Synchron GmbH (BVDSP)
Stralauer Allee 2B, 10245 Berlin
Tel.: (030) 70011600
www.vsi-synchron.tv
info@vsi-synchron.tv

brandtfilm berlin – Rainer Brandt
Filmproductions GmbH
Medonstr. 20
14532 Berlin | Kleinmachnow
Tel.: (033203) 3570
www.brandtfilm.de
brandt@brandtfilm.de

DÜSSELDORF/ KAARST
G&G Tonstudios W. Großmann u.
Th. Gesell GmbH
Broicherdorfstr. 126b, 41564 Kaarst
Tel.: (02131) 979563
www.ggstudios.de / sound@ggstudios.de

HAMBURG
Basement-Orange-Studios
Krummholzberg 7, 21073 Hamburg
Tel.: (040) 76755939
www.basement-orange-studios.de
kontakt@basement-orange-studios.de

HS Hamburg Synchron
Richardstr. 54–56, 22081 Hamburg
Tel.: (040) 20975681
www.hamburger-synchron.de
info@hamburger-synchron.de

Krüger & Krüger
Donnerstr. 20, 22763 Hamburg
Tel.: (040) 3986140
www.kkstudios.de / info@kkstudios.de

Studio Funk GmbH & Co KG Hamburg
(BVDSP)
Eimsbütteler Chaussee 69
20259 Hamburg
Tel.: (040) 432043
www.studiofunk.de / info@studiofunk.de

Studio Hamburg Synchron GmbH
(BVDSP)
Jenfelder Allee 80, 22045 Hamburg
Tel.: (040) 66884802
www.studio-
hamburg.de/index.php?id=357
synchron@studio-hamburg.de

KÖLN
logoSynchron GmbH
Hansaring 78, 50670 Köln
Tel.: (0221) 519747
www.logosynchron.de
info@logosynchron.de

SoundVision GmbH
Teutoburgerstr. 25, 50678 Köln
Tel.: (0221) 311071
www.soundvision-tonstudio.de
info@soundvision-tonstudio.de

Splendid Synchron GmbH (BVDSP)
Alsdorfer Str. 3, 50933 Köln
Tel.: (0221) 95423214
www.splendid-synchron.de
info@splendid-synchron.com

LEIPZIG
Synchron- und Tonstudio Leipzig
(BVDSP)
Altenburgerstr. 5, 04275 Leipzig
Tel.: (0341) 35002901
www.synchron-leipzig.de
info@synchron-leipzig.de

MÜNCHEN
Berliner Synchron München (BVDSP)
Osterwalderstr. 10 / G, 80805 München
Tel.: (089) 18949910
www.berliner-synchron.de
muc@berliner-synchron.de

FFS Film- und Fernsehsynchronisation
GmbH (München) (BVDSP)
Pocciostr. 3, 80336 München
Tel.: (089) 7670840
www.ffs-synchron.de
info@ffs-synchron.de

LUNATIC synchron (Tonstudio für Film,
Fernsehen & neue Medien)
Hesseloher Str. 3, 80802 München
Tel.: (089) 33089311
www.lunaticsynchron.de
studio@lunaticsynchron.de

PPA Film GmbH
Adelbertstr. 16, 80799 München
Tel.: (089) 890636440
www.ppafilm.de / mail@ppafilm.de

Bavaria Synchron GmbH (BVDSP)
Bavariafilmplatz 7, 82031 München |
Grünwald-Geiselgasteig

Tel.: (089) 64990
www.bavariafilm.de
andreas.gaube@bavaria-film.de

Cinema Factory
Painbreitenstr. 10
82031 München | Grünwald
Tel.: (089) 2802080
www.cinema-factory.de
P.Mayrhaug@cinema-factory.de

FFF Studios Grupe
Luise-Ullrich-Str. 4
82031 München | Grünwald
Tel.: (089) 6493736
www.fffgrupe.de / fffgrupe@aol.com

Neue Tonfilm München GmbH (BVDSP)
Bavariafilmplatz 3
82031 München | Grünwald
Tel.: (089) 337776
www.neue-tonfilm-muenchen.de
muenchen@neue-tonfilm.de

VOX-SYNCHRON Filmvertonung GmbH
Lena-Christ-Str. 37
82152 München | Martinsried
Tel.: (089) 8572001
vox-synchron@t-online.de
www.vox-synchron.de

Scalamedia GmbH (BVDSP)
Lindwurmstr. 88, 80337 München
Tel.: (089) 6152040
www.scalamedia.de
info@scalamedia.de

NÜRNBERG
aaron film
Rennweg 60–62, 90489 Nürnberg
Tel.: (0911) 5399620
www.aaron-film.de / info@aaron-film.de

OFFENBACH
Metz-Neun Synchron Studio und Verlags GmbH
Lilistr. 40, 63067 Offenbach
Tel.: (069) 8007030
www.metz-neun.de / mail@metz-neun.de

POTSDAM
Hermes Synchron GmbH (BVDSP)
August-Bebel-Str. 26
14482 Potsdam-Babelsberg
Tel.: (0331) 74910
www.hermes-synchron.de
post@hermes-synchron.de

Tremens-Film Tonstudio
Grieshofgasse 6, A–1120 Wien
Tel.: (0043) 18130848
www.tremens.at / office@tremens.at

8. Schauspielschulen für Kinder und Jugendliche

BERLIN
ACTivity Schauspielschule für Kinder und Jugendliche
Barbara Schernthaner
Akazienstr. 27, 10823 Berlin
Tel.: (030) 53085242
www.activityberlin.de
info@activityberlin.de

COOL KIDS Berlin
Sägebockweg 90, 13125 Berlin
Tel.: (030) 98319808
www.CoolKidsBerlin.de
office@ckberlin.de

DIE THEATEREI BERLIN
Leonhardtstr. 16, 14057 Berlin
Tel.: (030) 30814087
www.die-theaterei-berlin.de
mail@die-theaterei-berlin.de

GOLDONI Theaterschule für Kinder und Jugendliche
Brandenburgische Str. 72, 10713 Berlin
Tel.: (030) 25799188
www.goldoni-theaterschule.de
post@goldoni-theaterschule.de

Kinderschauspielschule Berlin
Fraenkelufer 38 B, 10999 Berlin
Tel.: (030) 61657997
www.kinderschauspielschule-berlin.de
mail@kinderschauspielschule-berlin.de

Next Generation
Monbijouplatz 5, 10178 Berlin
Tel.: (030) 390710-17/15
www.next-generation-schauspiel.de
info@next-generation-schauspiel.de

perform – Musicalschule Berlin
Marienstr. 8, 10117 Berlin
Tel.: (040) 37085452
Mobil (0173) 3669510
www.musicalschule-berlin.de
mail@musicalschule-berlin.de

STAGECOACH Berlin-Steglitz
Rheinstr. 45–46, 12161 Berlin
Tel.: (030) 85075090
www.stagecoach-berlin.de
steglitz@stagecoach.de

STAGEFACTORY Musical Theatre School GbR
Rheinstr. 45, 12161 Berlin
Tel.: (030) 85075090
www.stagefactory-berlin.de
info@stagefactory-berlin.de

TALENT SCOUT Schauspielmanagement
Giesebrechtstr. 10, 10629 Berlin
Mobil: (0171) 4861200
www.talent-scout.eu
info@talent-scout.eu

TASK Schauspielschule für Kinder & Jugendliche
Inszenio, Schwedter Str. 13, 10119 Berlin
Tel.: (030) 42028348
www.kinderschauspielschule.de
info@kinderschauspielschule.de

Theaterschule Berlin
Pestalozzistr. 53, 10627 Berlin
Tel.: (030) 34062696
www.theaterschule-berlin.de
info@theaterschule-berlin.de

Young Talents Schauspielschule
Cuvrystr. 24, 10997 Berlin
Tel.: (030) 21802347
www.young-talents.net
info@young-talents.net

BOCHUM
TAKE OFF – Schauspielschule für Jugendliche
Meinolphusstr. 10, 44789 Bochum
Tel.: (0234) 97665470
www.schauspielschule-take-off.de
info@schauspielschule-take-off.de

BREMEN
TASK Schauspielschule für Kinder & Jugendliche
Am Hulsberg 11, FrauenTANZschule
28205 Bremen
Tel.: (0421) 2444360
www.kinderschauspielschule.de
info@kinderschauspielschule.de

DARMSTADT
STAGECOACH Darmstadt
Pfarrgasse 20 (Büro), 64572 Darmstadt
Tel.: (0800) 7238683
www.stagecoach.de/darmstadt.html
darmstadt@stagecoach.de

TASK Schauspielschule für Kinder & Jugendliche
Rheinstr. 99.3 im Youga
64295 Darmstadt
Tel.: (069) 56046200
www.kinderschauspielschule.de
koeln@kinderschauspielschule.de

DÜSSELDORF
NEPUMUCK Schauspielschule für Kinder & Jugendliche
Kaiserswerther Str. 35, 40477 Düsseldorf
Tel.: (0211) 5508813
www.nepumuck.com
info@nepumuck.com

ECKERNFÖRDE
TASK Schauspielschule für Kinder & Jugendliche
Kieler Str. 78 (BSI-Campus)
24340 Eckernförde
Tel.: (0431) 7054893
www.kinderschauspielschule.de
koeln@kinderschauspielschule.de

ERKNER
DrehBühne Schauspielschule für Kinder und Jugendliche

Rudolf-Breitscheid-Str. 10/11
15537 Erkner
Tel.: (03362) 75042
www.schauspielschule-drehbuehne.de
info@dreh-buehne.de

ERLANGEN
STAGECOACH Erlangen
Angerstr. 9 (Büro), 90762 Erlangen
Tel.: (09131) 9315830
www.stagecoach.de/erlangen
erlangen@stagecoach.de

ETTLINGEN
Planetfilm und Fernsehproduktion GmbH
Klostergasse 3, 76275 Ettlingen
Tel.: (07243) 924666
www.planet-international.de
oezkan@planet-international.de

FRANKFURT a. M.
STAGECOACH Frankfurt-Nord
Rödelheimer Bahnweg 31 (Büro)
60489 Frankfurt a. M.
Tel.: (0800) 5893971
www.stagecoach.de/frankfurtnord.html
frankfurtnord@stagecoach.de

STAGECOACH Frankfurt-Ost
Wöllstädter Str. 12 (Büro)
60385 Frankfurt a. M.
Tel.: (0800) 7240042
www.stagecoach.de/frankfurtost.html
frankfurtost@stagecoach.de

STAGECOACH Frankfurt-West
Rödelheimer Bahnweg 31 (Büro)
60489 Frankfurt a. M.
Tel.: (0800) 5893971
www.stagecoach.de/frankfurtwest.html
frankfurtwest@stagecoach.de

FÜRTH
Stagecoach Fürth
Königswarterstr. 64 (Büro)
90762 Fürth
Tel.: (0911) 24297971
www.stagecoach.de/fuerth
nuernberg@stagecoach.de

HAMBURG
Film Characters, Workshops & Training
Bahrenfelder Str. 156, 22765 Hamburg
Tel.: (040) 38011751
www.filmcharacters.de
action@filmcharacters.de

Hamburg Musical Company
Eppendorfer Weg 273a (Hinterhof)
20251 Hamburg
Tel.: (040) 34836872
www.hhmusicalcompany.de
info@hhmusicalcompany.de

NEW TALENT Schauspielschule & Agentur für Kinder, Jugendliche und junge Erwachsene
Legienstr. 10, 22111 Hamburg
Tel.: (040) 73674243
www.newtalentschauspielschule.net
info@NewTalentSchauspielschule.net

perform – Musicalschule Hamburg
Hartungstr.15, 20146 Hamburg
Tel.: (040) 37085452
www.musicalschule-berlin.de
mail@musicalschule-berlin.de

Schule für Schauspiel Hamburg
Oelkersallee 29a & 33, 22769 Hamburg
Tel.: (040) 4302050
www.schauspielschule-hamburg.com
info@schauspielschule-hamburg.com

STAGECOACH Hamburg-West
Nibelungenring 85 (Büro)
25337 Hamburg
Tel.: (0800) 5888450
www.stagecoach.de/hamburgwest.html
hamburgwest@stagecoach.de

TASK Schauspielschule für Kinder & Jugendliche
Schomburgstr. 50, 22767 Hamburg
Tel.: (040) 38615466
www.kinderschauspielschule.de
info@kinderschauspielschule.de

HANNOVER
STAGECOACH Hannover-Nord
Landstr. 30 (Büro)
30982 Hannover | Pattensen

Tel.: (05101) 8546331
www.stagecoach.de/hannovernord.html
hannovernord@stagecoach.de

TASK Schauspielschule für Kinder & Jugendliche
Zur Bettfedernfabrik 1, Tai Chi Studio
30451 Hannover
Tel.: (0511) 3539353
www.kinderschauspielschule.de
info@kinderschauspielschule.de

HÖHENKIRCHEN
Agentur kids-München
Wirtsbreite 7
85635 Höhenkirchen-Siegertsbrunn
Tel.: (08102) 874301
www.agenturkids.de
muenchen@agenturkids.de

KARLSRUHE
IMAGINE Schauspielschule für Kinder und Jugendliche
Kronenplatz 1, 76135 Karlsruhe
Tel.: (07243) 572669
www.imagine-theater.de
info@imagine-theater.de

KIEL
TASK Schauspielschule für Kinder & Jugendliche
Haßstr. 22 / \»Die Pumpe\«
24103 Kiel
Tel.: (0431) 7054893
www.kinderschauspielschule.de
info@kinderschauspielschule.de

KÖLN
First Take Schauspielschule
Brauweilerstr. 14, 50859 Köln
Tel.: (02234) 4357678
www.myfirsttake.de
info@firsttake-schauspielakademie.de

Juniorhouse
Kurfürstenstr. 23 a, 50678 Köln
Tel.: (0221) 4717153
www.juniorhouse.de
info@juniorhouse.de

Schauspielzeit
Martin-Luther-Platz 4, 50677 Köln
Tel.: (0221) 256804
Schauspielzeit.jimdo.com
schausspielzeit@netcologne.de

STAGECOACH Köln-Mitte
Arnimstr. 1 (Büro), 50825 Köln
Tel.: (0221) 97139898
www.stagecoach.de/koelnmitte.html
koelnmitte@stagecoach.de

TASK Schauspielschule für Kinder & Jugendliche
Moltkestr. 79, im »StadtRaum Köln«
50674 Köln
Tel.: (0221) 2773621
www.kinderschauspielschule.de
info@kinderschauspielschule.de

MAINZ
SCHAUSPIELLABOR Rhein/Main
An der Oberpforte 21, 55128 Mainz
Tel.: (06131) 2058059
www.schauspiellabor.de
kontakt@schauspiellabor.de

STAGECOACH Mainz
Winkeler Str. 5 (Büro), 65197 Mainz
Tel.: (0800) 7262469
www.stagecoach.de/mainz.html
mainz@stagecoach.de

MÜLHEIM AN DER RUHR
Schauspielstudio Ruhr
Kassenberg 17
45479 Mülheim an der Ruhr
Tel.: (0208) 5948190
www.schauspielstudio-ruhr.de
kontakt@schausspielstudio-ruhr.de

MÜNCHEN
die schauspielschule
Grafinger Str. 6, 81671 München
Tel.: (089) 97398655
www.die-schauspielschule-muenchen.de
info@die-schauspielschule-muenchen.de

Flooschule
Derzeit: Alten- & Service-Zentrum der Caritas
Hans-Sachs-Str. 14, 81369 München
Tel.: (089) 76754721
www.flooschule.de / hallo@flooschule.de

Kinderschauspielschule THEATER-ZWERG
Franzstr. 5, 80802 München
Tel.: (089) 21907191
www.theaterzwerg.de
info@theaterzwerg.de

LIFESPIEL
Karwendelstr. 48, 81369 München
Tel.: (089) 76754721
www.lifespiel.de / hallo@lifespiel.de

STAGECOACH Theatre ART Schools München Mitte
Daiserstr. 11, 8371 München
Tel.: (0800) 7235015
www.stagecoach.de/muenchenmitte
muenchenmitte@stagecoach.de

TASK Schauspielschule für Kinder & Jugendliche
Amalienstr. 81 a, 80799 München
Tel.: (089) 21112431
www.kinderschauspielschule.de
muenchen@kinderschauspielschule.de

FAME FACTORY
Bavariafilmplatz 7
82031 München | Grünwald
Tel.: (089) 64260511
www.famefactory.de
seeyou@famefactory.de

NÜRNBERG
STAGECOACH Nürnberg
Königswarterstr. 64
90762 Fürth (Büro)
Tel.: (0911) 24297971
www.stagecoach.de/nuernberg.html
nuernberg@stagecoach.de

STUTTGART
STAGECOACH Reutlingen
Burgstallstr. 41 (Büro), 70199 Stuttgart
Tel.: (0911) 5677580
www.stagecoach.de/reutlingen
reutlingen@stagecoach.de

STAGECOACH Stuttgart-Nord
Kupferstr. 36 (Büro), 70565 Stuttgart
Tel.: (0800) 6649154
www.stagecoach.de/stuttgartnord.html
stuttgartnord@stagecoach.de

STAGECOACH Stuttgart-Süd
Kupferstr. 36 (Büro), 70565 Stuttgart
Tel.: (0711) 7825-1931
www.stagecoach.de/stuttgartsued.html
stuttgartsued@stagecoach.de

TASK Schauspielschule für Kinder & Jugendliche
Böblinger Str. 32 a im Lalotango
70178 Stuttgart
Tel.: (089) 21112431
www.kinderschauspielschule.de
muenchen@kinderschauspielschule.de

WIESBADEN
STAGECOACH Wiesbaden
Alt Langenhain 5 (Büro)
65719 Wiesbaden
Tel.: (0800) 7237314
www.stagecoach.de/wiesbaden.html
wiesbaden@stagecoach.de

9. Theater mit festem Ensemble

AACHEN
Schauspiel Tournee Oenicke
Theaterplatz 1, 52062 Aachen
Telefon: (0241) 24445
www.schauspieltournee.de

Grenzlandtheater Aachen
Elisen Galerie
Friedrich-Wilhelm-Platz 5/6
52062 Aachen
Telefon: (0241) 474610
www.grenzlandtheater.de

Stadttheater Aachen
Hubertusstr. 2–8, 52064 Aachen
Telefon: (0241) 47841
www.theater-aachen.de

ALTENBURG/GERA
Bühnen der Stadt Gera/Landestheater Altenburg
Küchengartenallee 2, 07548 Gera
Telefon: (0365) 82790
www.theater-altenburg-gera.de

ANKLAM
Vorpommersche Landesbühne GmbH
Leipziger Allee 34, 17389 Anklam
www.theater-anklam.de

ANNABERG-BUCHHOLZ
Eduard-von-Winterstein-Theater
Bambergstr. 9
09456 Annaberg-Buchholz
Telefon: (03733) 1301212
www.winterstein-theater.de

ANSBACH
Theater Ansbach
Promenade 29, 91522 Ansbach
Telefon: (0981) 970400
www.theater-ansbach.de

AUGSBURG
Städtische Bühnen Augsburg
Kasernenstr. 4–6, 86152 Augsburg
Telefon: (0821) 3244900
www.theater1.augsburg.de

BADEN-BADEN
Theater Baden-Baden
Goetheplatz, 76530 Baden-Baden
Telefon: (07211) 932752
www.theater-baden-baden.de

BAD GANDERSHEIM
Domfestspiele Bad Gandersheim
Stiftsfreiheit 13
37581 Bad Gandersheim
Telefon: (05382) 73336
www.gandersheimer-domfestspiele.de

BAD HERSFELD
Bad Hersfelder Festspiele
Am Markt 1, 36251 Bad Hersfeld
Telefon: (06621) 201313
www.bad-hersfelder-festspiele.de

BAD VILBEL
Burgfestspiele Bad Vilbel
Klaus-Havenstein-Weg 1
61118 Bad Vilbel
Telefon: (06101) 559415
www.kultur-bad-vilbel.de/burgfestspiele/

BAMBERG
E.T.A.-Hoffmann-Theater
E.T.A.-Hoffmann-Platz
196047 Bamberg
Telefon: (0951) 873030
www.theater.bamberg.de

BAUTZEN
Deutsch-Sorbisches Volkstheater Bautzen
Seminarstr. 12, 02625 Bautzen
Telefon: (03591) 5840
www.theater-bautzen.de

BERLIN
Berliner Ensemble – Theater am Schiffbauerdamm
Bertolt-Brecht-Platz 1, 10117 Berlin
Telefon: (030) 284080
www.berliner-ensemble.de

Carrousel Theater an der Parkaue
Parkaue 29, 10367 Berlin
Telefon: (030) 5577520
www.parkaue.de

Deutsches Theater und Kammerspiele
Schumannstr. 13 a, 10117 Berlin
Telefon: (030) 28441-0
www.deutsches-theater.berlin.net

Freie Theateranstalten
Klausener Platz 19, 14059 Berlin
Telefon: (030) 3215889
www.freietheateranstalten.de

GRIPS Theater Berlin
Altonaer Str. 22, 10557 Berlin
Telefon: (030) 397474-0
www.grips-theater.de

Kleines Theater
Südwestkorso 64, 12161 Berlin
Telefon: (030) 8212021
www.kleines-theater.de

Renaissance-Theater Berlin
Knesebeckstr. 100, 10623 Berlin
Telefon: (030) 3159730
www.renaissance-theater.de

Schaubühne am Lehniner Platz
Kurfürstendamm 153, 10709 Berlin
Telefon: (030) 89002-0
www.schaubuehne.de

Theater am Kurfürstendamm
Kurfürstendamm 206–209
10719 Berlin
Telefon: (030) 8859110
www.theater-am-kurfuerstendamm.de

Tribüne
Otto-Suhr-Allee 18, 10585 Berlin
Telefon: (030) 3419001
www.tribuene-berlin.de

Vaganten Bühne Berlin
Kantstr. 12 a, 10623 Berlin
Telefon: (030) 3131207
www.vaganten.de

Volksbühne am Rosa-Luxemburg-Platz
Linienstr. 227, 10178 Berlin
Telefon: (030) 24065-5
www.volksbuehne-berlin.de

Maxim Gorki Theater
Am Festungsgraben 2, 10117 Berlin
Telefon: (030) 20221129
www.gorki.de

Hebbel am Ufer
Stresemannstr. 29, 10963 Berlin
Telefon: (030) 2590040
www.hebbel-am-ufer.de

Shakespeare Company Berlin e. V.
Solmsstr. 18, 10961 Berlin
Telefon: (030) 21753035
www.shakespeare-company.de

BIELEFELD
Theater Bielefeld
Brunnenstr. 3–9
Postfach 10 03 53, 33602 Bielefeld
Telefon: (0521) 513077
www.theater-bielefeld.de

BOCHOLT
Stadttheater Bocholt e. V.
Berliner Platz 1, 46395 Bocholt
Telefon: (02871) 12309
www.stadttheater-bocholt.de

BOCHUM
Schauspielhaus Bochum
Königsallee 15, 44789 Bochum
Telefon: (0234) 33330
www.schauspielhausbochum.de

Comödie Bochum
Ostring 25, 44787 Bochum
Telefon: (0234) 37111
www.comoedie-bochum.de

BONN
Contra-Kreis-Theater
Am Hof 3–5, 53113 Bonn
Telefon: (0228) 63-2307/-5517
www.contra-kreis-theater.de

Euro Theater Central Bonn
Internationales Einraumtheater
Postfach 7245, 53072 Bonn
Telefon: (0228) 637026
www.eurotheater.de

Junges Theater Bonn
Hermannstr. 50, 53225 Bonn

Telefon: (0228) 463672
www.jt-bonn.de

Kleines Theater im Park
Koblenzer Str. 78
53177 Bonn-Bad Godesberg
Telefon: (0228) 362839
www.kleinestheater-badgodesberg.de

Theater Bonn
Oper Schauspiel Tanz
Am Michaelshof 9
53177 Bonn – Bad Godesberg
Telefon: (0228) 778001
www.theaterbonn.bgp.de

BRAUNSCHWEIG
Staatstheater
Am Theater, 38100 Braunschweig
Telefon: (0531) 12340
www.staatstheater-braunschweig.de

BREMEN
Bremer Shakespeare Company
Theater am Leibnizplatz, 28066 Bremen
Telefon: (0421) 500222
www.shakespeare-company.com

Bremer Theater
Theater der freien Hansestadt Bremen
Am Goetheplatz 1–3, 28203 Bremen
Telefon: (0421) 36530
www.bremertheater.com

BREMERHAVEN
Stadttheater
Theodor-Heuss-Platz
27568 Bremerhaven
Telefon: (0471) 482060
www.stadttheaterbremerhaven.de

BRUCHSAL
Badische Landesbühne e. V.
Am Alten Schloss 24, 76646 Bruchsal
Telefon: (07251) 7270
www.dieblb.de

CASTROP-RAUXEL
Westfälisches Landestheater (WLT)
Europaplatz 10, 44575 Castrop-Rauxel
Telefon: (02305) 97 80-0
www.westfaelisches-landestheater.de

CELLE
Schlosstheater e. V.
Schlossplatz 1, 29221 Celle
Telefon: (05141) 905080
www.schlosstheater-celle.de

COBURG
Landestheater
Schlossplatz 6, 96450 Coburg
Telefon: (09561) 898900
www.landestheater-coburg.de

COTTBUS
Staatstheater Cottbus
Lausitzer Str. 33, 03046 Cottbus
Telefon: (0355) 7824107
www.staatstheater-cottbus.de

DARMSTADT
Die Komödie TAP
Bessunger Str. 125, 64295 Darmstadt
Telefon: (06151) 33555
www.die-komoedie-tap.de

Staatstheater Darmstadt
Georg-Büchner-Platz 1, 64283 Darmstadt
Telefon: (06151) 2811263
www.staatstheater-darmstadt.de

Theater auf Tour
Poststr. 4–6, 64293 Darmstadt
Telefon: (06151) 9800950
www.theater-auf-tour.de

DESSAU
Anhaltisches Theater Dessau
Friedensplatz 1a, 06844 Dessau
Telefon: (0340) 25110
www.theater-dessau.de

DETMOLD
Landestheater
Theaterplatz 1, 32756 Detmold
Telefon: (05231) 9460
www.landestheater-detmold.de

DINSLAKEN
Burghofbühne
Landestheater im Kreis Wesel e. V.
Luisenstr. 173, 46537 Dinslaken
Telefon: (02064) 41100
www.burghofbuehne-dinslaken.de

DORTMUND
Theater Dortmund
Kuhstr. 12, 44137 Dortmund
Telefon: (0231) 5027222
www.theaterdo.de

DRESDEN
Staatsschauspiel Dresden
Postfach 120 752, 01008 Dresden
Telefon: (0351) 4913912
www.staatsschauspiel-dresden.de

DÜSSELDORF
Düsseldorfer Schauspielhaus
Gustaf-Gründgens-Platz 1
40211 Düsseldorf
Telefon: (0211) 85230
www.duesseldorfer-schauspielhaus.de

Komödie Düsseldorf
Steinstr. 23, 40210 Düsseldorf
Telefon: (0211) 307014
www.komoedie-steinstrasse.de

Theater an der Kö
Schadow Arkaden, 40212 Düsseldorf
Telefon: (0211) 30063050
www.theateranderkoe.de

DUISBURG
Comödie Duisburg im Europa Kino
Düsseldorfer Str. 5–7, 47051 Duisburg
Telefon: (0203) 2855880
www.comoedie-duisburg.de

ERLANGEN
Theater Erlangen
Wasserturmstr. 16, 91054 Erlangen
Telefon: (09131) 862382
www.theater-erlangen.de

ESSEN
Theater im Rathaus
Porscheplatz 1, 45127 Essen
Telefon: (0201) 2455524
www.theater-im-rathaus.de

Theater und Philharmonie Essen GmbH
Opernplatz 10, 45128 Essen
Telefon: (0201) 81220
www.theater-essen.de

ESSLINGEN AM NECKAR
Württembergische Landesbühne Esslingen
Ritterstr. 11
Postfach 10 04 07
73728 Esslingen am Neckar
Telefon: (0711) 35123050
www.wlb-esslingen.de

ETTLINGEN
Schlossfestspiele Ettlingen
Postfach 10 07 62, 76261 Ettlingen
Telefon: (07243) 101380
www.ettlingen.de

FEUCHTWANGEN
Kreuzgangspiele Feuchtwangen
Kulturamt Feuchtwangen
Marktplatz 2, 91555 Feuchtwangen
Telefon: (09852) 90444
www.feuchtwangen.de

FLENSBURG
Niederdeutsche Bühne Flensburg
Augustastr. 3–5, 24937 Flensburg
Telefon: (0461) 13790
www.niederdeutschebuehne.de

FRANKFURT a. M.
Die Katakombe
Pfingsweidstr. 2, 60316 Frankfurt a. M.
Telefon: (069) 491725
www.katakombe.de

Die Komödie
Neue Mainzer Str. 14–18
60311 Frankfurt a. M.
Telefon: (069) 284330
www.diekomoedie.de

Fritz Remond Theater im Zoo
Alfred-Brehm-Platz 16
60316 Frankfurt a. M.
Telefon: (069) 444004
www.fritzremondtheater.de

Klappmaul Theater
Löwengasse 27 K
60385 Frankfurt a. M.
Telefon: (069) 94508178
www.klappmaul.de

Städtische Bühnen Frankfurt am Main
Neue Mainzer Str. 17
60311 Frankfurt a. M.
Telefon: (069) 21245263
www.schauspielfrankfurt.de

Volkstheater Frankfurt – Liesel Christ
Großer Hirschgraben 21
60322 Frankfurt a. M.
Telefon: (069) 28-8598/-3676
www.volkstheater-frankfurt.de

FREIBURG
Theater Freiburg
Bertoldstr. 46, 79098 Freiburg
Telefon: (0761) 2012950
www.theater.freiburg.de

Theater im Marienbad Freiburg
Kinder- und Jugendtheater e. V.
Marienstr. 4, 79098 Freiburg
Telefon: (0761) 31470
www.theater.marienbad.org

Wallgraben-Theater
Rathausgasse 5 a, Rathaus 79098 Freiburg
Telefon: (0761) 25739
www.wallgraben-theater.com

FÜRTH/BAYERN
Stadttheater Fürth
Königstr. 116, 90762 Fürth
Telefon: (0911) 9472410
www.stadttheater.fuerth.de

GELSENKIRCHEN
Musiktheater im Revier
Kennedyplatz, 45881 Gelsenkirchen
Telefon: (0209) 40790
www.musiktheater-im-revier.de

GIESSEN
Stadttheater Gießen
Berliner Platz, 35390 Gießen
Telefon: (0641) 79570
www.stadttheatergiessen.de

GÖRLITZ
Theater Görlitz
Demianiplatz 2, 02826 Görlitz
Telefon: (03581) 47470
www.theater-goerlitz.de

GÖTTINGEN
Deutsches Theater in Göttingen
Theaterplatz 11, 37073 Göttingen
Telefon: (0551) 496912
www.dt-goettingen.de

Junges Theater Göttingen
Hospitalstr. 6, 37073 Göttingen
Telefon: (0551) 495015
www.junges-theater.de

GREIFSWALD
Theater Vorpommern
Anklamer Str. 106, 17489 Greifswald
Telefon: (03834) 57220
www.theater-vorpommern.de

HAGEN
Theater Hagen
Elberfelder Str. 65, 58095 Hagen
Telefon: (02331) 2073210
www.theater-hagen.de

HAMBURG
Altonaer Theater
Museumstr. 17, 22765 Hamburg
Telefon: (040) 44123660
www.altonaer-theater.de

Deutsches Schauspielhaus
Kirchenallee 39, 20099 Hamburg
Telefon: (040) 248711
www.schauspielhaus.de

Ernst Deutsch Theater
Friedrich-Schütter-Platz 1
22087 Hamburg
Telefon: (040) 22701411
www.ernst-deutsch-theater.de

Hamburger Kammerspiele
Hartungstr. 9–11, 20146 Hamburg
Telefon: (040) 44123660
www.hamburger-kammerspiele.de

Harburger Theater im Helms-Museum
Museumsplatz 2, 21073 Hamburg
Telefon: (040) 44123660
www.harburger-theater.de

Komödie Winterhuder Fährhaus
Hudtwalckerstr. 13, 22299 Hamburg

Telefon: (040) 48068080
www.komoedie-winterhuder-faehrhaus.de

Monsun Theater
Friedensallee 20, 22765 Hamburg
Telefon: (040) 3903148
www.monsuntheater.de

Ohnsorg-Theater GmbH
Große Bleichen 23–25, 20354 Hamburg
Telefon: (040) 3508030
www.ohnsorg.de

Thalia in der Gaußstraße
Gaußstr. 190, 22765 Hamburg
Telefon: (040) 328140
www.thalia-theater.de

Thalia Theater GmbH
Alstertor
Raboisen 67, 20095 Hamburg
Telefon: (040) 328140
www.thalia-theater.de

Theater für Kinder
Max-Brauer-Allee 76, 22765 Hamburg
Telefon: (040) 382538
www.theater-fuer-kinder.de

Tournee-Theater Greve GmbH
Sülldorfer Kirchenweg 78
22587 Hamburg
Telefon: (040) 8663601
www.theatergreve.de

HAMELN
Theater Hameln
Sedanstr. 4, 31785 Hameln
Telefon: (05151) 916-220
www.theater.hameln.de

HANNOVER
Landesbühne Hannover
Bultstr. 7–9, 30159 Hannover
Telefon: (0511) 28282828
www.landesbuehne-hannover.de

Mittwoch Theater
Am Lindener Berge 38, 30459 Hannover
Telefon: (0511) 3535698
www.mittwochtheater.de

Neues Theater Hannover GmbH
Georgstr. 54, 30159 Hannover
Telefon: (0511) 363001
www.neuestheater-hannover.de

Schauspiel Hannover
Prinzenstr. 9, 30159 Hannover
Telefon: (0511) 999900
www.staatstheater-hannover.de

Theaterwerkstatt Hannover
Lister Meile 4
30161 Hannover
Telefon: (0511) 344104
www.theaterwerkstatt-hannover.de

HEIDELBERG
Theater Heidelberg
Friedrichstr. 5, 69117 Heidelberg
Telefon: (06221) 5835020
www.theaterheidelberg.de

Zimmertheater
Hauptstr. 118, 69117 Heidelberg
Telefon: (06221) 21069
www.zimmertheaterhd.de

HEILBRONN
Heilbronner Kinder- und Jugendtheater Radelrutsch
Hirtenstr. 1
74199 Donnbrunn/Heilbronn
Telefon: (07131) 484720
www.radelrutsch.de

Theater Heilbronn
Berliner Platz 1
74072 Heilbronn/Neckar
Telefon: (07131) 563000
www.theater-hn.de

HEPPENHEIM
Burgfestspiele Dreieichenhain GmbH
Spessartstr. 2, 64646 Heppenheim
Telefon: (06252) 78203
www.festspiele-heppenheim.de

HERFORD
Stadttheater Herford
Mindener Str. 11, 32049 Herford
Telefon: (05221) 50007
www.theater.herford.de

HILDESHEIM
Stadttheater Hildesheim
Theaterstr. 6, 31141 Hildesheim
Telefon: (05121) 16930
wwww.stadttheater-hildesheim.de

HOF
Theater Hof
Kulmbacher Str. 5, 95030 Hof
Telefon: (09281) 70700
www.theater-hof.de

INGOLSTADT
Theater Ingolstadt
Schlosslände 1, 85049 Ingolstadt
Telefon: (0841) 9813-0
www.theater.ingolstadt.de

JAGSTHAUSEN
Burgfestspiele
Schlossstr. 12, 74249 Jagsthausen
Telefon: (07943) 912345
www.jagsthausen.de

KAISERSLAUTERN
Pfalztheater
Willy-Brandt-Platz 4–5
67657 Kaiserslautern
Telefon: (0631) 36750
www.pfalztheater.de

KARLSRUHE
Badisches Staatstheater
Baumeisterstr. 11, 76137 Karlsruhe
Telefon: (0721) 35570
www.karlsruhe.de/Kultur/Staatstheater

Die Spur
Max-Habermann-Str. 25, 76189 Karlsruhe
Telefon: (0721) 865544
www.theaterdiespur.de

Sandkorn-Theater
Kaiserallee 11, 76133 Karlsruhe
Telefon: (0721) 848984
www.sandkorn-theater.de

KASSEL
Komödie Kassel
Friedrich-Ebert-Str. 39, 34117 Kassel
Telefon: (0561) 284325
www.komoedie-kassel.de

Staatstheater Kassel
Friedrichsplatz 15, 34117 Kassel
Telefon: (0561) 10940
www.staatstheater-kassel.de

KIEL
Kinder- und Jugendtheater im Werftpark
Ostring 187a, 24143 Kiel
Telefon: (0431) 901901
www.theater-kiel.de

Theater die Komödianten
Wilhelminenstr. 43, 24103 Kiel
Telefon: (0431) 553401
www.komoediantentheater.de

Theater Kiel
Schauspielhaus
Holtenauer Str. 103, 24105 Kiel
Telefon: (0431) 9012880
www.theater-kiel.de

KOBLENZ
Theater der Stadt Koblenz
Clemensstr. 1, 56068 Koblenz
Telefon: (0261)129-2870
www.theater-koblenz.de

KÖLN
Bühnen der Stadt Köln
Offenbachplatz, 50667 Köln
Telefon: (0221) 22128256
www.buehnenkoeln.de

Freies Werkstatt Theater Köln
Zugweg 10, 50677 Köln
Telefon: (0221) 327817
www.fwt-koeln.de

Horizont Theater
Thürmchenswall 25, 50668 Köln
Telefon: (0221) 131604
www.horizont-theater.de

Millowitsch-Theater
Aachener Str. 5, 50647 Köln
Telefon: (0221) 2727370
www.millowitsch.de

Senftöpfchen Theater
Große Neugasse 2–4, 50667 Köln

Telefon: (0221) 2581059
www.senftoepfchen-theater.de

Theater am Dom
Glockengasse 11, 50667 Köln
Telefon: (0221) 2580155
www.theateramdom.de

Theater der Keller
Kleingedankstr. 6, 50667 Köln
Telefon: (0221) 9322959
www.theater-der-keller.de

Theater im Baumturm – Freies Schauspiel Köln
Aachener Str. 24–26, 50674 Köln
Telefon: (0221) 9514431
www.theater-im-bauturm.de

KONSTANZ
Stadttheater und Werkstatt Inselgasse
Inselgasse 2–6, 78462 Konstanz
Telefon: (07531) 900-101
www.theaterkonstanz.de

KREFELD
Vereinigte Städtische Bühnen Krefeld und Mönchengladbach
Theaterplatz 3, 47798 Krefeld
Telefon: (02151) 8050
www.theater-kr-mg.de

LANDSHUT
Südostbayerische Städtetheater
Ländtorplatz 2–5, 84028 Landshut
Telefon: (0871) 922080
www.suedostbayerisches-staedtetheater.de

LUDWIGSBURG
Ludwigsburger Schlossfestspiele GmbH
Palais Graevenitz
Marstallstr. 5, 71634 Ludwigsburg
Telefon: (07141) 93960
www.schlossfestspiele.de

LUDWIGSHAFEN/RHEIN
Theater im Pfalzbau Ludwigshafen
Berliner Str. 30, 67059 Ludwigshafen
Telefon: (0621) 5042046
www.theater-im-pfalzbau.de

LÜBECK
Theater Lübeck
Beckergrube 16, 23552 Lübeck
Telefon: (0451) 70880
www.theaterluebeck.de

LÜNEBURG
Stadttheater
An den Reeperbahnen 3, 21335 Lüneburg
Telefon: (04131) 7520
www.theater-lueneburg.de

MAGDEBURG
Theater der Landeshauptstadt Magdeburg
Universitätsplatz 9, 39104 Magdeburg
Telefon: (0391) 5406500
www.theater-magdeburg.de

MAINZ
Staatstheater Mainz GmbH
Gutenbergplatz 7, 55116 Mainz
Telefon: (06131) 28510
www.staatstheater-mainz.de

MANNHEIM
Nationaltheater Mannheim
Mozartstr. 9, 68161 Mannheim
Telefon: (0621) 16800
www.nationaltheater.de

MARBURG
Das Hessische Landestheater Marburg
Am Schwanhof 68–72, 35037 Marburg
Telefon: (06421) 990231
www.hlth.de

MASSBACH/UNTERFRANKEN
Fränkisches Theater Schloss Maßbach GmbH
Postfach 13, 97709 Maßbach
Telefon: (09735) 235
www.fraenkisches-theater.de

MAYEN
Burgfestspiele Mayen, 56727 Mayen
Telefon: (02651) 903005
www.mayen.de

MEININGEN
Südthüringisches Staatstheater
Bernhardstr. 5, 98617 Meiningen

Telefon: (03693) 451-222/-137
www.das-meininger-theater.de

MEMMINGEN
Landestheater Schwaben
Theaterplatz 1, 87700 Memmingen
Telefon: (08331) 94590
www.landestheater-schwaben.de

MINDEN/WESTFALEN
Stadttheater
Tonhallenstr. 3, 32423 Minden
Telefon: (0571) 828390
www.stadttheater-minden.de

MOERS
Schlosstheater
Kastell 6, 47441 Moers
Telefon: (02841) 201731
www.schlosstheater-moers.de

MÜLHEIM/RUHR
Theater an der Ruhr
Akazienallee 61, 45478 Mülheim/Ruhr
Telefon: (0208) 599010
www.theater-an-der-ruhr.de

MÜNCHEN
Bayerisches Staatsschauspiel
Telefon: (089) 218501
www.bayerischesstaatsschauspiel.de
a) Residenz Theater
Max-Joseph-Platz 1, 80539 München
b) Marstall
Marstallplatz 4, 80539 München
c) Theater im Haus der Kunst
Prinzregentenstr. 1, 80538 München

Staatstheater am Gärtnerplatz
Gärtnerplatz 3, 80469 München
Telefon: (089) 202411
www.staatstheater-am-gaertnerplatz.de

Bayer. Theaterakademie im Prinzregententheater
Prinzregentenplatz 12, 81675 München
Telefon: (089) 218502
www.prinzregententheater.de

Komödie im Bayerischen Hof
Promenadenplatz 6, 80333 München
Telefon: (089) 29160530
www.komoedie-muenchen.de

Münchner Kammerspiele
Falckenbergstr. 2, 80539 München
Telefon: (089) 3337100
www.muenchner-kammerspiele.de

Münchner Theater für Kinder
Dachauer Str. 46, 80335 München
Telefon: (089) 595454
www.kindertheater-muenchen.de

Münchner Volkstheater GmbH
Brienner Str. 50, 80333 München
Telefon: (089) 523550
www.muenchner-volkstheater.de

Neue Schaubühne GmbH
Ainmillerstr. 22, 80801 München
Telefon: (089) 38887533
www.neueschaubuehne.de

Schauburg am Elisabethplatz
Franz-Joseph-Str. 47, 80801 München
Telefon: (089) 233-37161
www.schauburg.net

Teamtheater Comedy
Am Einlass 4, 80469 München
Telefon: (089) 2606636
www.teamtheater.de

Teamtheater Tankstelle e. V.
Am Einlass 2 a, 80469 München
Telefon: (089) 2604333
www.teamtheater.de

Theatergastspiele Kempf GmbH
Wilhelm-Keim-Str. 1, 82031 Grünwald
Telefon: (089) 6490020
www.kempf-theater.de

Theater 44
Hohenzollernstr. 20, 80801 München
Telefon: (089) 3228748
www.theater44.de

MÜNSTER
Städtische Bühnen Münster
Neubrückenstr. 63, 48143 Münster
Telefon: (0251) 59090
www.stadttheater.muenster.de

Wolfgang Borchert Theater
Hafenweg 6–8, 48155 Münster

Telefon: (0251) 39907-0
www.wolfgang-borchert-theater.de

NEUSS/RHEIN
Das Rheinische Landestheater vereinigt mit Theater am Niederrhein Neuss e.V.
Oberstr. 95, 41460 Neuss
Telefon: (02131) 26990
www.rlt-neuss.de

NEUSTRELITZ
Landestheater Neubrandenburg/Neustrelitz
Friedrich-Ludwig-Jahn-Str. 14
17235 Neustrelitz
Telefon: (03981) 2770
www.landestheater-mecklenburg.de

NEUWIED/RHEIN
Landesbühne Rheinland-Pfalz gem. GmbH im Schlosstheater Neuwied
Theaterplatz 3, 56564 Neuwied
Telefon: (02631) 22288
www.landesbuehnerheinland-pfalz.de

NÜRNBERG
Gostner Hoftheater
Austr. 70, 90429 Nürnberg
Telefon: (0911) 266383
www.gostner.de

Staatstheater Nürnberg
Richard-Wagner-Platz 2–10
90443 Nürnberg
Telefon: (0911) 2313575
www.staatstheater-nuernberg.de

OBERHAUSEN
Theater Oberhausen
Ebertstr. 82, 46045 Oberhausen
Telefon: (0208) 85780
www.theater-oberhausen.de

OLDENBURG
Oldenburgisches Staatstheater
Theaterwall 28, 26122 Oldenburg
Telefon: (0441) 22250
www.oldenburg.staatstheater.de

OSNABRÜCK
Städtische Bühnen Osnabrück GmbH
Domhof 10–11, 49074 Osnabrück
Telefon: (0541) 760000
www.theater.osnabrueck.de

PADERBORN
Westfälische Kammerspiele GmbH
Rathausplatz, 33098 Paderborn
Telefon: (05251) 882634
www.kammerspiele-paderborn.de

PASSAU
Theater im Fürstbischöflichen Opernhaus Passau
Gottfried-Schäffer-Str. 4, 94032 Passau
Telefon: (0851) 9291910
www.suedostbayerisches-staedtetheater.de

PFORZHEIM/BADEN
Stadttheater und Podium
Am Waisenhausplatz 5, 75172 Pforzheim
Telefon: (07231) 392873
www.theater-pforzheim.de

PLAUEN
Theater Plauen-Zwickau GmbH
Gewandhausstr. 7, 08056 Zwickau
Telefon: (0375) 834630
www.theater-plauen-zwickau.de

POTSDAM
Hans Otto Theater GmbH
Schiffbaugasse 11, 14467 Potsdam
Telefon: (0331) 98110
www.hot.potsdam.de

RADEBEUL
Landesbühnen Sachsen
Meissner Str. 152, 01445 Radebeul
Telefon: (0351) 89540
www.dresden-theater.de

RATHEN
Felsenbühne Rathen, 01824 Rathen
Telefon: (035024) 77 70
www.dresden-theater.de

REGENSBURG
Theater Regensburg
Bismarckplatz 7, 93047 Regensburg
Telefon: (0941) 5071724
www.theaterregensburg.de

REMSCHEID
Westdeutsches Tourneetheater Remscheid GmbH
Bismarckstr. 138, 42859 Remscheid

Telefon: (02191) 32285
www.wtt-remscheid.de

REUTLINGEN
Theater Reutlingen »Die Tonne« GmbH
Wilhelmstr. 69, Im Spitalhof
72764 Reutlingen
Telefon: (07121) 93770
www.theater-die-tonne.de

ROSTOCK
Volkstheater Rostock
Patriotischer Weg 33, 18057 Rostock
Telefon: (0381) 3814600
www.volkstheater-rostock.de

RUDOLSTADT
Thüringer Landestheater Rudolstadt
Anger 1, 07407 Rudolstadt
Telefon: (03672) 450-2101
www.theater-rudolstadt.com

SAARBRÜCKEN
Theater Überzwerg
Scharnhorststr. 10, 66119 Saarbrücken
Telefon: (0681) 854021
www.ueberzwerg.de

Saarländisches Staatstheater
Schillerplatz 1, 66111 Saarbrücken
Telefon: (0681) 3092-215
www.theater-saarbruecken.de

SCHLESWIG
Schleswig-Holsteinisches Landestheater und Sinfonieorchester
Zusammenschluss von Flensburg, Rendsburg und Schleswig
Lollfuß 49–53, 24837 Schleswig
Telefon: (04621) 96700
www.sh-landestheater.de

SCHWÄBISCH-HALL
Freilichtspiele Schwäbisch Hall
Große Freitreppe vor St. Michael
Am Markt 2, 74523 Schwäbisch-Hall
Telefon: (0791) 751307
www.freilichtspiele-hall.de

SCHWEINFURT/MAIN
Theater der Stadt Schweinfurt
Roßbrunnstr. 2
97421 Schweinfurt/Main
Telefon: (09721) 51741
www.theater-schweinfurt.de

SCHWERIN
Mecklenburgisches Staatstheater Schwerin GmbH
Alter Garten 2, 19055 Schwerin
Telefon: (0385) 53000
www.theater-schwerin.de

SENFTENBERG
Neue Bühne Senftenberg
Rathenaustr. 6–8, 01968 Senftenberg
Telefon: (03573) 801-0

STENDAL
Theater der Altmark Stendal
Landestheater Sachsen-Anhalt Nord
Karlstr. 6, 39576 Stendal
Telefon: (03931) 6356
www.tda-stendal.de

STRALSUND
Theater Vorpommern
Bleistr. 4, 18439 Stralsund
Telefon: (03831) 26460
www.theater-vorpommern.de

STUTTGART
Altes Schauspielhaus und Komödie im Marquard
Postfach 10 01 61, 70001 Stuttgart
Telefon: (0711) 22594-21
www.schauspielhaus-komoedie.de

Dreigroschentheater
Kolbstr. 4c, 70178 Stuttgart
Telefon: (0711) 606000
www.dreigroschentheater.de

Staatstheater Stuttgart
Oberer Schlossgarten 6
70173 Stuttgart
Telefon: (0711) 20320
www.staatstheater-stuttgart.de

Studio Theater Stuttgart
Hohenheimerstr. 44, 70184 Stuttgart
Telefon: (0711) 246093
www.studiotheater.de

Theater tri-bühne e.V. (Kultur unterm Turm)
Eberhardstr. 61a, 70173 Stuttgart

Telefon: (0711) 2364610
www.tri-buehne.de

Junges Ensemble Stuttgart
Eberhardstr. 61
70173 Stuttgart
Telefon: (0711) 218480-0
www.jes-stuttgart.de

TEGERNSEE
Tegernseer Volkstheater
Rosenstr. 5, 83684 Tegernsee
Telefon: (08022) 93292
www.volkstheater.de

TITISEE-NEUSTADT
Euro-Studio Tourneetheater Landgraf
Lärchenweg 1, 79822 Titisee-Neustadt
Telefon: (07651) 2070
www.landgraf.de

TRIER MOSEL
Theater der Stadt Trier
Am Augustinerhof, 54290 Trier/Mosel
Telefon: (0651) 7181818
www.theater-trier.de

TÜBINGEN
LTT Landestheater Württemberg-Hohenzollern Tübingen Reutlingen
Eberhardstr. 6, 72072 Tübingen
Telefon: (07071) 15920
www.landestheater-tuebingen.de

ULM
Ulmer Theater
Herbert-von-Karajan-Platz 1, 89073 Ulm
Telefon: (0731) 1614451
www.theater.ulm.de

WEIMAR
Deutsches Nationaltheater Weimar
Theaterplatz 2, 99423 Weimar
Telefon: (03643) 7550
www.nationaltheater-weimar.de

WIESBADEN
Hessisches Staatstheater
Christian-Zais-Str. 3, 65189 Wiesbaden
Telefon: (0611) 132-1
www.staatstheater-wiesbaden.de

WILHELMSHAVEN
Landesbühne Niedersachsen Nord GmbH im Stadttheater
Virchowstr. 44
26382 Wilhelmshaven
Telefon: (04421) 910124
www.landesbuehne-nord.de

WILLICH
Festspiele Schloss Neersen
Hauptstr. 6, 47877 Willich
Telefon: (02156) 949114
www.stadt-willich.de

WOLFSBURG
Theater Wolfsburg
Klieverhagen 50, 38440 Wolfsburg
Telefon: (05361) 267310
www.theater-wolfsburg.de

WÜRZBURG
Mainfranken Theater Würzburg
Theaterstr. 21, 97070 Würzburg
Telefon: (0931) 39080
www.theaterwuerzburg.de

WUNSIEDEL
Luisenburg Festspiele
95632 Wunsiedel
Telefon: (09232) 602162
www.luisenburg-aktuell.de

WUPPERTAL
Wuppertaler Bühnen
Bundesallee 260, 42103 Wuppertal
Telefon: (0202) 5635330
www.wuppertaler-buehnen.de

Comödie Wuppertal am Karlsplatz
Friedrichstr. 39, 42105 Wuppertal
Telefon: (0202) 7595500
www.comoedie-wuppertal.de

ÖSTERREICH
BREGENZ
Voralberger Landestheater
Seestr. 2, A–6900 Bregenz
Telefon: 0043 (5574) 42870
www.theater-bregenz.at

INNSBRUCK
Tiroler Landestheater
Rennweg 2, A–6020 Innsbruck
Telefon: 0043 (512) 52074
www.landestheater.at

KLAGENFURT
Stadttheater
Theaterplatz 4, A–9020 Klagenfurt
Telefon: 0043 (463) 5526630
www.stadttheater-klagenfurt.at

LINZ
Landestheater
Promenade 39, A–4020 Linz/Donau
Telefon: 0043 (732) 76110
www.landestheater-linz.at

SALZBURG
Schauspielhaus
Erzabt-Klotz-Str. 22, A–5020 Salzburg
Telefon: 0043 (662) 80850
www.ebuehne.at

WIEN
Burgtheater
Dr.-Karl-Lueger-Ring 2, A–1014 Wien
Telefon: 0043 (1) 51444-4440
www.bundestheater.at

Theater in der Josefstadt
Josefstädterstr. 26, A–1080 Wien
Telefon: 0043 (1) 42700
www.josefstadt.org

Volkstheater
Neustiftgasse 1, A–1070 Wien
Telefon: 0043 (1) 52111-0
www.volkstheater.at

SCHWEIZ
BERN
Stadttheater Bern
Nägeligasse 1, CH–3000 Bern
Telefon: 0041 (0) 313295111
www.stadttheaterbern.ch

BIEL/SOLOTHURN
Theater Biel/Solothurn
a) Schmiedengasse 1, Postfach
CH–2500 Biel 3
Telefon: 0041 (32) 3288969
www.theater-biel.ch
b) Theatergasse 16–18
CH-4500 Solothurn
Telefon: 0041 (32) 6262069
www.theater-solothurn.ch

LUZERN
Luzerner Theater
Theaterstr. 2, CH–6002 Luzern
Telefon: 0041 (228) 1414
www.luzerner-theater.ch

ST. GALLEN
Theater St. Gallen
Museumsstr. 1/24, CH–9004 St. Gallen
Telefon 0041(71) 2420505
www.theatersg.ch

ZÜRICH
Schauspielhaus Zürich
a) Schauspielhaus Pfauen
Zeltweg 5, CH–8032 Zürich
b) Schauspielhaus Schiffbau
Giessereistr. 5, CH–8005 Zürich
Telefon: 0041 (44) 2587070
www.schauspielhaus.ch

Theater an der Winkelwiese
Winkelwiese 4, CH–8001 Zürich
Telefon: 0041 (44) 2521001
www.winkelwiese.ch

10. Internetseiten

Geschäftliches:
Internetseite der Künstlersozialkasse · www.kuenstlersozialkasse.de
Internetseite der Pensionskasse · www.pensionskasse-rundfunk.de
Offizielle BAföG-Internet-Seiten des Bundesministeriums für Bildung und Forschung · www.das-neue-bafoeg.de
Internetseite der Gesellschaft zur Verwertung von Leistungsschutzrechten · www.gvl.de

Infos über laufende und geplante Produktionen unter der Rubrik »Produktionsspiegel«:
Aktuelle Übersicht der Produktionen für Kino und TV in Hamburg · www.lbhh.de
Die Adresse für Filmschaffende – mit Produktionsinfos, Forum, Adressen · www.regie.de
Bavaria Film München · www.bavaria-film.de
Aktueller Produktionsspiegel für Berlin-Brandenburg · www.bbfc.de/WebObjects/Medienboard.woa/wa/CMSshow/1020848
Filmstiftung NRW · http://www.filmstiftung.de/foerderung/film-commission/aktuelle-dreharbeiten/

Portale mit Infos rund um die Filmbranche: www.film-fernsehen.de · www.cinebiz.de · www.filmportal.de

Schauspielerdatenbanken: www.filmmakers.de · www.imdb.de · www.schauspielervideos.de · www.vollfilm.com www.castforward.de · www.crew-united.de · www.film-fernsehen.de

Verbände und Interessengemeinschaften:
Internetseite des Bundesverband der Film- und Fernsehschauspieler (BFFS) · www.bffs.de
Verband Deutscher Schauspieler-Agenturen (VDSA) · www.schauspieler-agenturen.de
Verband der Agenturen für Film, Fernsehen und Theater e. V. (VdA) · www.verband-der-agenturen.de
Bundesverband Casting e. V. · www.castingverband.de
Interessengemeinschaft der Städte mit Theatergastspielen e. V. · www.inthega.de
Genossenschaft Deutscher Bühnen-Angehöriger (GDBA) · www.buehnengenossenschaft.de · www.gdba.info
Internetseite des Bundesverband für Theater und Orchester · www.buehnenverein.de
Vereinigung Deutscher Sprecher e. V. · www.sprecherverein.de

Fachzeitschriften: www.theaterheute.de · www.die-deutsche-buehne.de · www.theaterderzeit.de · www.schauspielermagazin.de · www.blickpunktfilm.de · www.filmecho.de · www.filmdienst.de · www.professional-production.de · www.film-demnaechst.ch · www.blackbox-filminfo.de

Preise und Auszeichnungen: www.berlinale.de · www.deutscherfernsehpreis.de · www.grimme-institut.de · www.deutscherfilmpreis.de · www.oscars.org

Diverses:
Portal mit Stellenangeboten (kostenpflichtig) · www.theaterjobs.de
Informationen über alle Theaterberufe · www.buehnenverein.de/berufe/berufe.php
Das Portal für Komparsen und Kleindarsteller · www.komparse.de
Infos, Adressen und Service rund um den Film · www.movie-college.de
Das DVD und Filmlexikon · www.new-video.de
Unabhängiges Portal über die Castingbranche · www.casting-network.de
Infos rund um Film, Fernsehen und Schauspieler · www.film-fernsehen.de
Die Adresse für Filmschaffende · www.regie.de